高职高专“十二五”规划教材

企业审计实务

主　编　郑　伟　宋　洁
副主编　江焕平
参　编　邬玉明

机械工业出版社

本书围绕审计是什么、审计有哪些技术方法、如何实施审计业务和审计专题领域编写教学内容。教材以审计业务流程为主线，贯穿现代风险导向审计理念，脉络清晰，将审计全貌呈现在读者面前。本书重点在于培养读者的审计职业判断能力，掌握审计基本技能。同时，本书还融入了内部审计和计算机审计的内容，以拓展读者的可持续发展能力。本书体例新颖，在每个学习任务之后，均有学习目标、引导案例，同时在学习内容中，穿插有延伸阅读、案例讨论、想一想等板块，以引起学习兴趣，本书便于读者自主学习，可作为高职院校会计等专业审计课程的教材，也可作为相关企业单位有关技术人员的参考用书。

为方便教学，本书配备了电子课件等教学资源。凡选用本书作为教材的教师均可登录机械工业出版社教材服务网 www.cmpedu.com 免费下载。如有问题请致信 cmpgaozhi@sina.com，或致电 010-88379375 联系营销人员。

图书在版编目（CIP）数据

企业审计实务/郑伟，宋洁主编．—北京：机械工业出版社，2014.3（2018.1 重印）
高职高专“十二五”规划教材
ISBN 978-7-111-45868-5

Ⅰ．①企…　Ⅱ．①郑…　②宋…　Ⅲ．①企业—审计—高等职业教育—教材
Ⅳ．①F239.6

中国版本图书馆 CIP 数据核字（2014）第 027659 号

机械工业出版社（北京市百万庄大街 22 号　邮政编码 100037）
策划编辑：孔文梅　　责任编辑：孔文梅　乔　晨
封面设计：鞠　杨　　责任印制：常天培
涿州市京南印刷厂印刷

2018 年 1 月第 1 版第 3 次印刷
184 mm×260 mm · 13.75 印张 · 335 千字
6 001－9 000 册
标准书号：ISBN 978-7-111-45868-5
定价：34.00 元

凡购本书，如有缺页、倒页、脱页，由本社发行部调换

电话服务
服务咨询热线：010-88379833
读者购书热线：010-88379649

网络服务
机 工 官 网：www.cmpbook.com
机 工 官 博：weibo.com/cmp1952
教育服务网：www.cmpedu.com
金 书 网：www.golden-book.com

封面无防伪标均为盗版

前　言

笔者在审计教学中，发现目前的一些审计教材中理论与实务相脱节，学完审计课程后，对整个审计业务流程还是不甚清晰，在这种情形下，难说掌握审计的基本技能。而适合高职学生学习的审计教材就更少。

本书以我国最新修订的注册会计师执业准则为准绳，以审计业务流程为依据优化、序化知识点，同时整合了内部审计和计算机审计的内容，共设计四大模块、九项任务。本书将现代风险导向审计理念贯穿其中，在掌握审计基本技能的基础上，重点培养学生的职业判断能力、运用审计方法发现问题的能力，完善会计、财务专业学生的知识、能力结构。

本书具有以下特点：

1．内容全面，适应面广。本书以注册会计师财务报表审计为主体，融入了内部审计和计算机审计的内容，在掌握审计基本技能的同时，兼顾今后的可持续发展。

2．脉络清晰，主线贯穿。本书以审计业务流程为主线，从承接审计业务开始，围绕着审计目标的确定、证据的收集、风险的识别、计划的制订进行编写，然后进行审计测试，最后编制审计报告。主线清晰，将审计全貌呈现在学生面前。

3．根据学生认知特点编排内容。学习内容从身边所了解的事入手，便于提升学生学习兴趣。本书即是从认识审计组织和人员开始，切入到审计的对象与职能，在对审计现状的认知中，讲述审计师的职业道德与责任。将职业素养与专业教育有机地结合起来。

4．体例新颖、独特。本书在每个任务前都有学习目标，然后通过引导案例引出本部分内容，在每部分学习内容中，穿插有“想一想”“练一练”“案例讨论”“延伸阅读”等小板块，以活跃版面，引起学习兴趣。

本书由浙江经济职业技术学院郑伟、宋洁主编。郑伟编写了模块一、模块二、模块三中任务六的6.3的“一、销售与收款循环审计”，以及模块四的任务九。宋洁编写了模块三中任务五及任务六的6.1、6.2和6.3的“五、货币资金审计”，以及任务八。郑伟、郐玉明（物产中大集团股份有限公司）共同编写了模块三中任务六的6.3的“二、采购与付款循环审计”。江焕平编写了模块三中任务六的6.3的“三、生产与存货循环审计”“四、筹资与投资循环审计”和任务七。本书配有省精品课程（http://wlkc.zjtie.edu.cn:8087/），便于学生自主学习。本书在编写过程中得到了物产中大集团股份有限公司和上海博科资讯股份有限公司的大力支持，编者在此一并表示感谢。本书的编写同时受到了浙江省科技厅2012年度省级高技能人才培养和技术创新活动计划项目的资助（项目名称：转型升级下“校企文化、管理对接”的财会金融人才培养基地研究，项目号：2012R30056）。

为方便教学，本书配备电子课件等教学资源。凡选用本书作为教材的教师均可索取，请发送邮件至 cmpgaozhi@sina.com，咨询电话：010-88379375。

编　者

目　录

模块四　审计专题领域

模块一

审计是什么

任务一　审计职业认知

学习目标

通过这部分内容学习，你应知道：

1. 审计职业组织。
2. 审计活动的分类。
3. 审计准则及其作用。
4. 审计的性质及职能。

引导案例

新手上路

小王是高职会计专业的一名学生，从老师的嘴里经常听到审计这个词，但不知道审计是做什么的，刚好，在大二第二学期学校开设了审计这门课，那我们就从了解审计组织及其人员入手，来认识审计，在初识审计之后，进而掌握审计基本内容和工作流程。新手上路啦！

1.1　认识审计组织和人员

知识学习

俗话说，社会有360行，表明社会上有各种各样的职业，我们审计就是其中的一行。自古以来，从事不同职业的人们组成各种职业组织来互相协作，进而规范职业行为。审计作为360行中的其中一行，也有其职业组织及相应的职业行为标准组织，审计人员必须按照职业标准从事审计，以取信于公众，这一节，我们就来了解这些内容。

一、审计人员

我们认识审计往往是从认识审计人员开始的。通常我们将从事审计职业的人称为审计师，而根据审计师来源于组织外部还是内部，我们将其分为外部审计师和内部审计师。外部审计师包括我们通常称为注册会计师的独立审计师和政府审计师，内部审计师就是政府机关、企事业单位组织内部的审计人员。

二、审计组织

在了解审计组织之前，我们先要知道什么是组织。组织是指按照一定的宗旨和目标

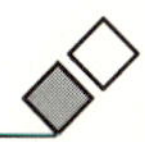

建立起来的集体，如学校、工厂、医院等，那么审计组织就是由审计人员组成的集合体。审计是有组织的活动，审计师从事审计活动必须依靠某一组织来进行，审计组织依审计主体不同而有不同的称谓。

1. **政府审计组织**

政府审计师所在组织称为政府审计机构，就我国而言，政府审计机构由地方的审计局、审计厅和中央的审计署及其派出机构组成。政府审计机构的国际组织是最高审计机关国际组织，这个组织创立于 1953 年，总部设在维也纳，目前该组织有成员国 186 个。该组织的宗旨是互相交流情况，交流经验，推动和促进各国审计机关更好地完成本国的审计工作，我国于 1982 年加入该组织。

2. **民间审计组织**

注册会计师所在的组织叫会计师事务所，会计师事务所的行业组织是中国注册会计师协会；注册会计师的国际组织是成立于 1977 年，总部设在纽约的国际会计师联合会，其宗旨是以统一的标准发展和提高世界范围的会计专业，促进国际范围内的会计协调，我国于 1987 年加入该组织。

事务所的组织结构如图 1-1 所示。

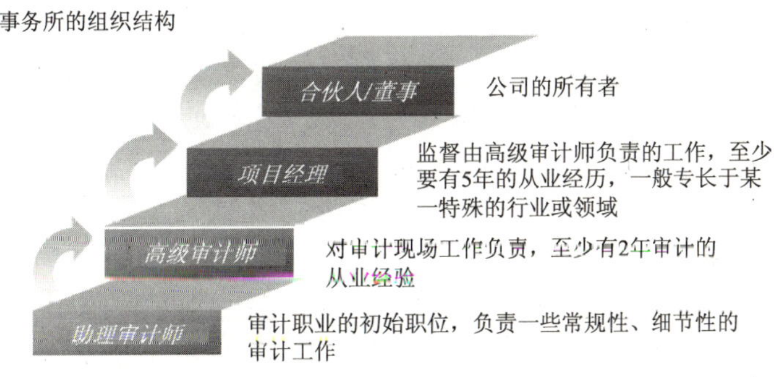

图 1-1　事务所组织结构

这是会计师事务所的岗位进阶图。助理审计师也叫审计助理，是入职审计行业的初始职位，随着从业经验的积累和取得注册会计师证书，助理审计师可以慢慢进阶到高级审计师以及项目经理。

3. **内部审计组织**

内部审计师是企事业等组织内部的审计人员，其目的是为组织增加价值并提高组织的运作效率。内部审计的行业组织是中国内部审计协会，其国际组织是成立于 1941 年的国际内部审计师协会，我国于 1987 年加入该组织。

三、审计分类

所谓审计分类是指按照一定的标准，将性质相同或相近的审计活动归属于一种审计类型的做法，分类的目的是为了探索审计活动规律。审计分类，首要的是要确定分类的标准，依据不同的标准可进行不同的分类。例如：按审计主体的不同，可分为政府审计、民间审计和内部审计；按审计内容和目的不同，可分为财政财务审计、经济效益审计、财经法纪审计、经济责任审计。

审计还可进行哪些分类？

四、审计准则

审计准则是审计师从事审计活动时必须遵循的技术标准，该标准指导审计师如何去获取审计证据、形成审计结论、出具审计报告。由于现代社会审计活动影响面广，为取得社会公众的信任，维护审计师的职业声誉，需要有这么一套职业技术标准来规范审计师的行为。审计准则通常是由专业团体制定的，例如《中国注册会计师审计准则》就是由中国注册会计师协会审计准则委员会制定，由财政部发布实施的。

如何成为一名审计师

审计师是令人羡慕的职业，是许多人梦寐以求的追求。政府审计师首先是一名公务员，要通过公务员考试，我们这里介绍如何成为一名民间审计师和内部审计师。

要成为一名民间审计师即注册会计师，必须先通过考试来获取资格。目前，要取得注册会计师资格必须参加注册会计师全国统一考试，凡是具有高等专科以上学校毕业学历，或者具有会计或者相关专业中级以上技术职称的中国公民都可报名参加。考试分为两个阶段，第一阶段是专业阶段考试，共有会计、审计、财务成本管理、公司战略与风险管理、经济法、税法 6 个科目；第二阶段是综合阶段考试，设职业能力综合测试 1 个科目。考生在通过专业阶段考试的全部科目后，才能参加综合阶段考试。第一阶段考试，单科成绩 5 年内有效，也就是说六门科目要在 5 年内考完。综合阶段考试科目应在取得注册会计师全国统一考试专业阶段考试合格证书后 5 个年度考试中完成，对取得综合阶段考试科目成绩合格的考生，颁发注册会计师全国统一考试全科考试合格证书。考试成绩合格后，申请加入注册会计师协会，即成为注册会计师了。

内部审计领域的专业资格是国际注册内部审计师（英文缩写 CIA），要成为一名内部审计师，必须参加国际注册内部审计师资格考试。凡是具有本科及本科以上学历，或具有中级及中级以上专业技术资格，或持有注册会计师证书或非执业注册会计师证书者都可报名参加。考试语种分为中文、英文，科目为 4 科，即内部审计在治理、风险和控制中的作用，实施内部审计业务，经营分析和信息技术，经营管理技术，所有科目必须在 4 个年度内通过。CIA 不仅是国际内部审计领域专家的标志，也是国际审计界唯一公认的职业资格，CIA 考试每年一次，在 11 月第 3 周的周六、周日举行。

延伸阅读

我国注册会计师执业准则体系

由于审计主体不同，审计准则也分为政府审计准则、民间审计准则和内部审计准则。我们以民间审计准则为例，解析一下审计准则都做了哪些规范。我国民间审计准则在 2006 年以前称为独立审计准则，在经济全球化和审计准则国际趋同背景下，为适应注册会计师业务多元化的需要，2006 年 2 月将独立审计准则改为执业准则，形成了共 48 项的“中国注册会计师执业准则体系”，并自 2007 年 1 月 1 日起施行。自新准则体系实施以来，由于审计环境发生了重大变化，同时国际审计与鉴证准则理事会对国际审计准则做出了重大修订，为适应环境变化和与国际准则的趋同，中国注册会计师协会也对执业准则进行了修订，这次修订包括新增与合并，并于 2010 年 11 月公布了 38 项修订后的准则，自 2012 年 1 月 1 日起施行，目前的准则体系共 51 项。注册会计师执业准则体系和业务准则体系分别如图 1-2 和图 1-3 所示。

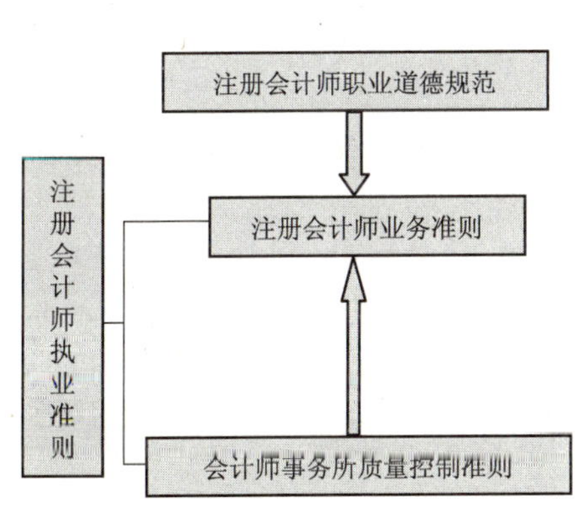

图 1-2　注册会计师执业准则体系

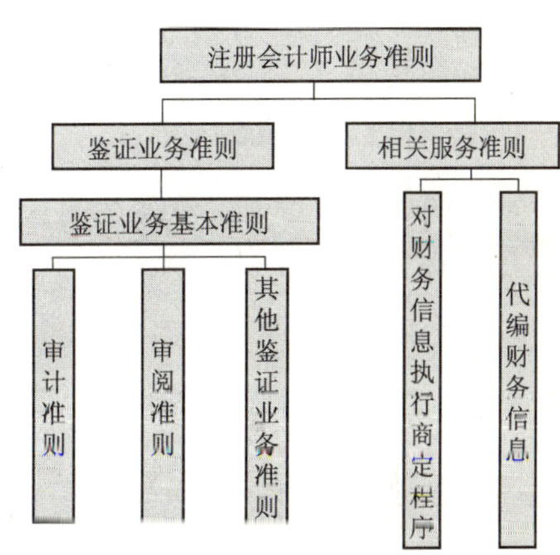

图 1-3　注册会计师业务准则体系

1.2　认识审计对象与职能

知识学习

从前面对审计组织与人员的介绍中，我们已认识了审计人员和他们的机构。在这部分内容中，我们将对审计下一个定义，并将从该概念出发，对审计对象、审计依据与审计职能等作进一步探讨，以更好地理解审计。

一、审计的概念

理论来源于实践，又对实践起指导作用。审计自产生那天起，经过不断完善与发展，

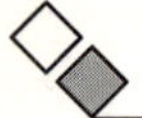

到今天已形成了一套科学完整的体系。任何科学体系的出发点都是概念，让我们来看一下，审计又是如何被定义的。

审计是一个系统化的过程，是由胜任的独立人员，为确定和报告特定信息与既定标准间的符合程度，而收集和评价有关这些信息的证据，并将结果传达给有关使用者。审计的系统化过程如图 1-4 所示。

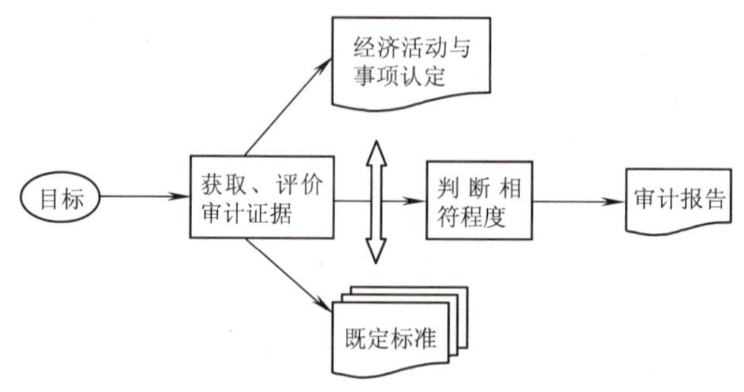

图 1-4　审计的系统化过程

二、审计的性质

审计的概念很简洁，但表达的意思很多，让我们像庖丁解牛一样来解析审计的概念，以便深刻理解审计。

1. **审计对象**

审计对象即审计活动的客体，是审计活动的指向物。这里的审计对象就是经济活动与事项的认定，这些认定是由管理层做出的，通过特定信息呈现出来，如公司财务报表、纳税申报表等。审计对象是通过审计范围的确定而事先约定下来的，这事先约定下来的就是由经济活动与事项认定而形成的特定信息。

2. **审计依据**

审计依据就是事先公认的既定标准，如会计准则、各项法律法规（税法）等。审计依据因审计目的的不同而选择不同的标准，同时审计标准也会随时代的变化而改变。

3. **收集和评价证据**

这里的证据是指审计师收集的资料，用来确定特定信息是否按既定标准表述。在这一过程中，要不断地评价，这是每次审计的关键。收集的证据既要充分，也要适当。

4. **胜任的独立人员**

胜任的独立人员即审计师，是审计活动的主体，他或她应具备理解所用标准的能力，了解应收集的证据的类型与数量，据此得出恰当的结论。作评价时，要公正，不能带偏见，所以也称独立审计师。

5. **报告**

报告是审计师向委托者传达审计结果的一种手段，是审计结果的集中体现。在报告

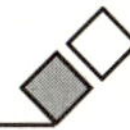

中要说明所审计的特定信息与既定标准间的相符程度。

6. 审计与会计的区别

审计与会计的关系密切，但审计与会计完全不同。会计是以逻辑方式对经济事项进行记录、分类和汇总，其目的是为决策提供所需的财务信息，其最终成果是会计人员编制的会计报表。

而审计的目的是验证信息，其最终成果是审计报告，因此审计师除了要懂得会计之外，还必须拥有收集和解释审计证据的专业能力，这种专业能力就是审计师与会计人员的区别。会计、审计与会计准则的关系如图 1-5 所示。

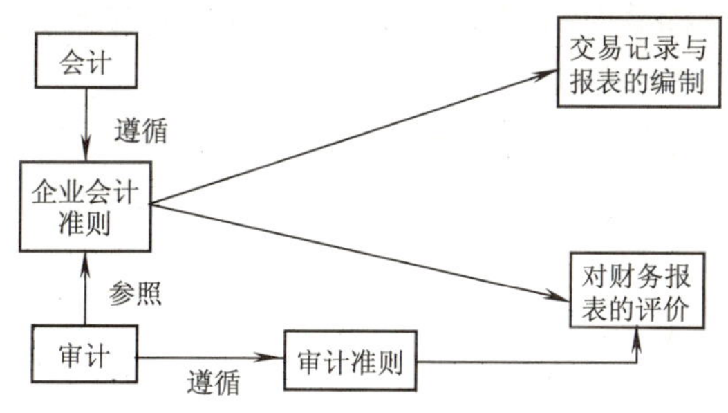

图 1-5　会计、审计与会计准则的关系

案例讨论

案例资料：张青在国有银行的某省分行信贷部工作。根据银行的记录，联华公共汽车公司目前有一笔 28 万美元的贷款尚未归还。该公司运营着从省会城市到该省主要城市间的巴士线路。由于贷款逾期，张青开始关注联华公司是否能够全额偿还该笔贷款。根据银行记录显示，该笔贷款的抵押品包括 20 部大型巴士，每部巴士平均估值是 50 000 元。

张青决定对该公司进行调查，以确信这些巴士仍然存在。张青知道注册会计师李央拥有审计汽车、巴士和货车公司的丰富经验，因决定雇佣李央进行调查，张青所在银行与李央所在事务所签订了合同。张青交给李央在贷款时提供给银行的所有巴士的注册信息。要求李央在调查结束时，撰写包括下列信息的报告：

（1）在 2013 年 12 月 31 日晚间，注册的 20 部巴士中哪些是停放在联华公司的停车场的？

（2）联华公司是实际拥有这些巴士还是仅维护这些汽车？

（3）每部巴士的实际状况，用“很差”“较好”和“很好”予以表述。

（4）每部巴士的估值。

要求：对于下列审计概念的每个部分，说明上述陈述的哪个部分符合审计的概念。

（1）信息。

（2）既定标准。

（3）证据的收集与评价。

（4）具有专业胜任能力、独立的人。

（5）报告结果。

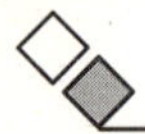

案例分析：

（1）信息：巴士的停放地点、巴士的所有权、巴士的实际状况以及巴士的估值。

（2）既定标准：巴士在二手车市场的标价。

（3）证据的收集与评价：2013 年 12 月 31 日对巴士的盘点，审核巴士的产权证明。

（4）具有专业胜任能力、独立的人：注册会计师李央。

（5）报告结果：李央所在会计师事务所向张青所在银行出具的报告。

三、审计的职能

审计的职能是指审计能够完成任务，发挥作用的内在功能。审计的职能并不是一成不变的，会随着社会经济的发展而变化。审计最初产生是因为监督的需要，主要是对财产管理和使用的监督，因而监督就成了审计的一项职能。随着经济的发展，需要对会计信息进行鉴定、证明，独立审计师因此应运而生，审计的鉴证职能就产生了。随着审计对象的扩大，通过审计可以肯定成绩、指出问题、总结经验，以寻求改善管理的途径，审计也就有了评价的职能。

社会经济的发展催生审计，而审计的发展又会对社会经济产生影响。让我们通过一个小案例来理解这个问题。

案例讨论

案例资料：我们知道，银行是企业融资的主要渠道。当银行的信贷经理决定是否向企业贷款时，所作的决策依据的是什么？依据的应是财务报表所反映的财务状况及银行同企业的关系。如果银行决定向企业贷款，接下去就要考虑贷款利率，那么贷款利率主要由哪些因素决定呢？这里主要考虑三方面因素：

（1）无风险利率。无风险利率等同于国库券利率。

（2）客户的经营风险。因为企业的经营风险，而导致不能偿还贷款的可能性，这部分风险需要通过提高利率而得到利益补偿。

（3）信息风险。由于财务报表等不正确而导致信贷经理做出错误决策的可能性，这部分风险也需要通过提高利率而得到利益补偿。

问题是这三类风险哪类和审计有关呢？

案例分析：审计不能影响无风险利率，也不可能影响客户的经营风险，但对信息风险却有重大影响。试想，如果借款人的财务报表已经过审计，那么银行经理就会认为财务报表客观、真实，存在的信息风险很小，那么利益补偿要求就会降低，借款人的整体利率也就会降低，借款人就可以以合理的成本取得资金，从而优化社会资源的配置。例如，某大型企业有总计约 10 亿元的带息负债，即使该债务的利率只降低 1 个百分点，每年也可节约 1 000 万元的利息支出。这就是审计鉴证对经济的影响。

随着审计的发展，由于审计的专业性，审计又有了对经济活动评价的功能，这一点在内部审计上表现的尤为突出。在审计的“监督、鉴证、评价”三项职能中，应该说“监督”是审计的最基本职能。

四、审计关系

审计活动作为一项社会活动，并不是孤立存在的，那么在审计活动中，审计关系又是怎样的，我们先通过图 1-6 了解企业经营中的委托受托责任关系，进而通过图 1-7 来解析审计关系。

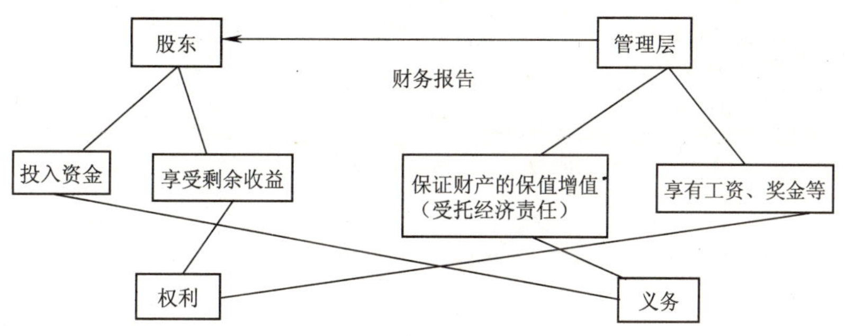

图 1-6　企业经营中的委托受托责任关系

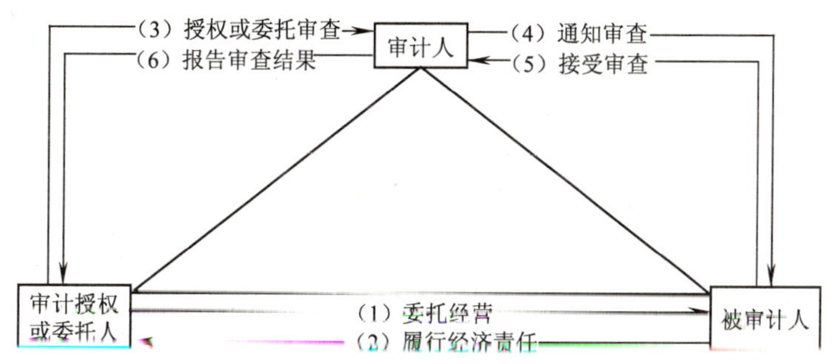

图 1-7　审计关系

图 1-6 中责任关系是审计的基础关系，也就是说，在审计关系中，首先存在一个委托经营和受托经营的经济责任关系，例如股份制企业中，股东将财产委托给经营者经营，经营者按照股东的要求履行受托责任，在这之中，股东和经营者履行各自的权利和义务。有了这一层关系，才有审计师接受委托对被审计人进行审计，并报告审计结果，所以审计师接受委托进行审计是一个派生关系，没有委托与受托经营，也就没有审计，从后面介绍的审计活动历史中，对此还可以得到进一步验证。

延伸阅读

审计业务的拓展

由于经济环境的变化和会计市场的激烈竞争，审计特别是民间审计不断拓展其业务，就全球范围来看，目前民间审计的业务范围包括认证服务和非认证服务。其中，认证服务包括鉴证和其他认证服务，如图 1-8 所示。

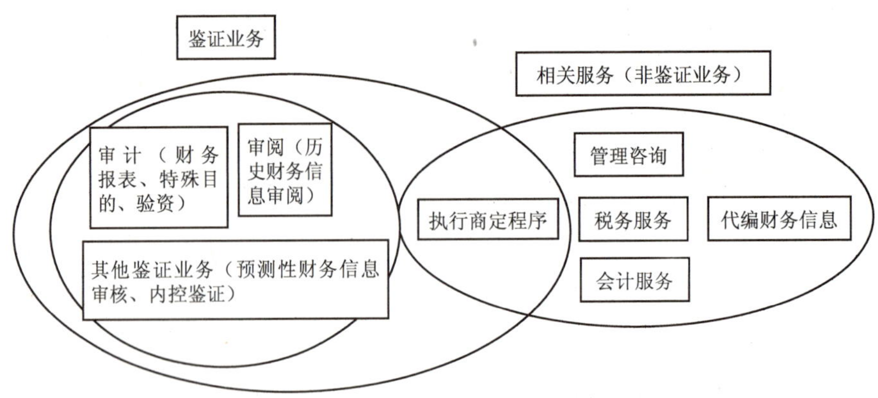

图 1-8　注册会计师业务图

习　　题

一、单选题

1．政府审计机关的审计活动被审计单位必须积极配合，属于（　　）。

A．高层次监督　　B．强制性监督

C．独立性监督　　D．权威性监督

2．审计业务少的单位和小型企事业组织，可不设独立的内部审计机构，但应设置专职的（　　）。

A．监察人员　　B．内部审计人员

C．会计检查人员　　D．纪律检查委员

3．根据审计的概念，在财务报表审计中的“既定标准”是指（　　）。

A．财务报表　　B．审计准则

C．会计准则　　D．公司法

4．审计最基本的职能是（　　）。

A．经济评价　　B．经济监察

C．经济监督　　D．经济司法

5．注册会计师与政府审计部门如对同一审计事项进行审计，最终形成的审计结论可能存在差异。下列各项导致差异的原因中最主要的是（　　）。

A．审计的方式不同　　B．审计的性质不同

C．审计的独立性不同　　D．审计的依据不同

二、多选题

1．以下对审计分类的理解的表述中，恰当的有（　　）。

A．如果从审计目的划分，审计可分为财务报表审计、经营审计和合规性审计

B．如果从审计目的划分，审计可分合理保证业务和有限保证业务

C．如果从审计内容划分，审计可分为财务报表审计、经营审计和合规性审计

D．如果按照执行审计主体被审计单位的关系划分，审计可分为内部审计和外部审计

2．目前，我国审计监督体系主要包括（　　）。

A．民间审计　　B．就地审计
C．内部审计　　D．政府审计

3．审计概念中的“既定标准”体现在我国财务报表审计中包括（　　）。
A．企业会计准则　　B．企业内部的财务制度
C．国家其他相关财务会计法规　　D．企业内部的会计制度

4．审计按目的和内容的不同，可以划分为（　　）。
A．经营审计　　B．合规审计
C．全面审计　　D．财务报表审计

5．信息风险产生的原因有（　　）。
A．信息的非直接性　　B．信息提供者的偏见和动机
C．数据量大　　D．复杂的交易业务

三、判断题

1．审计就是查账。（　　）
2．审计是就有关经济活动和经济事项的一些说法加以验证。（　　）
3．审计与企业财务会计的目的均是提高企业的经济效益。（　　）
4．与被审计单位有利害关系的用户只有股东和债权人。（　　）
5．注册会计师审计的依据是财政部制定的会计准则。（　　）

任务二　审计历史与现状认知

学习目标

通过这部分内容学习，你应知道：
1．现代审计的产生背景与发展轨迹。
2．注册会计师职业道德基本原则。
3．注册会计师法律责任。

引导案例

“绿大地”造假——谁之过？

绿大地是云南一家绿化工程公司，2007 年 12 月在深圳中小板上市。绿大地的造假始于上市，为了达到上市目的，上市前即累计虚增收入 2.96 亿元，加上上市后的虚增收入，总计约为 5.46 亿元。造假是一个系统工程，除了虚增收入外，还虚增资产，二者合计虚增 9 个多亿，从 2004 年开始造假，至 2010 年东窗事发，绿大地在 6 年的时间里，平均每天虚增 40 多万元。在绿大地上市前的审计及上市后的历年审计中，审计师有没有勤勉尽责，恪守职业道德，该承担何种责任，也引起了人们关注。绿大地案件曝光后，除了对造假当事人的惩处之外，追究审计师责任的呼声也成为市场共识。

2.1 审计是如何产生与发展的

知识学习

一、古代审计活动历史

审计活动自古有之，那么人们为什么需要审计？古代的审计活动又是如何开展的？让我们把目光转向几千年前，看看那时候的审计做些什么。

1. *我国古代审计活动*

自国家政权建立之后，就有了政府财务收支，也就有了监督政府财政财务收支的必要。我国古代审计活动可划分为如下几个阶段。

（1）西周时期初步形成阶段。距今 3 000 多年前的西周时期，皇家（政府）审计就有了一定的发展。据《周礼》记载，西周出现了带有审计性质的财政经济监察工作。当时，在中央政权设置的官员中，设有“宰夫”一职，负责审查“财用之出入”，并拥有“考其出入，而定刑赏”的职权。这个职位虽不高，但其所从事的工作却具有审计的性质，是我国国家审计的萌芽。

（2）秦汉时期最终确立阶段。秦的历史较短，但在历史上首次完成了大一统，经济上统一了货币、度量衡。汉朝经济、文化的发展都达到了我国历史上第一个高峰。在审计活动中，秦、汉两代都采用“上计制度”，以审查监督财务收支有无错弊，来评价有关官吏的政绩。秦、汉的审计与西周相比更进一步，主要表现在以下三个方面：一是初步形成了统一的审计模式；二是“上计”制度日趋完善；三是审计地位提高，职权扩大。

（3）隋唐至宋日臻健全阶段。隋唐时期，由于经济发达，政治稳定，审计地位提高，对中央和地方的财务收支实行定期的审计监督，国家审计有了明显发展。隋唐时期，实行“三省六部”制，在刑部之下设立了比部，比部独立于其他财计部门，专司审计监督工作。比部审计监督的内容，主要是财政收入、财政支出、其他收入以及公库系统的出纳等审计事项。宋代专门设置“审计司”，是为我国“审计”的正式命名，从此“审计”一词便成为财政监督的专用名词，对后世中外审计建制具有深远的影响。

（4）元明清停滞不前阶段。元代取消比部，户部兼管会计报告的审核，独立的审计机构即告消亡。明清设置都察院，但其行使审计职能却具有一揽子性质。元、明、清三代均未设专门的审计机构，国家审计陷于中衰时期。

2. *西方古代审计活动*

据考证，早在奴隶制度下的古罗马、古埃及和古希腊时代，已有官厅审计机构。公元前 443 年，古罗马设立财务官和审计官，协助元老院处理日常财政事务。审计人员以“听证”（audit）方式，对掌管国家财物和赋税的官吏进行审查和考核，成为具有审计性质的经济监督工作。

想一想

1. 古代为什么需要审计？
2. 审计活动与经济活动的关系是什么？

二、现代审计产生与发展

无论中国还是西方，虽然自古就有审计活动，但毕竟不同于现代意义上的审计，现代意义上的审计是与企业发展密切相关的，让我们把目光回溯到15世纪的意大利水城威尼斯，看看那时发生了什么？

1. 合伙企业与现代审计

15世纪中后期，意大利威尼斯等商业城市迅速发展，出现了为筹集大量资金进行贸易活动的合伙经营方式。在合伙经营中，有的合伙人不直接参与企业经营管理，将财产委托给经营者经营，因此委托人客观上希望有一个第三者对合伙企业的经营情况进行监督检查。处于第三方地位、有丰富经验的会计师就应运而生了，他们对经营者及其提供的会计资料进行审查，以消除合伙人之间的猜疑，有利于合伙关系的巩固。1582年，威尼斯会计协会成立。

2. 现代审计产生的“催化剂”——南海公司事件

18世纪下半叶，英国的资本主义经济得到了迅速的发展，生产的社会化程度大大提高，股份有限公司的兴起，使公司的所有权和经营权进一步分离。这里不得不提1721年英国的“南海公司事件”。

背景事件

英国政府于1710年创立了南海股份有限公司，从事盈利前景诱人的殖民地贸易。公司趁股票投机热在英国方兴未艾之机，于1719年发行了大量股票。该年底，一方面政府扫除了殖民地贸易的障碍，另一方面公司的董事们开始对外散布利好消息，并预测在1720年的圣诞节，公司可能要按面值的60%支付股利。1720年3月，南海公司股价由发行时的114英镑劲升至300英镑。1720年7月公司老板布伦特实施：以数倍于面额的价格发行可分期付款的新股，同时又将获取的现金转贷给购买股票的公众，此时南海的股价扶摇直上，股价高达1 050英镑，一场投机浪潮席卷全国。各种职业的人都被卷入这场漩涡。

《大恐慌》一书这样描写当时的情形：政治家忘记了政治，律师忘记了法庭，贸易商放弃了买卖，医生丢弃了病人，店主关闭了铺子，教父离开了圣坛，甚至连高贵的夫人也忘记了高傲和虚荣。1720年6月英国国会已通过了《泡沫经济取缔法》，许多公司被解散，公众的怀疑逐渐扩展到南海公司，继股价高达1 050英镑后，1720年12月公司股票下跌到124英镑，政府对公司财产清查，其资本已所剩无几。英国议会聘请精通会计实务的查尔斯·斯耐尔（Charles Snell）对南海公司的会计账簿进行检查，并提交了查账报告书。

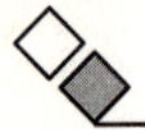

查尔斯·斯耐尔是世界上第一位民间审计人员。查尔斯·斯耐尔所撰写的审计报告是世界上第一份民间审计报告。为了避免南海公司案的重演，英国政府于1844年颁布了《公司法》，规定股份公司必须设监察人，负责审计公司账目；1845年又对《公司法》进行修订，股份公司必须经董事以外的人员审计

3. 现代审计的发展

从20世纪初开始，全球经济发展重心逐步由欧洲转向美国，因此美国的注册会计师审计得到了迅速发展。由于金融资本对产业资本的渗透，企业规模经营的扩大，企业对银行的依赖性越来越强，银行也越来越需要了解企业财务状况和偿债能力方面的信息。这时候，审计对象由会计账目扩大到资产负债表，审计的目的是判断企业信用状况，审计方法由详细审计逐步转向抽样审计，审计报告使用人除股东外，扩大到债权人。

1929年到1933年，资本主义世界经历了历史上最严重的经济危机，从客观上促使企业利益相关者从只关心企业财务状况到更加关心企业盈利水平。这时审计对象为企业全部会计报表及相关资料，审计目的是对会计报表发表意见，以确定其可信性。审计范围扩大到测试相关内部控制，并广泛采用抽样审计，审计报告使用人扩大到股东、债权人、政府部门及潜在投资者，审计准则开始拟订。

20世纪40年代以后，随着跨国公司的出现，国际会计公司也随之出现。这些国际会计师事务所包括普华永道、德勤、安永、毕马威等，其机构庞大，人员众多，有统一的工作程序和质量要求，能够适应不同国家和地区的业务环境。它们不但为跨国公司的各个企业服务，而且也为当地的公司企业服务，其业务收入每年达数十亿美元。它们通过遍设于世界各地的事务所，在国际经济活动中起着重要作用。审计技术也得到不断完善。抽样审计方法普遍运用，制度基础审计方法得到推广，计算机辅助审计技术得到广泛采用，审计准则逐步完善，审计理论体系开始建立。审计业务不断拓展。注册会计师业务扩大到代理纳税、代理记账、参与可行性研究等业务。

可见，现代审计的产生与发展是与企业组织制度的变迁分不开的。注册会计师审计产生于意大利合伙企业制度，形成于英国股份制企业制度，发展和完善于美国的资本市场。它是伴随着商品经济的发展而产生和发展起来的。

延伸阅读

审计目标与方法的变迁

随着注册会计师审计的发展，其审计目标不断地被赋予新的内容，为了实现该阶段的审计目标，审计方法也不断地拓展，其变迁如表2-1所示。

表2-1 现代审计发展、目标与方法的变迁

序号	发展阶段	审计目标	审计方法
1	16世纪意大利，地中海沿岸城市合伙经营企业，注册会计师审计的起源	会计专家对合伙企业经济活动进行鉴证，主要是对合伙契约的履行、利润的计算与分配进行鉴证	查账、公证

（续）

序　　号	发 展 阶 段	审 计 目 标	审 计 方 法
2	1844年英国《公司法》，股份公司发展，至20世纪初，股份公司和银行必须聘请注册会计审计，即英式审计，代表了注册会计师审计形成	查错防弊，保护企业资产的安全和完整	对会计账目进行详细审计（账项基础审计）
3	20世纪初，美国金融资本对产业的渗透，资产负债表审计产生，即美式审计，代表了注册会计师审计发展	帮助贷款人及其他债权人了解企业信用，了解企业偿债能力	开始采用分析程序，会计账目开始采用逆查法
4	1929～1933年经济危机，美国《证券法》和《证券交易法》相继颁发实施	以保护投资者为目的审查企业全部报表，尤其强调利润表审计	分析程序和抽样审计
5	二战后到现在，跨国公司带动国际资本，国际会计师事务所空前发展	对财务报表审计发表审计意见	制度基础审计到风险导向审计

2.2　审计师的职业道德和责任是什么

知识学习

一、道德与道德辨析

道德对于我们每一个人并不陌生。在日常生活中，我们经常会就某个人或某件事发表评论，我们会说，这个人有道德，这样做没道德。我们之所以能够做出判断或评价，是因为我们每个人心里都有一组公认的价值判断标准，它可以帮助我们明辨是非。这里我们要对道德及其功能做一些辨析。

1. 道德概念

道德可以从多种角度来定义，从价值观角度来说，可宽泛地定义为一组价值取向，这组取向代表着社会正面的评价标准。如责任、诚实与正直、公平与公正、关怀、尊重等，这些都是整个社会提倡的道德。

2. 为什么需要道德

道德似乎是与世俱来的。自有人类社会以来，就存在各种道德规范，它是人类社会在长期的互动中形成的，人们在调节自身与他人关系中逐渐选择了公认的道德标准。试想一个社会没有道德会怎样？如果大家都不诚实、不可靠、不说真话，这个社会怎样？因此，道德是保持社会有序运行、融洽的黏合剂，道德引导人们至善，还能平衡人与自然的关系。道德虽是非正式制度，但有时比正式制度更能起到调节、平衡的作用。

3. 为什么会有不道德行为

既然道德可以使人向善、催人奋进，是公正的法官，可以调节社会矛盾，那社会上为什么还有不道德行为呢？我们先来界定一下什么是不道德行为，所谓不道德行为是指在既定情况下，与我们（大多数人）所认为的恰当行为不一致的行为。

想一想

为什么会有不道德行为

不道德行为产生的原因，大致会有这样两种因素：

（1）个人的道德标准与社会一般道德标准不同

每个人都有自己的道德观，也有社会所公认的标准。当个体不认可社会公认的道德标准时，所表现出来的行为，就是不道德行为。不太极端例子如偷税漏税、对他人充满敌意、应聘中撒谎、工作中不尽其所能；极端例子如贩毒、抢劫、盗窃等，这已经是犯罪了。

（2）个人选择自私行为

自私通常是指过分的偏向自己，因此当自身利益与他人发生冲突时，会不计对方的损失，以满足自身利益。也就是说，自私者在发生自私行为时，会意识到自身行为是不道德的，但仍按照自己利益行事。下面的例子可以很好地说明第一种因素与第二种因素的区别。

在机场候机大厅有人拾到了一个公文包，发现公文包里有皮夹和文件。假设有这样两种行为方式：第一种是把皮夹里的钱拿走，随手把包扔了，拿了这钱之后还到处向人炫耀，这种行为就是属于第一类因素；第二种是偷偷拿了钱，但一声不响，不告诉任何人，把拿的钱去给自己买衣服，这种行为就属于第二种因素。

二、职业道德

职业道德即是指从事一定职业的人们在职业活动中所应遵循的道德要求和行为规范。从事一定职业的人们如医生、教师、注册会计师等都有自己的道德要求。社会为什么期望职业人员的品行水准高于社会其他大多数人员？这是因为任何一种职业都需要为其服务的质量取得“公众信任”，而不管具体由哪个职业个体提供这种服务。因此，制定高标准的职业道德要求，有助于消除公众的疑虑，树立某一职业群体的公众形象。

三、审计人员职业道德——以民间审计为例

（一）职业道德体系

我们以民间审计为例，来看一看审计人员的职业道德其核心内容是什么。注册会计师职业道德体系包括《中国注册会计师职业道德守则》和《中国注册会计师协会非执业会员职业道德守则》。其中，《中国注册会计师职业道德守则》包括五个组成部分，具体包括《中国注册会计师职业道德守则第 1 号——职业道德基本原则》《中国注册会计师职业道德守则第 2 号——职业道德概念框架》《中国注册会计师职业道德守则第 3 号——提供专业服务的具体要求》《中国注册会计师职业道德守则第 4 号——审计和审阅业务对独立性的要求》和《中国注册会计师职业道德守则第 5 号——其他鉴证业务对独立性的要求》。

第 1 号的基本原则，阐述了诚信、独立性、客观和公正、专业胜任能力和应有的关

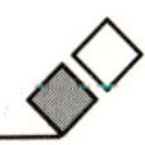

注等几项原则；第 2 号职业道德概念框架主要是指导注册会计师如何识别影响职业道德基本原则的因素，评价其严重程度，及如何采取措施消除其不利影响；第 3 号提供专业服务的具体要求明确在提供专业服务各环节时，如何遵守职业道德的基本原则；第 4 和第 5 号则重点阐述了独立性原则。

（二）重点内容阐述

1. 基本原则

（1）诚信

诚信是指诚实、守信。也就是说，一个人言行与内心思想一致，不虚假；能够履行与别人的约定而取得对方的信任。诚信原则要求注册会计师应当在所有的职业关系和商业关系中保持正直和诚实，秉公处事、实事求是。

（2）独立性

独立性是指不受外来力量控制、支配，按照一定之规行事。独立性包括实质上的独立和形式上的独立。独立性是注册会计师执行鉴证业务的灵魂，是客观、公正的体现，也是职业道德的精髓。

实质上的独立性是一种内心状态，使得注册会计师在提出结论时不受损害职业判断的因素影响，诚信行事，遵循客观和公正原则，保持职业怀疑态度。

形式上的独立性是一种外在表现，使得一个理性且掌握充分信息的第三方，在权衡所有相关事实和情况后，认为会计师事务所或审计项目组成员没有损害诚信原则、客观和公正原则或职业怀疑态度。

（3）客观和公正

客观是指按照事物的本来面目去考察，不添加个人的偏见。公正是指公平、正直、不偏袒。客观和公正原则要求注册会计师应当公正处事、实事求是，不得由于偏见、利益冲突或他人的不当影响而损害自己的职业判断。

（4）专业胜任能力和应有的关注

专业胜任能力是指注册会计师具有专业知识、技能和经验，能够经济有效地完成客户委托的业务。如果注册会计师在缺乏足够的知识、技能和经验的情况下为客户提供专业服务，就构成了一种欺诈。因此，专业胜任能力是注册会计师行业诚信的基础，离开了胜任能力，行业诚信也就失去了专业基础。专业胜任能力要求注册会计师通过教育、培训和执业实践获取和保持。

应有的关注要求注册会计师遵守执业准则和职业道德规范要求，勤勉尽责，认真、全面、及时地完成工作任务。在审计工作中，要保持职业怀疑态度，运用专业知识、技能和经验，获取和评价审计证据。同时，应当采取措施以确保在其授权下工作的人员得到适当的培训和督导。

（5）保密

保密是指注册会计师应当对职业活动中获知的涉密信息保密，不得有下列行为：一是未经客户授权或法律条规允许，向事务所以外的第三方披露所获知的涉密信息；二是利用自己所获知的涉密信息为自己或第三方谋取利益。

（6）良好的职业行为

注册会计师应当遵守相关法律法规，避免发生任何损害职业声誉的行为，在向公众传递信息以及推介自己和工作时，应当客观、真实、得体，不得损害职业形象。

2. 对遵循职业道德基本原则可能产生不利影响的因素

（1）自身利益。如果经济利益或其他利益对注册会计师的职业判断或行为产生不当影响，将产生自身利益导致的不利影响。

（2）自我评价。如果注册会计师对其（或者其所在会计师事务所或工作单位的其他人员）以前的判断或服务做出不恰当的评价，并且将据此形成的判断作为当前服务的组成部分，将产生自我评价导致的不利影响。

（3）过度推介。如果注册会计师过度推介客户或工作单位的某种立场或意见，使其客观性受到损害，将产生过度推介导致的不利影响。

（4）密切关系。如果注册会计师与客户或工作单位存在长期或亲密的关系，而过于倾向他们的利益，或认可他们的工作，将产生密切关系导致的不利影响。

（5）外在压力。如果注册会计师受到实际的压力或感受到压力（包括对注册会计师实施不当影响的意图）而无法客观行事，将产生外在压力导致的不利影响。

练一练

请将下列情形对注册会计师遵循职业道德基本原则产生不利影响的因素填入表2-2中。

表 2-2 可能产生不利影响的具体情形

序　号	可能产生不利影响的具体情形	可能对职业道德基本原则产生不利影响的因素
1	鉴证业务项目组成员担任或最近曾经担任客户的董事或高级管理人员	
2	会计师事务所推介审计客户的股份	
3	会计师事务所与客户就鉴证业务达成或有收费的协议	
4	会计师事务所合伙人告知注册会计师，除非同意审计客户不恰当的会计处理，否则将影响晋升	
5	会计师事务所的合伙人或高级员工与鉴证客户存在长期业务关系	
6	在审计客户与第三方发生诉讼或纠纷时，注册会计师担任该客户的辩护人	
7	会计师事务所的收入过分依赖某一客户	
8	由于客户员工对所讨论的事项更具有专长，注册会计师面临服从其判断的压力	
9	审计客户表示，如果会计师事务所不同意对某项交易的会计处理，则不再委托其承办拟议中的非鉴证业务	
10	会计师事务所为鉴证客户提供直接影响鉴证对象信息的其他服务	
11	项目组成员的近亲属是客户的员工，其所处职位能够对业务对象施加重大影响	
12	会计师事务所受到降低收费的影响而不恰当地缩小工作范围	

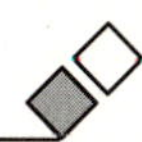

四、法律责任

法律责任是指因违反了法定义务或契约义务，或不当行使法律权利、权力所产生的，由行为人承担的不利后果。注册会计师的法律责任通常包括行政责任、民事责任和刑事责任。由于审计的固有限制，并不能保证将所有的错报事项都揭示出来，而注册会计师是否要承担法律责任，取决于注册会计师自身是否存在过错。

1. 法律责任的认定及应承担的责任

在现代社会中，注册会计师的法律责任有扩大趋势，注册会计涉及法律诉讼的数量和金额都呈上升趋势，其责任认定及应承担责任如表2-2所示。

表2-3 法律责任的认定及应承担的责任

认定		含义	法律责任
违约		违约是指注册会计师未能按照合同的要求履行义务	行政责任、民事责任
过失（以其他合格注册会计师在相同条件下可能做到的谨慎为标准）	普通过失	普通过失是指注册会计师没有完全遵循执业准则的要求执业	行政责任、民事责任
	重大过失	重大过失是指注册会计师根本没有遵循执业准则的要求执业	
欺诈		欺诈是指以欺骗或坑害他人为目的的故意行为。注册会计明知已审计的财务报表有重大错报，却加以虚假的陈述，发表不恰当的意见	民事责任、刑事责任

2. 法律责任的防范

（1）严格遵循执业准则和职业道德要求。

（2）谨慎接受委托。

（3）招收合格的注册会计师助理人员。

（4）严格签订审计业务约定书，明确业务的性质、范围和双方的责任。

（5）深入了解委托单位的业务。

（6）聘请懂行的律师。

（7）提取风险基金或购买职业保险。

延伸阅读

职业道德的制订与变迁

早在1992年9月中注协就发布了《中国注册会计师职业道德守则（试行）》，1996年12月发布了《中国注册会计师职业道德基本准则》，2002年6月发布了《中国注册会计师职业道德规范指导意见》，在规范和提升注册会计师行业道德诚信方面发挥了积极作用。经过几年的实践，在总结以往经验基础上，经过广泛调研和意见征求，并充分借鉴了国际会计师职业道德准则的建设成果，中国注册会计师协会于2009年10月制定并发布了《中国注册会计师职业道德守则》，并于2010年7月1日起施行。

与以往的职业道德规范相比，《中国注册会计师职业道德守则》呈现出鲜明的特点：

①全面规范，涵盖了业务承接、收费报价、专业服务工作的开展等所有环节，对这些环节中可能遇到的与保持职业道德相关的情形，分别提出了明确的要求；②突出强调了社会责任，对注册会计师如何保持独立性、如何处理与审计客户的利益冲突，切实做到独立、客观、公正执业，给予了详尽指导和要求；③提供了具体方法指导，包括识别不利影响，评价各种情形对职业道德危害程度，以及如何采取有效的防范措施等都给予了方法指导；④实现了与国际会计师职业道德守则的全面趋同，守则内容涵盖了国际会计师职业道德守则对注册会计师的所有要求和内容。

习　题

一、单选题

1．在秦汉时期，日趋完善的具有审计性质的制度是（　　）。

A．监察　　B．御史　　C．上计　　D．下计

2．我国“审计”一词，最早出现于（　　）。

A．西周审计萌芽时期　　B．隋唐时期

C．宋代　　D．元明清时期

3．下列关于注册会计师审计的表达中，不恰当的是（　　）。

A．注册会计师审计产生的直接原因是合伙制企业制度的出现

B．注册会计师审计对象可概括为被审计单位的经济活动与经济事项认定

C．注册会计师审计是一个系统的过程

D．独立性是注册会计师审计的灵魂

4．“按照事物的本来面目去考察，不添加个人的偏见”是（　　）。

A．诚信原则的要求　　B．独立性原则的要求

C．客观原则的要求　　D．公正原则的要求

5．注册会计师在进行专业服务营销时的下列行为符合职业道德守则要求的是（　　）。

A．夸大宣传提供的服务

B．暗示有能力影响有关主管部门

C．利用媒体刊登服务项目和招聘员工等信息

D．经强迫方式招揽业务

6．根据保密原则，以下情形可能不属于注册会计师无意泄密的对象的是（　　）。

A．注册会计师的父亲　　B．注册会计师的姐姐

C．注册会计师的兄弟　　D．审计客户的财务总监

7．与注册会计师是否应当承担法律责任的判断关系最为密切的概念是（　　）。

A．审计风险　　B．经营风险

C．应有的职业谨慎　　D．经营失败

二、多选题

1．下列陈述中不属于英国式审计发展阶段特点的包括（　　）。

A．审计目的是验证企业的财务状况和偿债能力

B．审计范围主要集中在企业的会计账目

C．开始运用抽样审计技术

D．审计方法采用详细审计

2．以下对注册会计师审计的陈述中，恰当的有（　　）。

A．注册会计师审计的目的是提高财务报表可信性

B．注册会计师审计的根本目标的变化导致审计方法的发展

C．注册会计师如果开展经营审计，在某程度上更像是为客户提供管理咨询服务

D．注册会计师审计是对错报风险识别、评估与应对的一个系统化过程

3．以下对不同时期审计方法的表述中，恰当的有（　　）。

A．账项基础审计的主要目的是查错防弊

B．制度基础审计是基于了解和评价内部控制基础上的抽样审计

C．风险导向审计的核心是防止、发现或纠正审计风险

D．风险导向审计的工作主线是对财务报表重大错报风险的识别、评估与应对

4．以下事项属于注册会计师职业道德基本原则的有（　　）。

A．专业胜任能力和应有的关注　　B．独立性、客观和公正以及廉洁

C．诚信、独立性、客观和公正　　D．良好的职业行为和保密

5．根据职业道德概念框架的方法和思路，注册会计师应当运用职业判断采取恰当的防范措施应对职业道德基本原则的不利影响。恰当的思路和方法可能包括（　　）。

A．采取防范措施消除不利影响

B．采取防范措施将不利影响降低至可接受的水平

C．终止业务约定

D．拒绝接受业务委托

6．注册会计师因为以下（　　）原因可能导致承担法律责任。

A．重大过失　　B．欺诈　　C．行政责任　　D．违约

三、判断题

1．注册会计师审计产生的直接原因是财产所有权和经营管理权的分离。（　　）

2．资产负债表审计阶段，审计报告的使用者是社会公众。（　　）

3．执行审计业务的注册会计师不得为被审计单位提供代为编制会计报表等专业服务。（　　）

4．会计师事务所到外地承办审计业务，需要当地政府部门的批准。（　　）

5．注册会计师只有与被审计单位保持形式上的独立，才能够以客观、公正的心态发表意见。（　　）

6．注册会计师是否要承担法律责任，取决于注册会计师是否揭示出了所有错报。（　　）

四、案例分析

1．请解释下列各个组织需要独立的外部审计师执行年度财务报表审计的理由。

（1）国内某上市企业。

（2）某市一家便利店。

（3）某基金会。

（4）某省属大学。

2．ABC 会计师事务所注册会计师 A 负责审计甲上市公司 2013 年度财务报表，发现下列 4 种情形，分析哪些情形可能存在自我评价导致对职业道德原则产生不利影响。

（1）审计项目组成员 W 兼任甲公司的独立董事。

（2）审计项目组成员 B 与甲公司董事长存在密切关系。

（3）甲公司监事长 2012 年以前一直是 ABC 会计师事务所的合伙人。

（4）审计项目组成员 Y 在 2013 年 2 月以前连续多年担任甲公司财务总监。

3．ABC 会计师事务所在承接审计业务过程中存在下列行为：

（1）正与甲公司洽谈 2013 年度财务报表审计业务，通过与当地相同规模的其他会计师事务所进行比较，以拥有审计全国绝大多数上市公司的丰富经验向甲公司保证审计质量。

（2）ABC 会计师事务所注册会计师 A 的朋友提出可以为其介绍审计客户，事务所承诺向其支付审计业务收费 30%的佣金。

要求：判断上述行为是否违反注册会计师职业道德守则的相关要求。

模块二

审计有哪些技术方法

任务三 探究审计目标与审计证据

学习目标

通过本部分学习，你应知道：

1. 管理层认定与具体审计目标的关系。
2. 审计目标的导向性、层次性。
3. 审计业务流程。
4. 审计证据的特性及决策。

引导案例

审计业务——目标导向

小张和小李是两名审计助理人员，刚进入会计师事务所不久。今天要随着注册会计师老王去一家上市公司进行外勤审计。在这之前，老王已对小张和小李进行了简单的培训。老王说，所有审计业务都是有一定流程的，同时审计活动是以目标为导向的，整个审计活动就是围绕审计目标，运用一定的审计程序，收集相关审计证据而展开的。原来在学校里，两人就觉得审计目标、管理层认定等挺抽象的，学得似懂非懂，正好趁这次外勤审计，知行合一，通过实践尽快地熟悉审计业务。

3.1 如何确立审计目标

知识学习

审计目标是指审计师通过审计活动所期望达到的最终结果。审计目标对审计师的审计工作发挥着导向作用，因为目标决定后面的审计程序，同时它也界定了审计师的责任范围以及如何发表审计意见。通常在承接审计业务阶段，在决定承接本次审计业务后，就要确定本次审计的审计目标。审计目标可分为总体审计目标和具体审计目标两个层次。不同类型的审计，其目标侧重点会不同。但在学习审计目标之前，先要了解审计工作前提。

一、审计工作前提

从前面审计的定义中，我们知道审计的实质是对信息的再鉴定，在审计之前，我们应明确信息的提供方对信息负什么责任，审计师作为鉴证方，又应负什么责任。这里合理区分管理层和治理层责任与审计师责任，并得到管理层和治理层的认可，是审计师执行审计工作的前提，审计并不是减轻管理层的责任。

（一）管理层和治理层责任

管理层是指对被审计单位经营活动的执行负有经营管理责任的人员。治理层是指对被审计单位战略方向以及管理层履行经营管理责任负有监督责任的人员或组织。现代企业两权分离后，管理层负责企业的日常经营管理并承担受托责任，管理层通过编制财务报表反映受托责任的履行情况。治理层则对管理层编制财务报表的过程实施有效的监督。

管理层和治理层的责任是保持适当的内部控制，按照适用的编制基础编制财务报表，并使其按公允反映，协助审计师进行审计。

（二）审计师责任

审计师的责任是对财务报表未有重大错报进行合理保证，同时发表恰当的审计意见。

练一练

关于注册会计师执行审计工作的前提，下列说法中，正确的有（　　）。

A. 执行审计工作前提是管理层、治理层承诺其编制的财务报表不存在任何错误或舞弊

B. 如果管理层、治理层不认可其对财务报表的责任，则表明执行审计工作的前提不存在，注册会计师不能承接该审计业务委托

C. 注册会计师执行审计工作的前提，构成注册会计师按照审计准则的规定执行审计工作的基础

D. 管理层、治理层认可并理解其对财务报表的责任是注册会计师执行审计工作的前提

【答案】BCD

【解析】选项 A 不恰当。执行审计工作的前提不是简单地要求管理层、治理层承诺其财务报表不存在任何错误或舞弊，如果这种承诺是有效的，则无需注册会计师执行审计；如果这种承诺是根本达不到的，也失去了承诺的意义。

（三）管理层认定

既然公允表达财务报表是管理层的责任，则管理层对财务报表中的各类交易、相关账户和披露就含有明示性或暗示性的陈述，这种陈述就是管理层认定。理解管理层认定非常重要，因为审计的具体目标就是来确定管理层的认定是否恰当。管理层认定通常分三个层次。

1. 与交易和事项相关的认定

（1）发生。这是指记录在财务报表中的交易在被审期间已实际发生。

（2）完整性。这是指所有应列入财务报表的交易均已实际列入。

（3）准确性。这是指交易均以正确的金额记入。

（4）分类。这是指交易已记录于恰当的账户。

（5）截止。这是指交易已记录于恰当的会计期间。

2. 与账户余额相关的认定

（1）存在。这是指财务报表中列入的资产、负债和权益在资产负债表日确实存在。

（2）完整性。这是指所有应该记录在财务报表的账户均已记录。

（3）计价和分摊。这是指资产、负债和权益是以恰当的数额包含在财务报表中。

（4）权利和义务。这是指在特定日期，已记录的资产和负债确实是被审计单位的权利和义务。

3. **与列报披露相关的认定**

（1）发生及权利和义务。这是指已披露的交易、事项和其他情况确实已发生，且与被审计单位有关。

（2）完整性。这是指所有需披露的事项都已包括在财务报表中。

（3）准确性和计价。这是指披露的财务信息是公允的，且金额恰当。

（4）分类和可理解性。这是指披露的财务信息已恰当分类，且内容表达清楚。

案例讨论

案例资料：甲公司在财务报表上列示的存货如下（单位：元），试分析有哪些明示性认定和暗示性认定。

流动资产：	
存货	2 000 000

案例分析：

这里有两项明示性认定：

（1）财务报表日甲公司资产中所记录的存货 2 000 000 元是存在的。言外之意，没有多记一分。

（2）财务报表日甲公司资产中所记录的存货以恰当的金额包括在财务报表中，与之相关的计价或分摊调整已恰当记录。言外之意，金额正好是 2 000 000 元，一分不多一分不少。

三项暗示性认定：

（1）甲公司所有应当记录的存货均已记录。言外之意，没有少记一分。

（2）甲公司记录的 2 000 000 元存货均由其拥有。

（3）存货的使用不受任何限制。言外之意，存货没有被留置、被抵押或作为担保物。这是根据存货被列示为流动资产，并且在财务报表的附注中没有对存货项目做任何的说明而得出的结论。

二、审计总体目标与具体目标

（一）审计总体目标

就财务报表审计而言，其审计总体目标为：一是对财务报表整体是否不存在由于舞弊或错误导致的重大错报获取合理保证，使得注册会计师能够对财务报表是否在所有重大方面按照适用的财务报告编制基础发表审计意见；二是按照审计准则的规定，根据审计结果对财务报表出具审计报告，并与管理层和治理层沟通。理解审计总体目标可以从

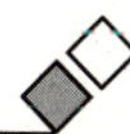

下面三点来把握。

1. 公允性

公允性是审计的一个重要目标，公允性所含的意思是指会计报表提供的信息是否与企业实际经济情况相符。通常，相对于政府审计和内部审计而言，民间审计更侧重于公允性的目标。

2. 合法性

合法性的含义较为明确，就是评价被审计单位的财务收支及其有关经营管理活动是否符合法律法规的要求，通过审计揭露和查处违法乱纪行为，保护资产的安全完整，促进被审计单位和整个社会经济健康、和谐地发展。

3. 效益性

效益性是指通过审计评价被审计单位在生产经营活动中，资源利用是否经济，是否讲究效率，其投入产出是否有效果，各项目标、决策、计划方案是否可行等，并找出其原因和薄弱环节，促其改善管理，提高经济效益，一般内部审计侧重于效益性审计目标。

（二）具体审计目标

明晰了管理层认定后，具体审计目标就很容易确定了，因为审计师的责任就是确定管理层的认定是否合理。完成了具体审计目标之后，总体审计目标也就达到了。同样，具体审计目标也包括三个层次。

1. 与交易和事项相关的审计目标

（1）发生。通过审计确认已记录的交易确实发生，即交易是真实的，没有高估报表组成项目。

例如，没有发生销售交易，但在销售日记账中记录了销售，就违反了该目标。

（2）完整性。通过审计确认已发生的交易确已记录，无漏记交易，没有低估报表组成项目。

例如，如果发生了销售交易，但没有在销售日记账和总账中记录，就违反了该目标。

（3）准确性。通过审计确认已记录的交易是按正确金额反映的。

例如，对销售交易来说，如果在销售日记账中记录了错误的金额，就违反了该目标。

（4）分类。通过审计确认交易记录在恰当的账户中。

例如，将出售经营性固定资产所得收入记录为营业收入，就违反了该目标。

（5）截止。通过审计确认交易已记录于恰当的会计期间。

例如，如果将本期交易记录到下期，或将下期交易提到本期确认，则违反了该目标。

2. 与账户余额相关的审计目标

（1）存在。通过审计确认已记入的金额确实应当列入，没有高估报表组成项目。

例如，如果不存在某顾客的应收账款，却在应收账款明细账中列入了对该顾客的应收账款，则违反了该目标。

（2）完整性。通过审计确认所有应当列入的金额确实已经列入，无漏记金额，没有低估报表组成项目。

例如，如果存在对某顾客的应收账款，但没有在应收账款明细账中列入对该顾客的应收账款，则违反了该目标。

（3）计价和分摊。通过审计确认指资产、负债和权益是以恰当的数额包含在财务报表中。

（4）权利和义务。通过审计确认在特定日期，已记录的资产和负债确实是被审计单位的权利和义务。

例如，将委托代销商品列入被审计单位存货中，则违反了该目标。

3. **与列报披露相关的审计目标**

（1）发生及权利和义务。通过审计确认已披露的事项确实已发生，属于被审计单位的权利和义务。

例如，如果被审计单位固定资产被抵押，则需要在报表中披露，否则就违反了该目标。

（2）完整性。通过审计确认所有需披露的事项都已包括在财务报表中。

例如，所有重大的关联方交易均应披露，否则就违反了该目标。

（3）准确性和计价。通过审计确认已披露的财务信息是公允的，且金额恰当。

例如，在报表附注中，与应付票据有关的披露应都是准确的，否则就违反了该目标。

（4）分类和可理解性。通过审计确认披露的财务信息已恰当分类，且内容表达清楚。

例如，报表披露时，是否已将一年内到期的长期负债列为流动负债，否则就违反了该目标。

由此可知，认定是确定具体审计目标的基础，注册会计师通常将认定转化为能够通过审计程序予以实现的审计目标，然后通过执行一系列审计程序获取充分、适当的审计证据以实现之。认定、审计目标和审计程序之间的关系如表 3-1 所示。

表 3-1　认定、审计目标和审计程序之间的关系举例

认　定	审计目标	审计程序
存在	资产负债表列示的存货存在	实施存货监盘程序
完整性	销售收入包括了所有已发货的交易	检查发货单和销售发票的编号以及销售明细账
准确性	应收账款反映的销售业务是否基于正确的价格和数量，计算是否正确	比较价格清单与发票上的价格，发货单与销售订购单上的数量是否一致，重新计算发票上的金额
截止	销售业务记录在恰当的期间	比较上一年度最后几天和下一年度最初几天的发货单日期与记账日期
权利和义务	资产负债表中的固定资产确实为公司拥有	查阅所有权证书、购货合同、结算单和保险单
计价和分摊	以净值记录应收账款	检查应收账款账龄分析表、评估计提的坏账准备是否充足

三、审计业务流程

审计业务流程是指审计工作从开始到结束的整个过程。以民间审计为例，整个过程通常包括如下几个阶段，如图 3-1 所示。

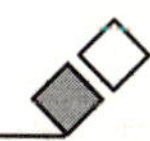

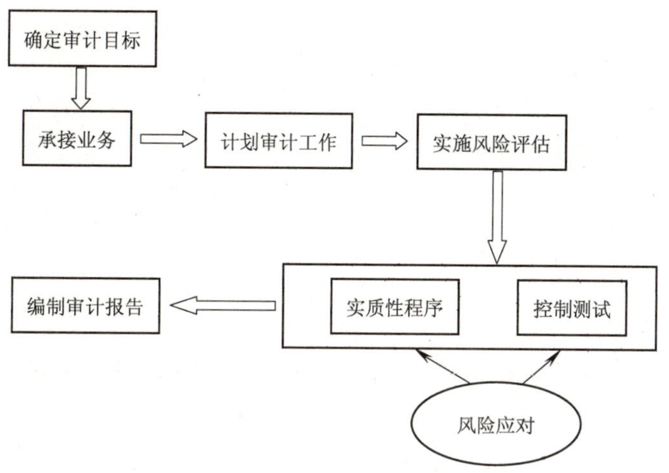

图 3-1　审计业务流程

在不同的阶段，会有不同的工作内容，同时要对审计过程加以记录，形成审计工作底稿，这些不同的工作内容会在以后部分里详细介绍。

延伸阅读

审计方法的变迁

自现代审计产生以来，审计环境发生了很大的变化。由于审计环境的变化，审计方法也从最初的账项基础审计发展到现代的风险导向审计。让我们循着历史的脉络去追踪审计方法的变迁。

1．账项基础审计

在审计发展的早期（20 世纪初以前），由于企业组织结构简单，业务性质单一，注册会计师的审计主要是为了满足财产所有者对会计核算进行独立检查，促使受托责任人（通常为经理或下属）在授权经营过程中做出诚实、可靠的行为。注册会计师获取审计证据的方法比较简单，包括检查支持凭证，评估报告资产的价值（通常是成本），确定受托责任人对存货购买和发出核算的正确性。当时的注册会计师在整个审计过程中，约四分之三的时间花费在合计和过账上。注册会计师将大部分精力投向会计凭证和账簿的详细检查，因此此时的审计方法是详细审计，又称账项基础审计方法（accounting number-based audit approach）。

2．制度基础审计

在即将进入 20 世纪时，随着企业规模的扩大和组织结构的日益复杂，经济活动和交易事项内容不断丰富、复杂。审计工作量迅速增大，使得审计难以实施。为了进一步提高审计效率，注册会计师将审计的视角转向企业的管理制度，特别是会计信息赖以生成的内控，从而将内控与抽样审计结合起来。因为设计合理且有效执行的内控可以保证会计报表的可靠性，防止重大错误和舞弊的发生。从 20 世纪 50 年代起，以内控测试为基础的抽样审计在西方国家得到广泛应用，该种方法被称作制度基础审计方法（system-based audit approach）。

3．风险导向审计

由于审计风险受到企业固有风险因素的影响，如管理人员的品行和能力、行业所处环境、业务性质、容易产生错报的会计报表项目、容易遭受损失或被挪用的资产等导致的风险，又受到内部控制风险因素的影响，即账户余额或各类交易存在错报，内部控制未能防止、发现或纠正的风险，此外还受到注册会计师实施审计程序未能发现账户余额或各类交易存在错报风险的影响，职业界很快开发出了审计风险模型。审计风险模型的出现，从理论上解决了注册会计师以制度为基础采用抽样审计的随意性，又解决了审计资源的分配问题，要求注册会计师将审计资源分配到最容易导致会计报表出现重大错报的领域。这种以战略观和系统观思想指导重大错报风险评估和整个审计流程的审计，称为风险导向审计（risk-oriented audit approach），其核心思想为审计风险主要来源于企业财务报告的重大错报风险，而错报风险主要来源于整个企业的经营风险和舞弊风险。

3.2　探究审计证据

知识学习

一、审计证据概述

任何审计的基础都是证据，这些证据由审计师收集和评价，以实现审计目标，可以说，审计的过程就是围绕目标收集证据的过程。今天，我们就来研究证据都有哪些特性。

（一）审计证据含义

审计证据是审计师围绕审计目标收集的用来确定所审计信息是否按照既定标准表述的任何资料。这些资料用于帮助审计师形成审计意见。

练一练

下列资料可以作为审计证据的包括（　　）。

A．考勤卡、工资计算表、人事档案

B．内部控制手册

C．董事会会议记录

D．询证函的回函

【答案】 ABCD

【解析】 凡是注册会计师在审计过程中获取的与被审计单位有关的资料都可以作为审计证据。

（二）审计证据的特性

由于审计的性质决定了审计活动本身的客观性、公正性，因此用于形成审计意见的证据也必须具有相应的特性，审计证据的特性包括以下两方面。

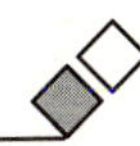

1. **客观性**

审计证据的客观性是指证据本身应该是客观存在的经济事实，也就是说主观臆断、推理、猜测等不能成为审计证据。

2. **合法性**

合法性是指审计证据的收集过程应该是合法的，也就是说审计师根据审计准则和有关法规规定的审计程序去收集证据，否则证据即使具有客观性，也不能作为审计证据来使用。

客观性和合法性是对审计证据的基本要求，审计证据的这两个特性必须同时具备。

二、审计证据的分类

审计证据分类的目的在于寻找更合理、有效，更有证明力的证据。审计证据按其表现形式可分为实物证据、书面证据、口头证据和环境证据。

（一）实物证据

实物证据是审计师通过实际观察或盘点所获取的各种实物形式的证据。实物证据是证明实物资产是否存在的非常有说服力的证据。但是实物证据并不能完全证明被审计单位对实物资产拥有所有权，而且也无法支持对某些资产的价值情况作出判断。对于取得实物证据的账面资产，还应就其所有权归属及其价值情况另行审计。

（二）书面证据

书面证据是审计师所获取的各种以书面文件为形式的一类证据。它包括与审计有关的各种原始凭证、会计记录（记账凭证、会计账簿和各种明细表）、各种会议记录和文件、各种合同、通知书、报告书及函件等。书面证据是审计证据的主要组成部分，是审计工作中收集最多、运用最广泛的一类证据，因此书面证据也可称为基本证据。

书面证据按其来源可分为外部证据和内部证据两类。

1. **外部证据**

外部证据是由被审计单位以外的组织机构或人士所编制的书面证据，外部证据包括三种：

（1）被审计单位以外的机构或人士编制，并由其直接递交审计师的外部证据，如应收账款函证回函。

（2）由被审计单位以外的机构或人士编制，但为被审计单位持有并提交审计师的书面证据，如银行对账单、购货发票、有关合同等。

（3）审计师为证明某个事项而自己动手编制的各种计算表、分析表等。

2. **内部证据**

内部证据是指由被审计单位内部机构或职员编制和提供的书面证据。包括被审计单位的会计记录、被审计单位管理当局声明书，以及其他各种由被审计单位编制和提供的有关书面文件。

（三）口头证据

口头证据是指被审计单位的有关人员对审计师的提问进行口头答复所形成的证据，如谈话记录就是口头证据。口头证据可能会带有个人成见和片面观点，因此可靠性较差，只能起到旁证的作用。

（四）环境证据

环境证据是指对审计事项产生影响的各种环境事实，如有关内部控制情况、被审计单位管理人员的素质、各种管理条件和管理水平等。

三、审计证据决策

审计证据决策是指审计师在收集审计证据时，对证据的数量、质量以及获取成本的考虑。

（一）对审计证据数量的考虑

对审计证据数量的考虑，也就是对审计证据的充分性衡量。客观恰当的审计意见必须建立在一定数量的审计证据基础上，但究竟需要多少审计证据，在很大程度上取决于审计师的主观判断和准备承担的风险。审计师在判断证据是否充分时，可考虑下列主要因素：

（1）重大错报风险。当评估重大错报风险为高时，所需收集的证据数量就越多。

（2）审计项目的重要程度。通常，审计项目越重要，需要审计证据的数量就越多。

（3）审计师的经验。拥有丰富经验的审计师会选取更具代表性的样本，从而可以减少证据数量。

（4）审计过程中是否发现错弊。如果审计过程中发现错误或舞弊现象，通常需要增加证据的数量。

（5）审计证据的类型与获取途径。审计证据的类型与获取途径很大程度上决定了审计证据的质量，而审计证据的质量又影响着审计证据的数量。也就是说，审计证据质量越高，审计证据数量可能越少。

（二）对审计证据质量的考虑

对审计证据质量的考虑也就是判断审计证据的适当性，所谓适当性也就是审计证据是否与审计目标相关且可靠程度如何。

1. 审计证据的相关性

只有与审计目标相关的证据，才有证明力。所以收集审计证据时，必须紧紧围绕具体审计目标来进行。

想一想

如果审计师怀疑被审计单位已发货却没有向顾客开发票（完整性目标）。
审计程序一，从销售发票副本中选取一个样本，并追查每张发票至相应的发货单。
审计程序二，追查发货单样本至相应的销售发票副本，以确定每张发货单是否均已开票。
分析哪一个审计程序所获得的证据能证明完整性审计目标。

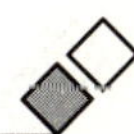

2. 审计证据的可靠性

审计证据的可靠性是指审计证据的可信程度，因为证据的来源途径不同，所以必须对审计证据的可信度做一个判断。审计师在判断时，通常依据下列原则：

（1）从外部独立来源获取的审计证据比从其他来源获取的审计证据更可靠。从外部独立来源的证据因减少了伪造、更改凭证或业务记录的可能性，因而可靠性相对较强。

（2）直接获取的审计证据比间接获取或推论得出的审计证据更可靠。

（3）内部控制健全有效时内部生成的证据比内部控制薄弱时内部生成的证据更可靠。

（4）从原件获取的审计证据比从传真或复印件获取的审计证据更可靠。

（5）以文件记录形式存在的证据比口头形式的审计证据更可靠。

练一练

以下审计证据类型中可靠性最差的是（　　）。

A. 注册会计师亲自抽点被审计单位仓库中的存货

B. 被审计单位会计记录中的销售发票存根

C. 被审计单位会计记录中的采购发票

D. 被审计单位与某银行的贷款合同

【答案】B

【解析】被审计单位会计记录中的销售发票存根是完全由内部编制和使用的，可靠性最差。

（三）对获取成本的考虑

在保证获取充分、适当的审计证据的前提下，控制审计成本也是审计师所必须考虑的，但是审计师不应以获取审计证据的成本高低和难易为由减少不可替代的审计程序，也就是说，必须的审计程序就必须执行。

习　题

一、单选题

1. 甲公司将2013年度的主营业务收入列入2012年度的会计报表，则其2012年度会计报表中存在的错误认定是（　　）。

A. 总体合理性　　B. 估计或分摊　　C. 存在或发生　　D. 完整性

2. 关于管理层、治理层对财务报表的责任，下列说法中不正确的是（　　）。

A. 选择适用的会计准则和相关会计制度

B. 发表恰当的审计意见

C. 根据企业的具体情况，作出合理的会计估计

D. 选择和运用恰当的会计政策

3. 如果注册会计师将审计目标确定为审查被审计单位是否存在漏记销售收入的错

误，其关注的认定是（　　）。

A．存在　　B．发生　　C．分类　　D．完整性

4．只与资产负债表相关的管理层认定是（　　）。

A．存在或发生　　B．权利和义务　　C．计价和分摊　　D．完整性

5．充分、适当的（　　）是合理提出审计报告、达到审计目标的重要条件。

A．审计证据　　B．审计资料　　C．审计业务约定书　　D．审计建议书

6．审计证据的相关性是指审计证据必须与（　　）相关。

A．审计内容　　B．审计程序　　C．审计范围　　D．审计目标

7．在获取的下列审计证据中，可靠性最强的通常是（　　）。

A．甲公司编制的请购单　　B．甲公司编制的成本计算分配表

C．甲公司提供的银行对账单　　D．甲公司管理层提供的声明书

二、多选题

1．注册会计师具体审计目标的确定依据包括（　　）。

A．审计总体目标　B．审计准则　　C．审计程序　　D．管理层认定

2．下列关于管理层、治理层和注册会计师对财务报表“责任”的说法中，正确的有（　　）。

A．注册会计师对财务报表承担最终责任

B．管理层对财务报表的编制直接负责

C．注册会计师对财务报表承担审计责任

D．管理层和治理层理应对编制财务报表承担完全责任

3．对于年度财务报表审计而言，注册会计师认为下列时间段的交易容易出现截止错误的包括（　　）。

A．5 月份上半月的交易　　B．1 月份上半月的交易

C．10 月份下半月的交易　　D．12 月份下半月的交易

4．在注册会计师对下列各项目分别提出的项目目标中，（　　）不是完整性目标。

A．有价证券的市价是否予以列示　　B．长期投资是否超过净资产的 50%

C．购货的借贷双方是否在同期入账　　D．实现的销售是否登记入账

5．被审计单位管理层在资产负债表中列报银行存款及其金额，意味着作出了下列明确的认定（　　）。

A．记录的银行存款是存在的

B．所有应当记录的银行存款均已记录

C．银行存款以恰当的金额包括在财务报表中

D．记录的银行存款都同被审计单位拥有

6．以下（　　）证据是属于外部证据。

A．应收账款函证的回函　　B．收到的支票

C．购货发票　　D．被审计单位管理层声明

三、判断题

1．管理层在财务报表上的认定都是明确表达的。（　　）

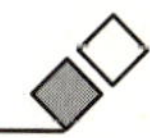

2. 如果被审计单位未在会计报表附注中披露有关存货的担保、抵押情况，就意味着管理当局对外承诺：本单位的存货不存在担保、抵押的情况。（　　）

3. 实物资产通常是证实被审计单位对其拥有所有权的非常有说服力的证据。（　　）

4. 审计证据的适当性是对审计证据数量的衡量。（　　）

5. 为了证实审计结论，审计人员取得的相关审计证据越多越好。（　　）

6. 一般而言，内部证据不如外部证据可靠。（　　）

四、案例分析

1. 根据下列管理层认定，列出与之相关的应收账款具体审计目标，并填列在表 3-2 中。

表 3-2　与管理层认定相关的应收账款具体审计目标

管理层认定	应收账款具体审计目标
存在	
完整性	
权利和义务	
计价	
截止	
准确性	
分类	
披露	

2. 注册会计师张利在对 ABC 公司 2013 年度财务报表进行审计时，收集到以下 6 组证据：

（1）销货发票副本与产品出库单。

（2）收料单与购货发票。

（3）领料单与材料成本计算表。

（4）工资计算单与工资发放表。

（5）存货盘点表与存货监盘记录。

（6）银行询证回函与银行对账单。

要求：请分别说明每组证据中哪项审计证据较为可靠，并简要说明理由。

任务四　审计证据的收集与记录

学习目标

通过本章学习，你应知道：

1. 各项审计程序。
2. 审计抽样方法。
3. 审计工作底稿的编制。

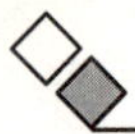

引导案例

审计证据——审计师的生命线

自有证券市场以来，上市公司的造假丑闻就层出不穷，古今中外，概莫能外。俗话说，道高一尺，魔高一丈，无论如何造假，都会留下蛛丝马迹。审计的任务就是运用各种审计程序收集各类审计证据，然后透过证据的表象，判定造假的实质。

4.1 如何收集审计证据

知识学习

审计证据是通过审计程序收集的，不同的审计程序收集证据的侧重点是不同的，本部分内容我们就来学习审计程序，研究它们各自都能收集哪些审计证据。

一、审计程序

（一）审计程序概述

审计程序是指实现审计目标的手段或途径，是指注册会计师在审计过程中的某个时间，对将要获取的某类证据如何进行收集的详细指令。这些手段或途径有八种，即检查实物、检查文件、函证、分析程序、询问、观察、重新计算、重新执行。在审计时，选用何种审计程序，取决于审计目标和具体的审计项目，是审计师必须作出的决策之一，另外审计师还必须对审计程序的样本规模、从总体中选取哪些项目以及何时执行这些程序作出决策。

（二）审计程序分析

1. 检查实物

检查实物是审计师对有形资产所作的检查或盘点，包括现金、存货、有价证券、应收票据、固定资产等。检查实物是验证资产确实存在（即存在性目标）的直接手段，但不能确定是否已记录（完整性目标）。检查实物是认定资产数量和规格的一种客观手段，在某些情况下，还是评价资产状况和质量的一种有用方法，但不能确定存在的资产是否归被审计单位所有（所有权目标），也无法准确判断资产的陈旧（可实现价值）程度，也无法确定为编制财务报表所作出的计价是否恰当（准确性目标）。

2. 检查文件

检查文件是指审计师检查被审计单位的凭证和记录，以证实财务报表所包含或应包含的信息。审计师所检查的文件可以是纸质的、电子的或其他介质的，检查的方式包括审阅和核对。检查文件是每次审计中广泛使用的一种审计程序，因为这种程序执行成本相对较低。

例如，被审计单位通常对每笔销售交易都会保留一份客户订单、一份发货单和一份销售发票副本。审计师通过检查这些文件来验证销售交易记录的准确性。

3. 函证

函证是指由独立第三方针对审计师所要求回答的信息的准确性所作出的书面答复，并且结果直接反馈给审计师。函证有两种类型，即积极式函证和消极式函证。

（1）积极式函证

积极式函证是指要求收函人在任何情况下都必须回函。在没有收到回函情况下，一般会发出第二封、第三封，如还没有回复，则要实施替代审计程序。

（2）消极式函证

消极式函证是指只有当函证中的信息不正确时，才要求收件人回函。当审计师没有收到消极式函证的回函时，不需要做任何进一步的测试。

（3）需函证类型及对象

经常需要函证的主要信息类型及函证来源如表 4-1 所示。

表 4-1　经常函证的信息

信　息	来　源
资产：	
1. 银行存款	开户银行
2. 应收账款	债务人
3. 短期投资	受资方或证券公司
4. 应收票据	出票人
5. 其他应收款	债务人
6. 预付账款	债务人
7. 由其他单位代为保管、加工或销售的存货	受托保管人、加工方或代销人
8. 长期投资	受资方或证券公司
9. 委托贷款	贷款人
负债：	
1. 短期借款	债权人
2. 应付账款	债权人
3. 预收账款	客户
4. 长期借款	债权人
所有者权益： 已发行的股票	股票管理登记人及转让机关
其他信息：	
保证、抵押或质押	债权人
或有负债	律师、银行等
重大或异常的交易	客户

4. 分析程序

分析程序是指审计师通过研究不同财务数据之间以及财务数据与非财务数据之间的内在联系，对财务信息做出评价。通常将账户余额或其他数据与审计师的预期进行比较，对照其是否合理。分析程序在风险评估阶段、实质性程序阶段以及最后审计结束进行总体复核时都有广泛应用。

例如，存在错报时，往往会有异常波动。比较本年与上年的坏账准备与应收账款比率（即坏账计提比率）时，假设该比率下降，而同时应收账款周转率也下降，综合这两项信息，则表明存在低估坏账准备的可能性。

练一练

下列不属于分析程序的有（　　）。

A. 将应收账款明细账与总账进行比较

B. 将应收账款本期周转率与上期进行比较

C. 将应收账款本期期初余额与上期期末余额进行比较

D. 将应收账款期末余额与坏账准备期末余额进行比较

【答案】AC

【解析】将应收账款明细账与总账进行比较、将应收账款本期期初余额与上期期末余额进行比较属于期末余额的细节测试，不属于分析性程序。

5. **询问**

询问是指审计师以书面或口头方式，向被审计单位内部或外部的知情人士获取信息。询问需要通过其他程序获取进一步的佐证信息。

6. **观察**

观察是指审计师利用感官去评价被审计单位的经营活动。在整个审计活动中，审计师有很多机会通过观察去评价各种各样的项目，例如审计师通过参观厂房获得对被审计单位设备的总体印象，通过观察公司职员从事会计工作来确定其职责履行是否恰当。但考虑到审计师在现场时，被审计单位的职员有可能会改变其平时的行为，因此观察也需要通过其他程序获取进一步的佐证信息。

7. **重新计算**

重新计算是指对被审计单位所作计算予以再核对。重新计算是验证数字准确性的重要手段。

8. **重新执行**

重新执行是指审计师对被审计单位会计程序或内部控制系统中的控制程序所做的独立测试。重新计算涉及的是再核对某一具体的计算，而重新执行涉及的是某一程序，以检查该程序是否被正确执行。

例如，审计师通过追查，对多处出现的相同信息，核对它们的传递以验证信息是不是每次都按相同的金额记录。

练一练

分别列出表 4-2 中审计目标能够验证的管理层认定，以及为实现这些具体目标注册会计师应当执行的审计程序。

表 4-2　管理层认定与审计程序

管理层认定	具体审计目标	审计程序
	应收账款是否实际存在	
	应收账款是否归被审计单位所有	
	应收账款增减变动是否完整	
	应收账款是否可以收回、计提的坏账准备是否恰当	

二、审计抽样

随着企业规模的扩大和业务的日益复杂，加之现代企业为应对风险，越来越多的企业建立了良好的内部控制系统，使得对每一笔交易进行审计变得既不可能，又无必要。这时，审计抽样就应运而生，审计抽样是审计师选取测试项目的方法之一，旨在帮助审计师确定实施审计的范围。

（一）审计抽样概述

1. 审计抽样

审计抽样是指审计师在实施审计程序时，从审计对象总体中选取一定数量的样本进行测试，并根据测试结果，推断审计对象总体特征的一种方法。现代审计中，审计抽样对于控制审计成本、提高审计效率、保证审计成果起着重要的作用。但审计抽样并非在所有的审计程序中都可使用。风险评估程序通常不涉及审计抽样，当控制的运行留下轨迹时，审计师可以考虑使用审计抽样实施控制测试。在实质性程序中，实施分析程序时，审计师不宜使用审计抽样；实施细节测试时，可以使用审计抽样。

2. 抽样风险

抽样风险是指审计师根据样本得出的结论和对总体全部项目实施与样本同样的审计程序得出的结论存在差异的可能性，也就是抽出的样本不能代表总体的风险。只要使用了审计抽样，抽样风险总是存在的，但审计师可以通过扩大样本规模来降低抽样风险。

3. 统计抽样

统计抽样是指通过随机选取样本，并且运用概率论评价样本结果，包括计量抽样风险的抽样方法。统计抽样的优点在于能够客观地计量抽样风险，并通过调整样本规模精确地控制风险。

（二）审计抽样过程

审计抽样过程通常分为三个阶段，即样本设计阶段、选取样本阶段和评价样本结果阶段。

1. 样本设计阶段

样本设计也就是制定选取样本的计划。在这个阶段，有两项重点工作，即定义总体和定义误差。

（1）定义总体

定义总体也就是定义抽样的整个范围。只有总体定义好了，抽样单元也就确定了。当然总体的确定要与审计目标相关联。

例如，某一特定日期的所有应收账款余额就是一个总体，某一测试期间的所有销售收入也是一个总体。

（2）定义误差

定义误差是指审计师事先确定错误的标准，以便执行审计程序时能够进行识别。误差可以是控制的偏差，也可以是错报的金额。定义误差时也要考虑审计程序的目标。

例如，在对应收账款存在性的审计中，客户在函证日前支付、被审计单位在函证日后不久收到的款项（即未达账项），就不能构成误差。

2. 选取样本阶段

在这一阶段，首先要确定样本规模，然后进行样本选取，最后对样本实施审计程序。

（1）确定样本规模

样本规模是指从总体中选取样本项目的数量。样本规模过小，则不能反映出审计对象总体的特征，如果过大，则会增加审计成本，降低审计效率，失去审计抽样的意义。影响样本规模的因素主要包括可接受的抽样风险、可容忍误差、预计总体误差、总体变异性、总体规模。

（2）选取样本

选取样本的方法主要包括随机选样、系统选样、任意选样。

1）随机选样

随机选样是指按照随机数表或计算机辅助技术来选取样本。随机数表是由随机生成的从 0～9 共 10 个数字所组成的数表，每个数字出现在表中的次数是大致相同的，顺序是随机的。表 4-2 就是 5 位随机数表的一部分。

表 4-3 部分随机数表

行＼列	1	2	3	4	5	6	7
1	32044	69037	29655	92114	81034	40582	01584
2	23821	96070	82592	81642	08971	07411	09037
3	82383	94987	66441	28677	95961	78346	37916
4	68310	21792	71635	86089	38157	95620	96718
5	94856	76940	22165	01414	01413	37231	05509
6	95000	61958	83430	98250	70030	05436	74814
7	20764	64638	11359	32556	89822	02713	81293

应用随机数表进行选样，首先要对总体项目进行编号，建立总体项目与表中数字的一一对应关系，然后从随机数表中选择一个随机起点和一个选号路线，按照选号路线依次选择样本。

例如，审计师对 001～400 连续编号的发货单进行检查，从中随机选出一组样本量为 10 的样本。假设审计师用随机数表数字的后三位数与发货单号码一一对应，从第一行第二列开始，自左到右依次进行，选出的 10 个号码是：037、114、034、070、383、346、310、089、157、165。

2）系统选样

系统选样也叫等距选样，是指按照相同间隔从审计对象总体中等距离地选取样本的一种选样方法。采用系统选样，首先要计算选样间距，然后确定选样起点，再根据间隔顺序选取样本。

选样间距=总体规模/样本规模

例如，假设销售发票的总体范围是 652～3152，设定的样本量是 125，那么选样间距为 20[（3152−652）÷125]。注册会计师必须从 0～19 中选取一个随机数作为抽样起点。

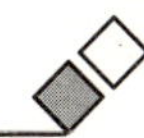

如果随机选择的数是 9，那么第一个样本项目是发票号码为 661（652+9）的那一张，其余的 124 个项目是 681（661+20），701（681+20），……依此类推，直至第 3141 号。

3）任意选样

任意选样是指审计师不考虑样本项目的性质、大小、外观、位置或其他特征，不带任何偏见地选取样本。但这个方法是非随机基础选样方法，因而不能在统计抽样中使用。

3. *评价样本结果*

在评价样本结果时，首先是分析样本误差，然后根据样本误差推断总体误差，最后形成审计结论。

4.2 如何记录审计证据

知识学习

收集的审计证据需要通过一定的形式加以记录，并加以保存。今天，我们就来学习如何记录审计证据。

一、审计工作底稿概述

审计师的整个工作过程必须以恰当的形式反映出来，这个形式就是审计工作底稿。审计工作底稿是证据的载体，反映了审计的全貌。

（一）含义

审计工作底稿是以一定格式编制的档案性原始文件，记录了审计师制定的审计计划、实施的审计程序、收集的审计证据以及得出的审计结论。审计工作底稿是审计证据的载体，是审计过程和结果的书面证明。

（二）审计工作底稿编制目的

因为审计工作底稿贯穿于审计工作的始终，而审计工作又是由多个审计师协同进行，因此审计工作底稿起着协同、纽带的作用，它将各个人员的工作有机地联系在一起，审计工作底稿的编制目的主要有四个方面。

1. *为计划审计工作提供基础*

审计师要制定本年度的审计计划，必须参考各种与计划有关的信息，如企业的基本信息、内部控制状况、以前年度的审计结果等，这些信息在连续年度的工作底稿中均可获得，通过查阅这些信息，可以避免审计师走弯路、掌握审计重点，提高工作效率。

2. *为收集的证据和测试的结果提供记录*

审计工作底稿是证明审计师已按照审计准则执行了充分审计的主要记录手段。必要时可以向监管机构和法庭证明：审计是经过周密计划和充分监督的；所收集的证据是充分适当的；考虑到已获得的审计结果，审计报告是恰当的。

3. *为确定恰当类型的审计报告提供信息*

审计的最终结果是要提供恰当类型的审计报告，无论提供何种类型的审计报告，都

必须以充分、恰当的审计证据为依据，而审计证据被收集起来之后，就要记录于审计工作底稿之中，为审计师最终形成审计意见提供直接的依据。

4. **为督导人员和合伙人的复核提供基础**

审计活动牵涉到公众的利益，因此必须保证审计工作的高质量，包括对工作底稿的检查与复核，而完整的底稿为这一切提供了可能。

练一练

注册会计师应列为审计工作底稿的文件包括（　　）。

A. 具体审计计划草稿

B. 应收账款账龄分析表

C. 存货监盘记录

D. 未更正错报汇总表

【答案】BCD

【解析】草稿不构成对审计结论的支持，无须保留为审计工作底稿。

二、审计工作底稿的编制与复核

（一）审计工作底稿的编制

审计工作底稿的形式虽然各种各样，底稿中记录的内容也不相同，但一般各种业务的工作底稿应包括下列基本要素，如表 4-4 所示。

表 4-4　银行存款审定表

被审计单位名称 杭州欣兴工程造价咨询有限公司　　索引号 1-000-3　　页次

审计项目名称 银行存款　　编制人 陈兴 日期：2014 年 2 月 26 日

会计报表截止日 2013 年 12 月 31 日　　复核人 王刚 日期：2014 年 2 月 26 日

索引号	开户银行名称及账号	银行存款账面余额			银行对账单余额	函证	调节相符	调整数	审定数
		原币	汇率	记账本位币					
	建行文晖支行 33001616435053005611			271 388.14	271 388.14	C			271 388.14
									—
	合　计			271 388.14	271 388.14		—	—	271 388.14
审计说明及调整分录：									
审计结论：余额可确认									

说明：1. 银行存款应是企业存入银行的各种存款，含定期存款。其他货币资金应在 1-000-3 底稿中列示。

2. 银行存款如是人民币可直接记入记账本位币栏；如是外币应原币金额前表明外币符号。

3. 调节相符打“√”；调节后不相符打“×”，并作说明。

4. 核对账面余额与银行对账单余额，并将银行存款对账单及余额调节表或询证函附后。

5. 银行存款余额调节表可由企业编制，但应对未达账项的内容及期后企业入账、银行收支情况予以审核，如有跨期收支事项，应作适当调整。

（1）被审计单位名称。被审计单位名称是指财务报表的编报单位。

（2）审计项目名称。审计项目名称表明记录的是什么审计事项。通常是某一财务报表项目名称或某一审计程序及实施对象的名称。

（3）审计项目的时点或期间。这是指审计事项发生的时点或期间，是某一资产负债类项目的报告时点或某一损益类项目的报告期间。

（4）审计过程记录。在审计工作底稿中要详细记录审计实施的全过程。这包括两方面的内容：一是被审计单位的未审情况，包括被审计单位的内部控制情况，有关会计账项的未审计发生额及期末余额；二是审计过程的记录，包括审计师实施的审计测试性质、测试项目、抽取的样本及检查的重要凭证、审计调整及重分类事项等。

（5）审计标识及说明。审计标识是审计师为便于表达审计含义而采用的符号。在工作底稿中，审计师应确切说明审计标识的含义，同时审计标识应保持前后一致。以下是常用的一些审计标识。

1）∧：直加相符。

2）<：横加相符。

3）B：与上年结转数核对一致。

4）T：与原始凭证核对一致。

5）G：与总分类账核对一致。

6）S：与明细账核对一致。

7）T/B：与试算平衡表核对一致。

8）C：已发询证函。

9）C\：已收回询证函。

（6）审计结论。审计结论是审计师通过实施必要的审计程序后，对某一审计事项所作的专业判断。

（7）索引号及页次。索引号便于审计师分类整理和利用。

（8）编制者姓名及编制日期。

（9）复核者姓名及复核日期。

（10）其他应说明事项。

（二）审计工作底稿的复核

审计工作底稿实行三级复核制度。所谓审计工作底稿三级复核制度，就是会计师事务所制定的以项目经理、部门经理和主任会计师为复核人，对审计工作底稿进行逐级复核的一种复核制度。

项目经理对审计工作底稿逐张复核，这是第一级的详细复核。部门经理只对审计工作底稿中重要会计账项的审计、重要审计程序的执行，以及审计调整事项等进行复核，这是第二级的一般复核。主任会计师对审计过程中的重大会计审计问题、重大审计调整事项及重要的审计工作底稿进行复核，这是第三级的重点复核。

三、审计工作底稿的保管

审计业务完成后，审计师应将工作底稿归整为审计档案。审计工作底稿的归档期限

为审计报告日后 60 天内，如果注册会计师未能完成审计业务，审计工作底稿的归档期限为审计业务中止后的 60 天内。会计师事务所应当自审计报告日起，对审计工作底稿至少保存 10 年，如果审计师未能完成审计工作，会计师事务所应当自审计业务中止日起，对审计工作底稿至少保存 10 年。

习　题

一、单选题

1．存货监盘是证实存货（　　）认定不可替代的审计程序。

A．发生　　B．存在　　C．所有权　　D．完整性

2．为了证明以下财务报表项目的相关认定，注册会计师如果采用函证程序，则获取的审计证据最相关的是（　　）。

A．应付账款的完整性　　B．应收账款的存在

C．固定资产的存在　　D．营业成本的准确性

3．在实施下列程序时，注册会计师应当考虑使用审计抽样的是（　　）。

A．细节测试　　B．实质性分析程序

C．风险评估程序　　D．实质性程序

4．造成抽样风险的原因是（　　）。

A．审计工作的疏忽　　B．审计程序设计不当

C．审计方法选择不合理　　D．测试总体中的部分项目

5．下列各项中，可以不作为审计工作底稿的是（　　）。

A．管理层声明书　　B．审计业务约定书

C．财务报表草稿　　D．项目组内部会议记录

6．应对审计工作底稿进行最终复核的是会计师事务所的（　　）。

A．注册会计师　　B．项目负责人

C．主任会计师　　D．审计助理人员

二、多选题

1．注册会计师对函证程序的下列设计更有利于实现完整性目标的包括（　　）。

A．不列出账户余额，而是要求被询证者提供余额信息

B．在询证函中列明相关信息，要求对方核对确认

C．扩大函证范围，将重点对余额为零或较低的账户实施函证

D．要求被审计单位寄发询证函

2、在下列各项中，注册会计师通常认为适合运用实质性分析程序的有（　　）。

A．营业外收入　　B．存款利息收入

C．借款利息支出　　D．房屋租赁收入

3．不适宜采用审计抽样的审计程序包括（　　）。

A．询问　　B．分析程序

C．观察　　D．细节测试

4．关于审计抽样特征，以下描述中，恰当的有（　　）。

A．对某类交易或账户余额中低于百分之百的项目实施审计程序

B．审计测试的目的是为了评价该账户余额或交易类型的某一特征

C．扩大样本规模可以降低非抽样风险

D．所有抽样单元都有被选取的机会

5．注册会计师在审计工作底稿中记录识别特征的目的包括（　　）。

A．反映项目组履行职责的情况

B．便于项目合伙人控制工作进度

C．对测试的项目或事项进行复核

D．便于对例外事项或不符事项进行调查

6．注册会计师在审计工作底稿中应当记录的内容有（　　）。

A．测试的具体项目或事项的识别特征

B．审计工作的执行人员及完成审计工作的日期

C．审计工作的监控人员及监控的日期和范围

D．审计工作的复核人员及复核的日期和范围

三、判断题

1．检查应付账款余额是否有相关原始凭证的支持可以为应付账款的完整性认定提供审计证据。（　）

2．检查有形资产，可以证实有形资产是否存在及其状态。（　）

3．函证应收账款，可以证实被审计单位账面记录的应收账款计价是否正确。（　）

4．从 500 张凭证中抽取 50 张凭证审查，则抽样间隔数为 5。（　）

5．审计工作底稿是审计人员在整个审计过程中形成的全部审计记录。（　）

6．审计工作底稿需要通过逐级复核，以保证审计工作底稿质量。（　）

四、案例分析

1．注册会计师 A 在审计甲公司 2013 年度财务报表时，确定了存货的审计目标，要求根据表 4-5 的审计目标，列出这些审计目标能够验证的管理层认定，并列出为实现这些具体目标，注册会计师应当执行的审计程序。

表 4-5　管理层认定与审计程序

管理层认定	具体审计目标	审计程序
	甲公司对存货均拥有所有权	
	记录的存货数量包括了甲公司所有的在库存货	
	存货期末余额已按成本与可变现净值适当调整	
	存货成本的计算准确	
	存货的主要类别和计价基础已在财务报表中恰当披露	

2．注册会计师采用系统选样法从 2 000 张凭证中选取 100 张作为样本，确定随机起点为凭证编号的第 76 号，则抽取的第 5 张凭证的编号应为第几号？

3．以下是注册会计师编制的审计工作底稿，请代为指出其中的不当之处。

表 4-6 原材料抽查盘点表

原材料抽查盘点表					
盘点标签号码	存货表号码	存货		盘点结果	
		号码	内容	客户	审计人员
123	6	1-25	A	120 √	150
226	20	1-90	B	50 √	50
367	25	2-30	C	200 √	200
480	31	3-20	D	120 √	150
496	62	4-10	E	60 √	60
502	76	6-23	F	1100 √	1100

以上差异已由客户纠正，纠正差异后使被审计单位存货账户余额增加 500 元，抽查盘点存货总价值为 50 000 元，占全部存货价值的 20%，经追查至存货汇总表没有发现其他例外。我们认为错误并不重要。

模块三

如何实施审计业务

任务五　制定审计方案

学习目标

通过本部分学习，你应知道：

1. 承接审计业务过程。
2. 审计业务约定书的基本内容。
3. 重要性含义，掌握重要性水平确定方法。
4. 审计风险的含义，掌握审计风险的确定方法。
5. 总体审计策略和具体审计计划的编制内容。

引导案例

隆兴公司自开业以来，营业额剧增。为筹措资金，公司决定向银行贷款。但银行希望其出具审计后的财务报表，以作出是否给其贷款的决定。于是，隆兴公司决定聘请宝信会计师事务所进行审计。隆兴公司以前从未进行过审计。

审计刚开始就不太顺利，注册会计师王玲刚到隆兴公司就发现，该公司会计账册不齐，而且账也未轧平。于是王玲花费一个星期的时间帮助公司会计整理账簿等。但公司会计人员却向财务经理抱怨，认为注册会计师王玲太苛刻，妨碍其正常工作。

第二周，当王玲向会计人员索要客户有关资料以便对应收账款进行询证时，会计人员以这些资料系公司机密为由，加以拒绝。接着，王玲又要求公司在年末这一天停止生产，以便对存货进行盘点。但隆兴公司又以生产任务忙为由，也加以拒绝。

王玲无奈之下，只得向事务所的合伙人汇报。合伙人张民立即与隆兴公司总经理进行接洽。告知如果无法进行询证或盘点，将迫使注册会计师无法对财务报表表示意见。总经理闻言之后，非常生气。他说，我情愿向朋友借钱，也不要你们的审计报告。不但命令注册会计师马上离开隆兴公司，而且拒绝支付注册会计师前两周的审计费用。合伙人张民也很生气，他严肃地告诉总经理，除非付清所有的审计费用，否则前期由王玲代编的会计账册将不予归还。

5.1　承接审计业务

承接审计业务是注册会计师的初步业务活动，在这个阶段，注册会计师通过与客户的初步接触，了解本次审计业务的目的、被审计单位的基本情况、自身的独立性和专业胜任能力，并最终决定是否承接该业务。因此，承接审计业务的关键是对客户情况进行初步了解，然后签订审计业务约定书。

一、初步业务活动内容

为了将审计风险降至可允许的范围内，维护注册会计师的声誉，会计师事务所要在

努力扩大业务范围、不断提高业务收入的同时，审慎地接受委托人的委托。

1. 明确准备接受委托业务的性质和范围

委托人和受托人在签约前必须达成双方对审计业务、审计范围取得一致看法。在会计报表审计、专项审计、期中审计、验资等诸多审计业务的委托过程中，注册会计师必须清晰地察觉今后的审计范围是否会受到限制，被审计单位能否如实地提供全部资料，注册会计师能否顺利地在审计过程中取得充分适当的证据以支持审计意见等问题。

2. 全面了解被审计单位的基本情况

通常，在签约前，注册会计师应对被审计单位的业务性质，经营规模和组织结构，经营情况和经营风险，以前年度接受审计的情况，财务会计机构及工作组织，被审计单位简况，管理人员的经验、品行等相关方面进行全面了解，以确定是否接受委托，同时也为接受委托后安排下一步的审计工作奠定前期基础。

3. 会计师事务所评价自身专业胜任能力

注册会计师及其所在会计师事务所应对自身能否胜任该委托业务进行评价，包括：评价自身执行审计的能力，特别要考虑审计小组关键成员的确定和在审计过程中向外界专家寻求协助的需要；评价自身与委托人和被审计单位之间是否独立；评价即将参加受托业务应有的谨慎或关注能力。

4. 商定审计收费

尽管会计师事务所收费标准由注册会计师协会统一规定，采用计时或计件方式收取服务费用，但是在实际工作中，会计师事务所更多地采用计时收费方式，因此会计师事务所应合理估计工作时间，向委托人提交审计约定收费预算，并商定应收的审计费用。

5. 明确被审计单位应协助的工作

一般地，注册会计师从事审计工作离不开被审计单位的密切协助，包括提供全部的会计资料，配备相应的财务人员以配合注册会计师的询查工作，甚至包括提供注册会计师外勤办公的场地和设备等条件。对于需要由被审计单位予以配合的工作，会计师事务所可通过提交“提请被审计单位协助审计工作的函”以明确协助事项。

6. 初步确定审计风险

注册会计师了解被审计单位基本情况和初步调查相关内部控制制度后，应初步确定审计风险，并认真评价初步风险水平对审计质量的影响，为确定是否接受业务委托提供依据。如果初步确定审计风险水平过高，注册会计师需考虑提请被审计单位应做好的补充准备工作，并且提高自身的关注能力，以期降低风险水平，否则可以考虑放弃接受业务委托。

7. 分析性测试

主要对会计报表进行概略性分析，即对未审会计报表中有重大变化的项目做出总体上的概略分析说明，为初步确定重点审计领域做到“心中有数”。概略分析一般也可以在签订审计业务约定书之后实施，这主要取决于注册会计师对审计程序的规划与安排。

实务提醒

如果注册会计师所在会计师事务所取得委托人的业务委托意向，切不可草率地与委托人签订审计业务约定书。而应该认真地完成以上签约前期的准备工作，然后再确定是否同意接受委托和签订审计业务约定书，必须以一种谨慎的态度来对待自己今后的工作，以免落入某些委托人设下的不法“陷阱”或使自身今后的工作陷入难以为继的境地。

二、审计业务约定书的含义

审计业务约定书是指会计师事务所与委托人共同签订的，据以确认审计业务的委托与受托关系，明确委托目的、审计范围及双方责任与义务等事项的书面合约。这里的委托人是指向会计师事务所提出业务委托，并与会计师事务所签订审计业务约定书的单位和个人。审计业务约定书具有经济合同的性质，一经签字双方认可，即成为会计师事务所与委托人之间具有法律效力的契约。

实务提醒

签订后的审计业务约定书具有法定约束力，具有其他根据《中华人民共和国经济合同法》签订的经济合同一样（同等）的法律效力，成为委托人和受托人双方之间在法律上的生效契约。如果出现法律诉讼，它是确定双方责任的首要依据之一。从审计工作本身来看，当委托和受托目标全部实现后，即审计工作全部完成后，注册会计师应将审计业务约定书妥善保管，作为一项重要的审计工作底稿资料，纳入审计档案管理。

三、审计业务约定书的作用

（1）审计业务约定书可以增进会计师事务所与委托人之间的了解，避免在审计目的、范围和双方责任等方面产生误解，尤其是可以使被审计单位了解他们的会计责任和注册会计师的审计责任，明确被审计单位应该提供的合作，并以此作为划分责任的依据。

（2）审计业务约定书可以作为被审计单位鉴定审计业务完成情况及会计师事务所检查被审计单位约定义务履行情况的依据，如果被审计单位对注册会计师的服务提出质疑，注册会计师可以根据约定书的有关内容做出辩解。

（3）如果出现法律诉讼，审计业务约定书是据以确定会计师事务所和委托人双方应负法律责任的重要依据。倘若被审计单位对注册会计师提出质疑、责难或控告，注册会计师可以根据审计业务约定书的有关内容做出辩解。当然，对于已载明的审计责任，注册会计师不能推诿。因而可以说，审计业务约定书是保护审计机构和注册会计师的有效措施之一。

四、审计业务约定书的基本内容

会计师事务所与委托人达成一致后，即可派员起草审计业务约定书。约定书一经签订，双方的委托与受托的关系即以约定的形式固定下来。审计业务约定书的格式和内容可因不同的被审计单位而有所不同，但一般应包括以下基本内容：

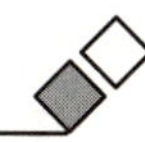

（1）签约双方的名称。签约双方名称应使用委托方和受托方的全称。

（2）委托目的。即说明委托人委托会计师事务所审计的目的或用意。例如，是年度会计报表审计，还是验资等。

（3）审计范围。审计业务约定书应当明确约定该审计业务的审计范围，注明所审计的会计报表的名称及其所反映的日期或期间。审计范围与委托人的委托目的密切相关，同时又直接影响到审计目的和任务，并关系到委托、受托双方的责任区分，因而应在审计业务约定书中明确限定。

（4）会计责任与审计责任。审计业务约定书应当明确审计责任与会计责任。建立健全内部控制制度，保护资产的安全、完整，保证会计资料的真实、合法、完整是被审计单位的会计责任。按照审计准则的要求出具审计报告，保证审计报告的真实性、合法性是注册会计师的审计责任。审计责任不能替代、减轻或免除被审计单位的会计责任。在审计业务约定书中约定双方责任，不但可以确认会计师事务所的工作，而且还可提请被审计单位明晰其应负的责任。

（5）签约双方的义务。审计业务约定书应当明确签约双方的义务。会计师事务所应当履行的主要义务有两个方面：一是按照约定时间完成审计业务，出具审计报告；二是对在执行审计业务过程中获悉的商业秘密予以保密。被审计单位应当履行的主要义务有：第一，及时提供注册会计师所需要的全部资料；第二，为注册会计师的审计提供必要的条件及合作；第三，按照约定条件，及时足额支付审计费用。

（6）出具审计报告的时间要求。注册会计师应按双方约定的时间出具审计报告，以便于委托人能及时使用审计报告。

（7）审计报告的使用责任。审计业务约定书应当明确正确使用审计报告是委托人的责任，由于使用不当所造成的后果，与注册会计师及其所在会计师事务所无关。

（8）审计收费。审计业务约定书应当明确审计收费的计费依据、计费标准及付费方式与时间。会计师事务所应根据审计业务所确定的工时，依据收费标准计算审计费用。

（9）审计业务约定书的有效期间。确定有效期间即为明确约定书的生效日和失效日。

（10）违约责任。审计业务约定书具有与经济合同一样的法定约束力，因此对于违约方的责任可按有关合同法规的规定来确定。

（11）签约双方认为应当约定的其他有关事项。例如：如委托业务涉及会计咨询时，应在约定书中写明约定双方各自的职责；会计师事务所首次接受委托时，还应考虑期初余额的审计责任及如何与前任注册会计师沟通等事项。

（12）签约时间。签约时间是指签约的日期。

此外，审计业务约定书应由会计师事务所和委托人双方的法定代表人，或由法定代表人授权的代表签订，并加盖委托人和会计师事务所印章。签约双方如因特殊情况确需修改、补充审计约定事项，应陈述理由，并以适当的方式获取对方的确认。审计业务约定书至少应一式两份，会计师事务所留存的审计业务约定书是重要的合约，应归入审计档案。

【引导案例分析】

在该案例中，宝信会计师事务所犯了如下几项错误：

（1）审计前没有与客户妥善会谈，以致客户不了解审计意义、审计目的、审计范围。这是造成客户不同意注册会计师进行询证或盘点的原因。

（2）没有与客户签订审计业务约定书，没有与客户商定审计收费，与客户联系不足。在客户账未结平之前，就贸然前去审计，实属不妥。

（3）没有制订审计计划，又没有助理人员进行必要监督。例如，没有获得合伙人同意，就帮助客户整理账本，实属多余。

（4）扣留客户账册来作为要求客户付款条件，有失职业道德。搞得不好，很可能被客户起诉侵权，应立即归还账本。如果整理时间不长，可以放弃审计收费；如果审计费用巨大，可以通过正常的法律渠道予以申诉，通过合法程序来维护自身利益。

练一练

下列关于审计业务约定书的说法有错误的是（　　）。

A. 审计业务约定书是会计师事务所与被审计单位签订的，而不是与委托人签订的。

B. 审计业务约定书具有经济合同的性质，一经约定各方签字即可，对各方均有法定约束力。

C. 会计师事务所承接任何审计业务，均应与被审计单位签订审计业务约定书。

D. 审计业务约定书的所有内容和格式不会因不同的被审计单位而不同。

【答案】D

【解析】审计业务约定书的具体内容和格式可能会因被审计单位的不同而不同的，具体单位需要具体考虑，但是一般基本内容是都包括的。

附：审计业务约定书参考格式

审计业务约定书

甲方：________________有限公司

乙方：________________会计师事务所有限公司

兹由甲方委托乙方对____进行审计，经双方协商，达成以下约定：

一、业务范围与审计目标

1. 乙方接受甲方委托，对甲方按照企业会计准则编制的财务报表进行审计。

2. 乙方通过执行审计工作，对财务报表的下列方面发表审计意见：①财务报表是否在所有重大方面按照企业会计准则的规定编制；②财务报表是否在所有重大方面公允反映被审计单位的财务状况、经营成果和现金流量。

二、甲方的责任与义务

（一）甲方的责任

1. 根据《中华人民共和国会计法》及《企业财务会计报告条例》，甲方及甲方负责人有责任保证会计资料的真实性和完整性。因此，甲方管理层有责任妥善保存和提供会计记录（包括但不限于会计凭证、会计账簿及其他会计资料），这些记录必须真实、完整地反映甲方的财务状况、经营成果和现金流量。

2. 按照企业会计准则的规定编制和公允列报财务报表是甲方管理层的责任，这种责任包括：①设计、实施和维护与财务报表编制相关的内部控制，以使财务报表不

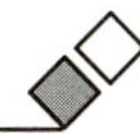

存在由于舞弊或错误而导致的重大错报；②选择和运用恰当的会计政策；③作出合理的会计估计。

（二）甲方的义务

1. 及时为乙方的审计工作提供其所要求的全部会计资料和其他有关资料（在201　年　月　日之前提供审计所需的全部资料），并保证所提供资料的真实性和完整性。

2. 确保乙方不受限制地接触任何与审计有关的记录、文件和所需的其他信息。

3. 甲方管理层对其作出的与审计有关的声明予以书面确认。

4. 为乙方派出的有关工作人员提供必要的工作条件和协助，主要事项将由乙方于外勤工作开始前提供清单。

5. 按本约定书的约定及时足额支付审计费用以及乙方人员在审计期间的交通、食宿和其他相关费用。

三、乙方的责任和义务

（一）乙方的责任

1. 乙方的责任是在实施审计工作的基础上对甲方财务报表发表审计意见。乙方按照中国注册会计师审计准则（以下简称审计准则）的规定进行审计。审计准则要求注册会计师遵守职业道德规范，计划和实施审计工作，以对财务报表是否不存在重大错报获取合理保证。

2. 审计工作涉及实施审计程序，以获取有关财务报表金额和披露的审计证据。选择的审计程序取决于乙方的判断，包括对由于舞弊或错误导致的财务报表重大错报风险的评估。在进行风险评估时，乙方考虑与财务报表编制相关的内部控制，以设计恰当的审计程序，但目的并非对内部控制的有效性发表意见。审计工作还包括评价管理层选用会计政策的恰当性和作出会计估计的合理性，以及评价财务报表的总体列报。

3. 乙方需要合理计划和实施审计工作，以使乙方能够获取充分、适当的审计证据，为甲方财务报表是否不存在重大错报获取合理保证。

4. 乙方有责任在审计报告中指明所发现的甲方在重大方面没有遵循企业会计准则编制财务报表且未按乙方的建议进行调整的事项。

5. 由于测试的性质和审计的其他固有限制，以及内部控制的固有局限性，不可避免地存在着某些重大错报在审计后仍然可能未被乙方发现的风险。

6. 在审计过程中，乙方若发现甲方内部控制存在乙方认为的重要缺陷，应向甲方提交管理建议书。但乙方在管理建议书中提出的各种事项，并不代表已全面说明所有可能存在的缺陷或已提出所有可行的改善建议。甲方在实施乙方提出的改善建议前应全面评估其影响。未经乙方书面许可，甲方不得向任何第三方提供乙方出具的管理建议书。

7. 乙方的审计不能减轻甲方及甲方管理层的责任。

（二）乙方的义务

1. 按照约定时间完成审计工作，出具审计报告。乙方应于201　年　月　日前出具审计报告。

2. 除下列情况外，乙方应当对执行业务过程中知悉的甲方信息予以保密：①取得甲方的授权；②根据法律法规的规定，为法律诉讼准备文件或提供证据，以及向监

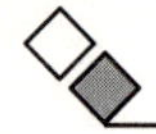

管机构报告发现的违反法规行为；③接受行业协会和监管机构依法进行的质量检查；④监管机构对乙方进行行政处罚（包括监管机构处罚前的调查、听证）以及乙方对此提起行政复议。

四、审计收费

1. 本次审计服务的收费是以乙方各级别工作人员在本次工作中所耗费的时间为基础计算的。乙方预计本次审计服务的费用总额为人民币　　元。

2. 甲方应于本约定书签署之日起　　日内支付　　%的审计费用，剩余款项于审计报告草稿完成日结清。

3. 如果由于无法预见的原因，致使乙方从事本约定书所涉及的审计服务实际时间较本约定书签订时预计的时间有明显的增加或减少时，甲乙双方应通过协商，相应调整本约定书第四项第1条下所述的审计费用。

4. 如果由于无法预见的原因，致使乙方人员抵达甲方的工作现场后，本约定书所涉及的审计服务不再进行，甲方不得要求退还预付的审计费用；如上述情况发生于乙方人员完成现场审计工作，并离开甲方的工作现场之后，甲方应另行向乙方支付人民币　　元的补偿费，该补偿费应于甲方收到乙方的收款通知之日起　　日内支付。

5. 与本次审计有关的其他费用（包括交通费、食宿费等）由甲方承担。

五、审计报告和审计报告的使用

1. 乙方按照《中国注册会计师审计准则第1501号——对财务报表形成审计意见和出具审计报告》和《中国注册会计师审计准则第1502号——在审计报告中发表非无保留意见》规定的格式和类型出具审计报告。

2. 乙方向甲方出具审计报告一式　　份。

3. 甲方在提交或对外公布审计报告时，不得修改乙方出具的审计报告及后附的已审计财务报表。当甲方认为有必要修改会计数据、报告附注和所作的说明时，应当事先通知乙方，乙方将考虑有关的修改对审计报告的影响，必要时将重新出具审计报告。

六、本约定书的有效期间

本约定书自签署之日起生效，并在双方履行完毕本约定书约定的所有义务后终止。但其中第三（二）2、四、五、八、九、十项并不因本约定书终止而失效。

七、约定事项的变更

如果出现不可预见的情况，影响审计工作如期完成，或需要提前出具审计报告时，甲乙双方均可要求变更约定事项，但应及时通知对方，并由双方协商解决。

八、终止条款

1. 如果根据乙方的职业道德及其他有关专业职责、适用的法律、法规或其他任何法定的要求，乙方认为已不适宜继续为甲方提供本约定书约定的审计服务时，乙方可以采取向甲方提出合理通知的方式终止履行本约定书。

2. 在终止业务约定的情况下，乙方有权就其于本约定书终止之日前对约定的审计服务项目所做的工作收取合理的审计费用。

九、违约责任

甲、乙双方按照《中华人民共和国合同法》的规定承担违约责任。

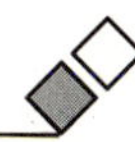

十、适用法律和争议解决

本约定书的所有方面均应适用中华人民共和国法律进行解释并受其约束。本约定书履行地为乙方出具审计报告所在地，因本约定书所引起的或与本约定书有关的任何纠纷或争议（包括关于本约定书条款的存在、效力或终止，或无效之后果），双方选择以下第____种解决方式：

（1）向有管辖权的人民法院提起诉讼。

（2）提交　　　　仲裁委员会仲裁。

十一、双方对其他有关事项的约定

本约定书一式两份，甲、乙方各执一份，具有同等法律效力。

甲方：有限公司（盖章）　　　　乙方：　　会计师事务所（盖章）

授权代表：（签名并盖章）　　　　授权代表：（签名并盖章）

二〇一　年　月　日　　　　二〇一　年　月　日

5.2　确定重要性水平

重要性是注册会计师在执行审计业务时，碰到的一个重要的概念，重要性概念与重大错报风险相关联。重要性是注册会计师站在报表使用者角度考虑的判断错报重大与否的标准，重要性水平取决于在具体环境下对错报金额和性质的判断。注册会计师考虑重要性，便于分配审计资源、实施审计程序、确定审计意见。

一、审计重要性的概念

审计重要性是指如果一项错报单独或连同其他错报可能影响财务报表使用者依据财务报表做出的经济决策，则该项错报是重大的。在理解和应用重要性概念时，要注意以下几个问题：

（1）判断重要性要从会计报表使用者的角度出发。从理论上讲，如果会计报表中的错报或漏报足以改变或影响报表使用者的判断，这种错报或漏报就是重要的，否则就是不重要的。

（2）重要性的判断和特定的环境相关。不同的审计对象面临不同的环境，判断重要性的标准也不相同。被审单位的规模不同，判断重要性的标准就不相同。经营规模大的单位，其重要性水平的绝对值一般比规模小的单位要大，但相对值要比规模小的单位要小。

（3）判断重要性应当考虑错报漏报的金额和性质。也就是说，“重要”既可以指数额之巨大，也可以指性质之严重。数额的大小毫无疑问是判断重要性的一个重要因素，同样类型的错报或漏报，数额大的显然要比数额小的更严重。在考虑数额大小的时候，还要注意多项小额错报的累计影响，一项错报单独看来并不重要，但如果多次出现，积少成多，就变得重要了。注册会计师在运用重要性原则时，还应当考虑错报或漏报的性质。

从性质方面考虑，重要的是：①涉及舞弊与违法行为的错报和漏报；②可能引起履行合同义务的错报或漏报；③影响收益趋势的错报或漏报；④不期望出现的错报或漏报。

（4）判断重要性要考虑错报或漏报对会计报表的影响范围。在判断重要性时，既要考虑错报或漏报金额的绝对值，又要考虑这一误报金额对会计报表的影响范围。具体说

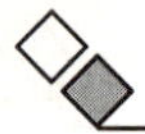

来，错报或漏报金额在会计报表中的涉及面越广就越重要，反之则不重要。

（5）运用重要性需要专业判断。重要性的判断离不开特定的环境。影响重要性的因素很多，不同的审计对象的重要性不同，同一对象在不同时期的重要性也不同。注册会计师不能机械地去套用，而是要充分发挥其主观能动性进行专业判断。

（6）重要性的运用贯穿整个审计过程。在审计的整个过程中，都需要运用重要性原则。编制审计计划时，要求对重要性水平作出初步判断，以确定所需审计证据的数量，并据此决定审计程序的性质、时间和范围。在审计实施阶段，如果考虑实际查出的错报或漏报数，连同尚未发现的错报或漏报可能超过报表层次的重要性水平，注册会计师应当追加审计程序，或提请被审单位调整会计报表；在审计完成阶段，如果考虑尚未调整的错报漏报的汇总数可能影响到某个会计报表使用者的决策，但会计报表的反映就整体而言是公允的，注册会计师应发表保留意见；如果尚未调整的错报漏报非常重要，可能影响到大多数甚至全部报表使用者的决策时，应当发表否定意见。另外，在审计抽样过程中运用重要性原则可帮助注册会计师选择恰当的样本，提高审计效率，合理地保障审计质量。

二、初步判断重要性水平

注册会计师在编制审计计划时必须对重要性水平做出初步判断，其目的是确定所需审计证据的数量。重要性是影响审计证据充分性的一个十分重要的因素。因此，注册会计师在编制审计计划时，应当根据所确定的重要性水平，合理确定所需的审计证据，并据此决定审计程序的性质、时间和范围。

（1）重要性水平与审计证据的关系。重要性水平与审计证据之间呈反向关系，也就是说，重要性水平越低，应获取的审计证据越多。

例如：为合理保证存货账户的错报或漏报不超过 10 000 元所需收集的审计证据，比为了合理保证该账户错报或漏报不超过 20 000 元所需收集的审计证据要多。

（2）初步判断重要性水平时应考虑的因素。其影响因素包括：①以往的审计经验；②有关法规的要求；③被审单位经营规模的大小及业务性质；④内部控制与审计风险的评估结果；⑤会计报表各项目的性质及其相互关系；⑥会计报表各项目的金额及其波动幅度。

（3）初步判断重要性水平的方法。在编制审计计划时，注册会计师要从两个层次来评价重要性：①会计报表层次的重要性水平；②账户或交易层次的重要性水平。

1）会计报表层次的重要性水平

由于独立审计的目的是对会计报表的合法性、公允性、一贯性发表审计意见。因此，注册会计师必须考虑会计报表层次的重要性，只有这样才能得出会计报表是否合法、公允、一贯的整体结论。确定会计报表层次的重要性水平的公式是：

会计报表层次的重要性水平=判断基础×判断比率

① 判断基础和计算方法

判断基础通常包括资产总额、净资产、营业收入、净利润等。

实务中用来判断重要性水平的一些参考数值：净利润的 5%～10%；资产总额的 0.5%～1%；净资产的 1%；营业收入的 0.5%～1%。

用乘积最低的作为重要性。这个比率不是固定的，基数小的时候比率大些，基数大的时候比率小些。

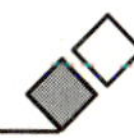

② 会计报表层次重要性水平的选取

如果同一期间各会计报表的重要性水平不同，注册会计师应当取其最低者作为会计报表层次的重要性水平。审计人员应当先对每张会计报表确定一个重要性水平。但由于会计报表彼此相互关联，并且许多审计程序经常涉及两个以上的报表。例如，对年底赊销是否在适当期间正确记录的审计程序，不仅为资产负债表中的应收账款提供审计证据，而且还为利润表中的销售收入提供审计证据，因此在编制审计计划时，应使用会计报表中最小的错报或漏报总体水平。

例如，将利润表的重要性水平确定为 100 万元，将资产负债表的重要性水平确定为 200 万元，最终审计人员应当选择最低的重要性水平 100 万元作为会计报表层次的重要性水平。

练一练

A 会计师事务所承接了甲公司 2013 年度的财务报表审计业务，负责审计的注册会计师按资产总额 8 000 万元的千分之二计算了资产负债表的重要性水平，按净利润 1 000 万元的百分之二计算了利润表的重要性水平，最终应取（　　）万元作为财务报表层次的重要性水平。

A. 20　　　B. 18　　　C. 16　　　D. 0

【答案】C

【解析】如果同一期间各会计报表的重要性水平不同，注册会计师应当取其最低者作为会计报表层次的重要性水平，而非平均数。当然取 0 是注册会计师无法做到的，因为不可能做到绝对保证。

③ 会计报表尚未编制完成时重要性水平的确定

在编制审计计划时，如果被审计单位尚未完成会计报表的编制，注册会计师应当根据期中会计报表推算出年度会计报表，或者根据被审计单位经营环境和经营情况变动对上年度会计报表做出必要修正，以确定会计报表层次的重要性水平。

2）账户或交易层次的重要性水平

账户或交易层次重要性水平是指某账户或交易层次可以有的最大限度的被认为不重要的错报水平。这种重要性水平也称为“可容忍错报”。账户余额的重要性不能与“重要的账户余额”相混淆。后者是指已记录账户余额的大小，而重要性概念则指会影响报表使用者决策的错报水平。在初步判断某账户余额的重要性水平时，审计人员必须考虑该账户余额的重要性水平和会计报表的重要性水平之间的关系，将多个账户联系起来判断错报水平。

审计人员在制定账户层次的审计程序前，可将会计报表层次的重要性水平分配至各账户或交易，也可单独确定各账户或交易的重要性水平。

① 分配的方法。将会计报表层次的重要性水平分配到各个账户或各类交易。一般而言，审计人员在将会计报表层次的重要性水平分配到各个账户或各类交易时，只需选择主要会计报表中的一张报表作为分配的载体。在审计实务中，独立审计人员通常以资产负债表为载体，将重要性的初步判断在资产负债表项目中进行分配。在进行分配时，审计人员必须考虑到特定账户发生错报的可能性和验证该账户可能需要花费的成本。

案例讨论

案例资料：ABC会计师事务所审计人员李华接受X有限责任公司董事会委托，对该公司2013年度会计报表进行审计。根据李华的调查，X公司2013年12月31日的资产负债表如表5-1所示。

表5-1 X公司2013年12月31日资产负债表 （单位：元）

资产	金额	负债及所有者权益	金额
货币性资金	41 000	应付账款	236 000
应收账款	948 000	应付票据	1 415 000
存货	1 493 000	应付工资	73 000
其他流动资产	68 000	应付股利	102 000
固定资产净值	517 000	其他负债	117 000
		股本	425 000
		盈余公积	699 000
合计	3 067 000	合计	3 067 000

该公司2012年度利润表显示，该年度的利润总额为411 111元。

案例分析：根据以上资料，李华认为该公司的资产总额较小，准备以1.8%的比例确定重要性水平；利润总额也属于较低水平，准备以9%的比例确定重要性水平。两者相比较选取较小的一个即37 000元作为报表总体的计划重要性水平。

李华准备以资产负债表项目为基础分配重要性水平。根据以往的审计经验，他确定了各项目的重要性水平如表5-2所示。

表5-2 各项目重要性水平 （单位：元）

资产	可容忍误差	负债及所有者权益	可容忍误差
货币性资金	1 000	应付账款	9 000
应收账款	22 000	应付票据	0
存货	22 000	应付工资	5 000
其他流动资产	5 000	应付股利	0
固定资产净值	4 000	其他负债	6 000
		股本	0
		盈余公积	0

李华在进行分配时采取了如下分配原则：

（1）避免将重要性水平全部分配至某一项目中。这是因为不可能要求其他项目不产生任何误差。因此他设定：任何一个项目的重要性水平不能超过报表总体的重要性水平的60%。

（2）所有项目重要性水平之和不能超过报表总体重要性水平的2倍。这是基于以下两点考虑：①不可能所有被审项目的实际错报都同时达到所分配的重要性水平的标准，因此这样的安排可以使每个项目都留有一定的余地；②有的项目的高估与有的项目的低

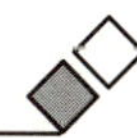

估可能相互抵消，从而使整个项目或报表的重要性水平不是太大。

（3）现金、应付票据、应付股利及股本等项目能够进行详细的逐笔审计，或者审计产生的错报的概率很小，因此不允许产生错报或仅分配以很小的重要性水平。

（4）应收账款、存货的审计需要较为复杂的审计程序，成本较大，因此分配最大的重要性水平（总体重要性水平的60%）。

（5）其他流动资产、应付工资一般应用分析性复核程序即可检验其总体合理性，审计成本较低，但仅用分析性复核程序时应允许有较大的重要性水平。

（6）固定资产与上一年相比，一般情况下不会出现较大的变动，可能不需要对其实施审计程序，因而分配以较少的重要性水平。

（7）应付账款存在低估的可能性，预期的误差较大，应分配以较多的重要性水平。

（8）盈余公积的错报来自于其他项目产生的错报。对其他项目错报控制的同时也就控制了该项目的错报，因此不需要对该项目进行专项审计，也就不需要为它分配重要性水平。

可以看出，分配重要性水平实际上就是以审计成本最小化为目标，以审计程序能保证会计报表整体公允表达为限制条件，确定各个报表项目的可容忍误差。可以假设，以上实例中，如果李华认为既然应付票据和存货的金额相近，则应当分配以相近的重要性水平，所以将两个项目各分配 1.1 万元。这样，他将需要在存货审计中获取更多的证据以确保存货的错报在可容忍范围以内，而同时他花在应付票据审计工作上的程序并没有因此而减少。这是因为应付票据的业务量较少，李华在对其审计时本来就需要进行逐笔审计，也就是说，他本来就有充分的把握将该项目的重要性水平控制到一个较低的水平。因此，把重要性水平分配至一些无法节约审计成本的项目上可以说是将审计成本“浪费”在其他项目上了。

实际工作中，重要性水平的初步判定及其分配是相当复杂的，绝不如本例中描述的这样简单。例如，审计人员往往无法对各项目出现误差或漏报的可能性做出预先判断，也很难判断各项目的审计成本。因此，审计人员需要大量运用以往的审计经验以做出专业判断，以使对重要性水平做出合理的分配。在审计测试过程中，随着新的审计证据的发现，审计人员需要及时调整各项目的重要性水平。

② 不分配的方法。不将会计报表层次的重要性水平在各个账户或各类交易时进行分配。这类方法一般是由审计机构及独立审计人员从长期的审计实务中积累经验形成的。在审计实务中，往往很难预测哪些账户可能发生错报或漏报，也无法事先确定审计成本的大小。所以，重要性水平的确定是一个非常困难的专业判断过程，在这个过程中审计人员的经验显得尤为重要。

三、评价审计结果时对重要性的考虑

1. 评价审计结果时所运用的重要性水平

注册会计师评价审计结果时所运用的重要性水平，可能与编制审计计划时所确定的重要性水平初步判断数不同，此时以评价审计结果时所运用的重要性水平为准。

2. 错报或漏报的汇总

（1）已发现的错报或漏报。

（2）推断的错报或漏报。确定意见类型的时候不能根据推断的错报来确定意见类

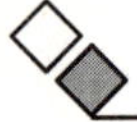

型，做决策的时候可以考虑。

（3）也可能包括前期尚未调整的错报或漏报继续影响本期的。

（4）此外还要考虑期后事项和或有事项是否已进行适当处理。

3. 汇总数超过重要性水平时的处理

如果尚未调整的错报或漏报的汇总数超过重要性水平，审计人员应当考虑扩大实质性测试范围或提请被审计单位调整财务报表，以降低审计风险。如果被审计单位拒绝调整财务报表，或扩大实质性测试范围后，尚未调整的错报的汇总数仍超过重要性水平，审计人员应当发表保留意见或否定意见。

4. 汇总数接近重要性水平的处理

如果尚未调整的错报或漏报的汇总数接近重要性水平，由于该汇总数连同尚未发现的错报或漏报可能超过重要性水平，那么把那部分查出来被审单位还不调整就是保留意见。反过来，把那部分加起来，也不超过重要性，就是无保留意见。

5.3 考虑审计风险

在制定审计方案时，注册会计师还必须对审计风险加以评估。审计风险涉及注册会计师需要承担的审计责任。

一、审计风险的概念

所谓审计风险（Audit Risk，简称 AR）是指会计报表存在重大误报，而注册会计师审计后发表了不恰当的审计意见的可能性。注册会计师要想对发表的审计意见的正确性有较大的把握，那么他就只能接受较低的审计风险。如果要求对审计意见有 99%的把握，那么可接受的审计风险就只能为 1%；如果只要求有 95%的把握，那么可接受的审计风险就可以是 5%。

实务提醒

审计进程中风险评估是一个持续不断的过程。在审计的准备阶段，有一个初步的风险评估，因此要了解被审计单位，进行内部控制评价，评估重大错报风险，判断重要性水平。根据评估结果来分配审计资源。

二、审计风险的组成要素及其关系

审计风险包括固有风险、控制风险和检查风险。固有风险和控制风险取决于被审计单位。新准则把固有风险和控制风险合起来叫被审计单位的重大错报风险。

审计风险=重大错报风险×检查风险

重大错报风险是指财务报表在审计前存在重大错报的可能性。检查风险是指某一认定存在错报，该错报单独或连同其他错报是重大的，但注册会计师未能发现这种错报的可能性。在审计风险构成要素中，重大错报风险与被审计单位有关，注册会计师对此无能为力。但注册会计师通过对被审计单位的了解，可以对被审计单位重大错报风险的高

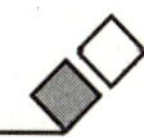

低做出评估。在此基础上，注册会计师便可确定实质性测试的性质、时间和范围，以便将检查风险和总体审计风险降低至可接受的水平。

三、重要性与审计风险的关系

重要性与审计风险之间存在反向关系。重要性水平越高，审计风险越低；重要性水平越低，审计风险越高。这里的重要性水平指的是金额的大小。审计风险越高，越要求注册会计师收集更多更有效的审计证据，以将审计风险降至可接受的低水平。注册会计师在确定审计程序的性质、时间和范围时应当考虑这种反向关系。

在确定审计程序后，如果注册会计师决定接受更低的重要性水平，审计风险将增加。注册会计师应当选用下列方法将审计风险降至可接受的低水平：

（1）如有可能，可以通过扩大控制测试范围或实施追加的控制测试，降低评估的重大错报风险，并支持降低后的重大错报风险水平。

（2）通过修改计划实施的实质性程序的性质、时间和范围，降低检查风险。

在评价审计程序结果时，注册会计师确定的重要性和审计风险，可能与计划审计工作时评估的重要性和审计风险存在差异。在这种情况下，注册会计师应当重新确定重要性和审计风险，并考虑实施的审计程序是否充分。

实务提醒

这里的重要性水平指的是金额的大小。例如，通常5 000元的重要性水平比3 000元的重要性水平要高。由于重要性水平是注册会计师从财务报表使用者的角度进行判断的结果，显然重要性水平为3 000元时审计不出重大错报的可能性（即审计风险）要比重要性水平为5 000元的审计风险高。

5.4　编制审计计划

俗话说，凡事预则立，不预则废。说的就是做事要有计划性，良好的计划可以帮助我们达到目标，编制审计计划的作用也在于此。

一、审计计划的作用和层次

审计计划是指注册会计师为了完成各项审计业务，达到预期的审计目标，在具体执行审计程序之前编制的工作计划。审计计划的作用包括：

1. *为审计人员和审计工作明确方向*

现代社会的迅速发展，使审计面临和从事的工作越来越复杂。要切实解决审计面临的问题和所从事的工作，就必须协调各个方面，调动各种资源，使所有审计人员齐心协力完成工作。一份良好的审计计划为审计人员制定了统一目标，使所有审计人员凝聚所有资源朝着一个方向，共同努力来完成同一个任务，从而减少内耗，缩短时间，降低审计成本，促进审计任务的顺利实现。

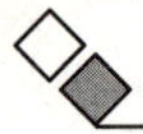

2. 减少重复审计工作

审计力量不足一直是当前审计所面临的主要问题之一。随着经济社会的发展，审计的任务越来越重，审计队伍的数量和结构与所承担审计任务之间的矛盾越来越突出。审计方法和手段与完成审计任务的要求不匹配，无法适应被审计单位的运行状况和审计实践的发展。因此，审计计划能够在审计项目实施前统一协调各种力量和资源，减少重复审计工作，从而节省审计资源，促进提高审计工作效率。

3. 减少未来不确定因素的负面影响

社会在不断地发展，审计也在不停地发展。无论是审计组织的外部环境因素还是审计组织内部因素，在未来的发展中都具有一定的不确定性和变化性。审计计划是面向未来的，能够通过周密细致的研究，系统运用各种科学方法手段来预测审计未来的发展变化，尽可能将审计未来的变化和不确定因素转化为确定因素。通过审计计划，将各种不利因素转化为有利因素，减少未来不确定因素的负面影响，促进审计工作的顺利进行，确保审计目标的实现。

4. 为审计考核工作提供前提条件

任何一项工作之后都要进行考核，为激励、组织和领导等工作提供前提条件。科学系统的考核工作需要一个科学合理的基础。审计计划能够为审计考核工作提供一个合理前提，也只有审计计划才能作为审计考核的基础，才能促使审计激励工作取得最大的效果。

5. 为审计控制工作提供标准

任何一项工作在进行过程中都有可能因种种客观或主观原因而出现偏差，影响工作任务的完成。因此，要随时对审计过程进行检查，加强审计项目过程的控制，促使审计目标的顺利实现。要进行审计控制就需要一个控制标准，否则管理人员就无法实施控制。审计计划是审计控制的基础，为审计项目控制提供了控制标准。

6. 提高审计效率和社会效益

审计计划能够通过各种科学技术方法来制定和选择科学详细的项目方案，能够用科学决策代替经验判断，能够统筹安排审计资源，能够有针对性地根据经济社会发展来科学安排审计项目等。这些都能够有力地促进审计效率的提高，充分发挥“经济卫士”和“经济谋士”的功能，从而促进社会效益的提高，促进经济社会的和谐发展。

注册会计师应当计划审计工作，使审计业务以有效的方式得以执行，项目负责人和项目其他关键成员应当参与计划审计工作。计划审计工作通常包括针对审计业务制定总体审计策略和制订具体审计计划，以将审计风险降至可接受的低水平。

注册会计师可以同被审计单位的治理层与管理层就计划审计工作的时间安排、总体策略、具体审计计划的某些内容等情况进行沟通，但要保持职业谨慎，以防止由于具体审计程序易于被管理层预见而损害审计工作的有效性。

二、制定总体审计策略

注册会计师应当为审计工作制定总体审计策略。总体审计策略用以确定审计范围、时间和方向，并指导制订具体审计计划。总体审计策略的制定应当包括：

（1）确定审计业务的特征，包括采用的会计准则和相关会计制度、特定行业的报告要求以及被审计单位组成部分的分布等，以界定审计范围。

（2）明确审计业务的报告目标，以计划审计的时间安排和所需沟通的性质，包括提交审计报告的时间要求，预期与管理层和治理层沟通的重要日期等。

（3）考虑影响审计业务的重要因素，以确定项目组工作方向，包括确定适当的重要性水平，初步识别可能存在较高的重大错报风险的领域，初步识别重要的组成部分和账户余额，评价是否需要针对内部控制的有效性获取审计证据，识别被审计单位、所处行业、财务报告要求及其他相关方面最近发生的重大变化等。

在制定总体审计策略时，注册会计师还应考虑初步业务活动的结果，以及为被审计单位提供其他服务时所获得的经验。

练一练

项目经理王一负责对 A 公司 2013 财务报表进行审计，以下项目经理王一的处理不正确的是（　　）。

A. 在编制审计计划时，项目经理王一与财务经理 A 就总体审计策略和某些审计程序进行了讨论。

B. 项目经理王一要求在审计过程中，注册会计师应及时反馈对审计计划的执行情况，以便对审计计划进行修改、补充。

C. 项目经理王一在计划中包含了审计工作进度、时间预算和费用预算等内容。

D. 项目经理王一对其编制的计划作了最后审定，在具体实施前下达至审计小组全体成员。

【答案】D

【解析】审计计划应由审计项目负责人编制，需报上级人员审核后实施。

三、制订具体审计计划

具体审计计划比总体审计策略更加详细，其内容包括为获取充分、适当的审计证据以将审计风险降至可接受的低水平，项目组成员拟实施的审计程序的性质、时间和范围。具体审计计划应当包括下列内容：

（1）为了足够识别和评估财务报表重大错报风险，注册会计师计划实施的风险评估程序的性质、时间和范围。

（2）针对评估的认定层次的重大错报风险，注册会计师计划实施的进一步审计程序的性质、时间和范围。

（3）注册会计师针对审计业务需要实施的其他审计程序。

计划审计工作并非审计业务的一个孤立阶段，而是一个持续的、不断修正的过程，贯穿于整个审计业务的始终。

由于未预期事项、条件的变化或在实施审计程序中获取的审计证据等原因，注册会计师应当在审计过程中对总体审计策略和具体审计计划作出必要的更新和修改。

案例讨论

案例资料：注册会计师李华在对×公司实施审计的过程中，按照以下步骤编制了审计计划：

（1）了解×公司经营及所属行业的基本情况。

（2）了解被审计单位的内部控制。

（3）执行分析性复核程序。

（4）考虑审计风险。

（5）初步评价重要性水平。

（6）对重要认定制定初步审计策略。

（7）确定检查风险及设计实质性测试。

（8）进行控制测试及评估控制风险。

要求：

1. 请分析上述审计计划的顺序是否正确？如果不正确，应当如何改正？

2. 上述哪些步骤属于总体审计计划的步骤，哪些步骤属于具体审计计划的步骤。

案例分析：

1. 上述编制审计计划的步骤是错误的，正确的步骤应当是：

（1）了解×公司经营及所属行业的基本情况。

（2）执行分析性复核程序。

（3）初步评价重要性水平。

（4）考虑审计风险。

（5）对重要认定制定初步审计策略。

（6）了解被审计单位的内部控制。

（7）进行控制测试及评估控制风险。

（8）确定检查风险及设计实质性测试。

2. 改正后的步骤中，（1）、（2）、（3）、（4）属于总体审计计划；（5）、（6）、（7）、（8）属于具体审计计划。

实务提醒

“凡事预则立，不预则废”，说的就是计划的重要性。审计计划的编制是审计准备阶段的一项重要工作。计划的制订也不是一成不变的，在审计过程中，需要根据审计业务的实际情况及时修正、更新审计计划。注册会计师应记录对审计计划做出重大更改的理由及采取的应对措施。

附：审计计划参考格式

审 计 计 划

被审计单位：____________　　索引号：____________
项目：____________　　截止日/期间：____________
编制：____________　　复核：____________
日期：____________　　日期：____________

一、审计范围

报 告 要 求	
适用的会计准则和相关会计制度	
与财务报告相关的行业特别规定	例如：特定行业主管部门发布的与财务报告相关的法规、监管机构发布的有关信息披露法规等
需审计的分公司或子公司数量及所在地点（如适用）	
制订审计计划需考虑的其他事项	例如：单独出具报告的子公司范围等

二、审计业务时间安排

（一）出具审计报告时间安排：____________

（二）执行审计时间安排

执行审计时间安排	时　　间
1. 期中审计/预审	
制订审计计划	
……	
2. 期末审计	
（1）存货监盘	
（2）发出询证函	

（三）沟通的时间安排

所 需 沟 通	时　　间
与管理层和治理层的会议	
项目组会议	
与前任注册会计师沟通（如适用）	
与其他注册会计师沟通（如适用）	
与专家或有关人士沟通（如适用）	
……	

三、重要性水平

适用的基准	未 审 数	比　例	重要性水平
资产总额			
所有者权益总额			
营业收入			
利润总额（或净利润）			
……			

计划的重要性水平：____________

理由：

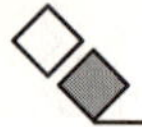

四、人员安排

（一）项目组成员的责任

职　　位	姓　　名	主 要 职 责

注：在分配职责时可以根据被审计单位的不同情况按报表项目划分，或按业务流程划分。

（二）项目组成员独立性声明

本人声明:

1. 本人与该客户之间不存在可能损害独立性的情形（包括自身利益威胁、自我评价威胁、过度推介威胁、密切关系威胁和外在压力威胁）。

2. 本人对该客户的客观性和独立性不因任何私人关系、利益冲突或其他情况而改变。

项目组成员签名:

习　　题

一、单选题

1．在实际工作中，会计师事务所更多地采用（　　）收费方式，商定审计收费。

A．计件　　B．计时　　C．弹性　　D．固定

2．审计业务约定书至少应一式（　　），会计师事务所留存的审计业务约定书是重要的合约，应归入审计档案。

A．1 份　　B．2 份　　C．3 份　　D．4 份

3．下列关于审计业务约定书的说法有错误的是（　　）。

A．审计业务约定书是会计师事务所与委托人签订的。

B．审计业务约定书具有经济合同的性质，一经约定各方签字即可，对各方均有法定约束力。

C．会计师事务所承接任何审计业务，均应签订审计业务约定书。

D．审计业务约定书的所有内容和格式不会因不同的被审计单位而不同。

4．将利润表的重要性水平确定为 200 万元，将资产负债表的重要性水平确定为 300 万元。最终审计人员应当选择（　　）万元作为会计报表层次的重要性水平。

A．300 万元　　B．250 万元　　C．200 万元　　D．150 万元

5．会计师事务所承接了甲公司 2013 年度的财务报表审计业务，负责审计的注册会计师按资产总额 5000 万元的千分之二计算了资产负债表的重要性水平，按净利润 800 万元的百分之二计算了利润表的重要性水平，最终应取（　　）万元作为财务报表层次的重要性水平。

A．6　　B．8　　C．10　　D．16

6．项目经理王一负责对 A 公司 2013 财务报表进行审计，项目经理王一的以下处理

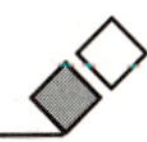

不正确的是（ ）。

A. 项目经理王一对其编制的计划作了最后审计，在具体实施前下达至审计小组全体成员

B. 项目经理王一要求在审计过程中，注册会计师应及时反馈对审计计划的执行情况，以便对审计计划进行修改、补充。

C. 项目经理王一在计划中包含了审计工作进度、时间预算和费用预算等内容。

D. 在编制审计计划时，项目经理王一与A财务经理就总体审计策略和某些审计程序进行了讨论。

二、多选题

1. 审计业务约定书的基本内容包括（ ）。

A. 签约时间　　B. 委托目的

C. 审计范围　　D. 会计责任与审计责任

2. 判断重要性应当考虑（ ）。

A. 错报漏报的金额　　B. 错报或漏报金额的绝对值

C. 错报或漏报对会计报表的影响范围　　D. 错报漏报的性质

3. 下面关于重要性与审计风险之间的关系表述正确的是（ ）。

A. 重要性与审计风险之间存在反向关系

B. 重要性与审计风险之间存在正向关系

C. 重要性水平越高，审计风险越低

D. 重要性水平越高，审计风险越高

4. 审计计划的作用有（ ）。

A. 提高审计效率和社会效益　　B. 为审计控制工作提供标准

C. 减少重复审计工作　　D. 为审计考核工作提供前提条件

5. 总体审计策略的制定应当包括（ ）。

A. 确定审计业务的特征

B. 明确审计业务的报告目标

C. 考虑影响审计业务的重要因素

D. 实施风险评估程序的性质、时间和范围

6. 审计风险包括（ ）。

A. 固有风险　　B. 控制风险

C. 检查风险　　D. 重大错报风险

三、判断题

1. 承接审计业务的关键是对客户情况要进行初步了解，然后签订审计业务约定书。（ ）

2. 审计业务约定书具有经济合同的性质，一经签字双方认可，即成为会计师事务所与被审计单位之间具有法律效力的契约。（ ）

3. 如果一项错报单独可能影响财务报表使用者依据财务报表做出的经济决策，则该项错报是重大的。（ ）

4. 重要性的运用贯穿整个审计过程。在审计的整个过程中，都需要运用重要性原则。（ ）

5. 为合理保证存货账户的错报或漏报不超过 20 000 元所需收集的审计证据，比为了合理保证该账户错报或漏报不超过 10 000 元所需收集的审计证据要多。（ ）

6. 如果尚未调整的错报或漏报的汇总数超过重要性水平，审计人员应当考虑扩大实质性测试范围或提请被审计单位调整财务报表，以降低审计风险。（ ）

7. 在审计风险构成要素中，重大错报风险与被审单位有关，注册会计师对此无能为力，因此注册会计师对被审计单位重大错报风险的高低不需要做出评估。（ ）

四、案例分析

1. 注册会计师张伟和李洁对 XYZ 公司 2013 年度财务报表进行审计，在对财务报表货币资金项目进行审计时，XYZ 公司 2013 年度财务报表部分项目的年末余额和年度发生额如表 5-3 所示。

表 5-3　XYZ 公司 2013 年度财务报表部分项目　　（单位：万元）

项　　目	金　　额
资产总额	35 000
股本	21 000
资本公积	8 000
营业收入	45 000
利润总额	5 000
净利润	4 000

要求：

（1）假如错报金额超过资产总额的 0.5%，营业收入总额的 0.5%，净利润的 5%时，将影响到财务报表使用者的决策，注册会计师张伟和李洁从谨慎的角度应当选择的财务报表层次的重要性水平金额是多少？

（2）请结合 XYZ 公司 2013 年度财务报表审计说明重要性水平与审计风险之间的关系，重要性水平与审计证据之间的关系。

2. 审计人员受委托对某公司会计报表审计时，初步判断的会计报表层次的重要性水平按资产总额的 1%计算为 140 万，即资产账户可容忍的错误或漏报为 140 万元，并采用两种分配方案将这一重要性水平分给了各资产账户。某公司资产构成及重要性水平分配方案如表 5-4 所示。

表 5-4　重要性水平的分配　　（单位：万元）

项　　目	金　　额	甲方案	乙方案
现金	700	7	2.8
应收账款	2 100	21	25.2
存货	4 200	42	70
固定资产	7 000	70	42
总计	14 000	140	140

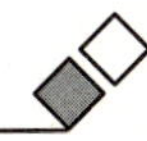

要求：根据上述资料，说明哪一种方案较为合理，并简要说明理由。

3．XYZ 股份有限公司委托天天会计师事务所对其会计报表进行审计，双方签订了如下的审计业务约定书。

审计业务约定书

甲方：XYZ 股份有限公司

乙方：天天会计师事务所

甲方委托乙方进行 2013 年财务报表审计，经双方协商，达成以下约定：

一、审计范围及委托目的

乙方接受甲方委托，对甲方 2013 年 12 月 31 日的资产负债表以及该年度的利润表和现金流量表进行审计。乙方将根据中国注册会计师审计准则，对甲方内部控制制度进行研究和评价，对会计记录进行必要的抽查，并在乙方认为需要时实施其他必要的审计程序，在此基础上，对上述财务报表的合法性、公允性发表审计意见。

二、甲方的责任与任务

1. 为乙方审计工作及时提供所需的全部资料和其他有关资料。

2. 为乙方的审计人员提供必要的条件及合作，具体事项将在乙方所派人员于审计工作开始之前提供的清单中列明。

3. 按本约定书的规定，向乙方及时足额地支付审计费用。

三、按照审计准则的要求进行审计，出具审计报告，保证审计报告的真实性、合法性。

四、审计收费

按《×××收费规定》，乙方应收本项业务具体费用，以所花费的工作时间确定，预计收取人民币×××万元，甲方应在本约定书签订后预付上述费用的××%，其余部分在乙方提交审计报告时一并付清。如在审计过程中遇到重大问题，致使乙方实际花费审计工作时间有较大幅度的增加，甲方应在了解实际情况后，酌情增加审计费用。

五、约定书的有效期间

本约定书一式两份，甲乙双方各执一份。

本约定书自 2014 年 1 月 10 日起生效，并在全部约定事项完成之前有效。

六、约定事项的变更

由于出现不可预见的情况，影响审计工作的如期完成，或需提前出具审计报告，甲乙双方可要求变更约定事项，但应及时通知对方，由双方协商解决。

七、甲乙双方对其他事项的约定

甲方：	乙方：
代表：（签章）	代表：（签章）

要求：

（1）指出上述审计业务约定书中存在的问题。

（2）重新起草审计业务约定书。

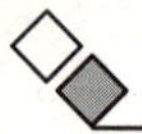

任务六 审计测试

学习目标

通过本部分学习，你应知道:

1. 风险评估的内容。
2. 风险应对的方法。
3. 各循环业务流程及相关控制程序。
4. 各循环内部控制测试的步骤、方法及相关工作底稿的编制。
5. 各循环报表项目实质性程序的步骤、方法及相关工作底稿的编制。

引导案例

中航油新加坡公司是中国航油集团公司的海外控股子公司，是新加坡证券交易所的上市公司，其总裁陈久霖兼任集团公司副总经理。中航油新加坡有限公司是获准从事海外期货交易的公司之一，交易范围主要限于航空油料。其母公司中航油集团的航空油料加油网络覆盖近100个国内机场，为108家国内外航空公司提供加油服务。

经国家有关部门批准，新加坡公司在取得中国航油集团公司授权后，自2003年开始做油品套期保值业务。在此期间，陈久霖擅自扩大业务范围，从事石油衍生品期权交易，这是一种像“押大押小”一样的金融赌注行为。陈久霖和日本三井银行、法国兴业银行、英国巴克莱银行、新加坡发展银行和新加坡麦戈利银行等在期货交易场外，签订了合同。陈久霖买了“看跌”期权，赌注每桶38美元。没想到国际油价一路攀升，陈久霖“押了小点开盘后却是大点”。

2004年10月以来，新加坡公司所持石油衍生品盘位已远远超过预期价格。根据其合同，需向交易对方（银行和金融机构）支付保证金。每桶油价每上涨1美元，新加坡公司要向银行支付5 000万美元的保证金，导致新加坡公司现金流量枯竭，实际损失总计约5.54亿美元。由于陈久霖在场外进行交易，集团公司通过正常的财务报表没有发现陈久霖的秘密。新加坡当地的监督机构也没有发现，具有讽刺意义的是中国航油集团新加坡公司还被评为2004年新加坡最具透明度的上市公司。

6.1 实施风险评估

审计是一个系统化的过程，审计是在审计目标的指引下通过制订、执行审计计划，有组织地采用科学的程序收集和评价审计证据，完成审计工作，提交审计报告，最终实现审计目标的系统过程。现代审计重要模式是风险导向审计，即以被审计单位的重大错报风险为导向，对被审计单位可能引起重大错报的内外部风险因素进行评估，以确定审计的重点和范围；将有限的审计资源集中在高风险领域，合理配置审计资源，以提高审

计效率和效果。

《中国注册会计师审计准则第1211号——通过了解被审计单位及其环境识别并评估重大错报风险》作为专门规范风险评估的准则，针对注册会计师了解被审计单位及其环境并评估重大错报风险提出了总体要求，规定注册会计师应当了解被审计单位及其环境，以足够识别和评估财务报表重大错报风险，设计和实施进一步审计程序。实施风险评估主要是了解被审计单位环境（包括被审计单位内部控制）。

一、了解被审计单位及其环境

了解被审计单位及其环境是必要程序，特别是为注册会计师在下列关键环节作出职业判断提供重要基础：

（1）确定重要性水平，并随着审计工作的进程评估对重要性水平的判断是否仍然适当。

（2）考虑会计政策的选择和运用是否恰当，以及财务报表的列报（包括披露）是否适当。

（3）识别需要特别考虑的领域，包括关联方交易、管理层运用持续经营假设的合理性，或交易是否具有合理的商业目的等。

（4）确定在实施分析程序时所使用的预期值。

（5）设计和实施进一步审计程序，以将审计风险降至可接受的低水平。

（6）评价所获取审计证据的充分性和适当性。

实务提醒

了解被审计单位及其环境是一个连续和动态地收集、更新与分析信息的过程，贯穿于整个审计过程的始终，注册会计师应当运用职业判断确定需要了解被审计单位及其环境的程度。

1. **了解的主要内容**

（1）行业状况、法律环境与监管环境以及其他外部因素

1）注册会计师应当了解的被审计单位的行业状况主要包括：

① 所在行业的市场供求与竞争。

② 生产经营的季节性和周期性。

③ 产品生产技术的变化。

④ 能源供应与成本。

⑤ 行业的关键指标和统计数据。

2）法律环境及监管环境

注册会计师应当了解的被审计单位所处的法律环境及监管环境主要包括：

① 适用的会计准则、会计制度和行业特定惯例。

② 对经营活动产生重大影响的法律法规及监管活动。

③ 对开展业务产生重大影响的政府政策，包括货币、财政、税收和贸易等政策。

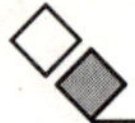

④ 与所处行业和所从事经营活动相关的环保要求。

3）其他外部因素

注册会计师应当了解的影响被审计单位经营的其他外部因素主要包括：

① 宏观经济的景气度。

② 利率和资金供求状况。

③ 通货膨胀水平及币值变动。

④ 国际经济环境和汇率变动。

（2）被审计单位的性质

了解被审计单位的性质有助于注册会计师理解预期在财务报表中反映的各类交易、账户余额和列报。注册会计师应当主要从以下方面了解被审计单位的性质：

1）所有权结构。

2）治理结构。

3）组织结构。

4）经营活动。

5）投资活动。

6）筹资活动。

（3）被审计单位对会计政策的选择和运用

在了解被审计单位对会计政策的选择和运用是否适当时，注册会计师应当关注下列重要事项：

1）重要项目的会计政策和行业惯例。

2）重大和异常交易的会计处理方法。

3）在新领域和缺乏权威性标准或共识的领域，采用重要会计政策产生的影响。

4）会计政策的变更。如果被审计单位变更了重要的会计政策，注册会计师应当考虑变更的原因及其适当性，并考虑是否符合适用的会计准则和相关会计制度的规定，以及列报和重要事项的披露是否恰当。

5）被审计单位何时采用以及如何采用新颁布的会计准则和相关会计制度。

（4）被审计单位的目标、战略以及相关经营风险

注册会计师应当了解被审计单位是否存在与下列方面有关的目标和战略，并考虑相应的经营风险：

1）行业发展，及其可能导致的被审计单位不具备足以应对行业变化的人力资源和业务专长等风险。

2）开发新产品或提供新服务，及其可能导致的被审计单位产品责任增加等风险。

3）业务扩张，及其可能导致的被审计单位对市场需求的估计不准确等风险。

4）新颁布的会计法规，及其可能导致的被审计单位执行不当或不完整，或会计处理成本增加等风险。

5）监管要求，及其可能导致的被审计单位法律责任增加等风险。

6）本期及未来的融资条件，及其可能导致的由于无法满足融资条件而失去融资机会等风险。

7）信息技术的运用，及其可能导致的被审计单位信息系统与业务流程难以融合

等风险。

（5）被审计单位财务业绩的衡量和评价

在了解被审计单位财务业绩衡量和评价情况时，注册会计师应当关注下列信息：

1）关键业绩指标。

2）业绩趋势。

3）预测、预算和差异分析。

4）管理层和员工业绩考核与激励性报酬政策。

5）分部信息与不同层次部门的业绩报告。

6）与竞争对手的业绩比较。

7）外部机构提出的报告。

2. 了解的主要方法

（1）阅读以前年度审计工作底稿。

（2）向被审计单位内部有关人员进行询问。

（3）向被审计单位外部有关人员进行查询及函证。

（4）查阅行业业务及内部控制有关资料。

实务提醒

评价对被审计单位及其环境了解的程度是否恰当，关键是看注册会计师对被审计单位及其环境的了解是否足以识别和评估财务报表重大错报风险。如果了解被审计单位及其环境获得的信息足以识别和评估财务报表重大错报风险，设计和实施进一步审计程序，那么了解的程度就是恰当的。当然，要求注册会计师对被审计单位及其环境了解的程度，要低于管理层为经营管理企业而对被审计单位及其环境需要了解的程度。

二、了解被审计单位的内部控制

1. 内部控制要素

内部控制是被审计单位为了合理保证财务报告的可靠性、经营的效率和效果以及对法律法规的遵守，由治理层、管理层和其他人员设计和执行的政策和程序。内部控制包括下列要素：

（1）控制环境

控制环境包括治理职能和管理职能，以及治理层和管理层对内部控制及其重要性的态度、认识和措施。

注册会计师应当考虑构成控制环境的下列要素，以及这些要素如何被纳入被审计单位业务流程：

1）对诚信和道德价值观念的沟通与落实。

2）对胜任能力的重视。

3）治理层的参与程度。

4）管理层的理念和经营风格。

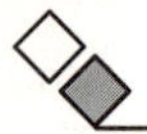

5）组织结构。

6）职权与责任的分配。

7）人力资源政策与实务。

在确定构成控制环境的要素是否得到执行时，注册会计师应当考虑将询问与其他风险评估程序相结合以获取审计证据。通过询问管理层和员工，注册会计师可能了解管理层如何就业务规程和道德价值观念与员工进行沟通。通过观察和检查，注册会计师可能了解管理层是否建立了正式的行为守则，在日常工作中行为守则是否得到遵守，以及管理层如何处理违反行为守则的情形。

（2）风险评估过程

风险评估过程包括识别与财务报告相关的经营风险，以及针对这些风险所采取的措施。

在评价被审计单位风险评估过程的设计和执行时，注册会计师应当确定管理层如何识别与财务报告相关的经营风险，如何估计该风险的重要性，如何评估风险发生的可能性，以及如何采取措施管理这些风险。

注册会计师应当询问管理层识别出的经营风险，并考虑这些风险是否可能导致重大错报。在审计过程中，如果识别出管理层未能识别的重大错报风险，注册会计师应当考虑被审计单位的风险评估过程为何没有识别出这些风险，以及评估过程是否适合于具体环境。

（3）信息系统与沟通

与财务报告相关的信息系统，包括用以生成、记录、处理和报告交易、事项和情况，对相关资产、负债和所有者权益履行经营管理责任的程序和记录。

注册会计师应当从下列方面了解与财务报告相关的信息系统：

1）在被审计单位经营过程中，对财务报表具有重大影响的各类交易。

2）在信息技术和人工系统中，对交易生成、记录、处理和报告的程序。

3）与交易生成、记录、处理和报告有关的会计记录、支持性信息和财务报表中的特定项目。

4）信息系统如何获取除各类交易之外的对财务报表具有重大影响的事项和情况。

5）被审计单位编制财务报告的过程，包括作出的重大会计估计和披露。

（4）控制活动

控制活动是指有助于确保管理层的指令得以执行的政策和程序，包括与授权、业绩评价、信息处理、实物控制和职责分离等相关的活动。

注册会计师应当了解与授权有关的控制活动，包括一般授权和特别授权。一般授权是指管理层制定的要求组织内部遵守的普遍适用于某类交易或活动的政策。特别授权是指管理层针对特定类别的交易或活动逐一设置的授权。

1）与业绩评价有关的控制活动。主要包括被审计单位分析评价实际业绩与预算（或预测、前期业绩）的差异，综合分析财务数据与经营数据的内在关系，将内部数据与外部信息来源相比较，评价职能部门、分支机构或项目活动的业绩，以及对发现的异常差异或关系采取必要的调查与纠正措施。

2）与信息处理有关的控制活动。包括信息技术一般控制和应用控制。信息技术一般控制是指与多个应用系统有关的政策和程序，有助于保证信息系统持续恰当地运行（包

括信息的完整性和数据的安全性），支持应用控制作用的有效发挥，通常包括数据中心和网络运行控制，系统软件的购置、修改及维护控制，接触或访问权限控制，应用系统的购置、开发及维护控制。信息技术应用控制是指主要在业务流程层次运行的人工或自动化程序，与用于生成、记录、处理、报告交易或其他财务数据的程序相关，通常包括检查数据计算准确性，审核账户和试算平衡表，设置对输入数据和数字序号的自动检查，以及对例外报告进行人工干预。

3）实物控制。主要包括了解对资产和记录采取适当的安全保护措施，对访问计算机程序和数据文件设置授权，以及定期盘点并将盘点记录与会计记录相核对。实物控制的效果影响资产的安全，从而对财务报表的可靠性及审计产生影响。

4）职责分离。主要包括了解被审计单位如何将交易授权、交易记录以及资产保管等职责分配给不同员工，以防范同一员工在履行多项职责时可能发生的舞弊或错误。

在了解控制活动时，注册会计师应当重点考虑一项控制活动单独或连同其他控制活动，是否能够以及如何防止或发现并纠正各类交易、账户余额、列报存在的重大错报。如果多项控制活动能够实现同一目标，注册会计师不必了解与该目标相关的每项控制活动。

（5）对控制的监督

对控制的监督是指被审计单位评价内部控制在一段时间内运行有效性的过程，该过程包括及时评价控制的设计和运行，以及根据情况的变化采取必要的纠正措施。持续的监督活动通常贯穿于被审计单位的日常经营活动与常规管理工作中。

案例讨论

案例资料：旺兴公司是一家从事食品批发兼零售的商业企业，去年出现了如下错误和不法行为。

（1）货物发出后开具的销售发票，销售价格不对，因为在进行计算机输入时，输入了错误的销售价格。

（2）有一笔购货发生了重复付款。在第一次付款三周后，旺兴公司收到供货商发货单的复印件，因而又付了一次款。

（3）仓库的员工将部分牛肉带回家。收到购入的牛肉后，仓库的员工将一小部分牛肉放入自己的手提袋，其余部分则放入公司的冷冻冰柜，然后按照总共收到的数量而不是入库的实际数量填写入库单，送交财会部。

（4）在对零售商店的存货进行盘点时，某些柜组将一些商品的数量误记在另一些商品的名头下，在盘点数量时也出现了错误。

（5）12月31日，公司有一批牛肉已经装车，但尚未发运，存货盘点时将它纳入了盘点范围。但是，发货单是12月31日填制的，因此这批存货对应的销售也在去年确认了。

要求：

（1）对每一个错误和不法行为，指出缺乏的一种或多种内部控制类型。

（2）对每一个错误和不法行为，指出没有达到的交易相关审计目标。

（3）对每一个错误和不法行为，指出能克服它的一个控制措施。

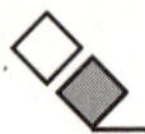

案例分析：

（1）缺乏独立稽核：销售发票开票后应由专人审核。没有达到的审计目标是“记录的交易按照正确的金额反映（准确性）”。克服的控制措施：在销售发票打印出来前，由另一个人将计算机中的销售价格与供货合同、发货单核对。

（2）缺乏凭证和记录控制第一次付款没有登记在相应的会计账户中，没有在已经付过款的购货凭证上作记号；经济业务没有经过适当授权，计算机付款应该取得有关负责人的批准，而有关负责人在批准是否付款时将审核发货单。没有达到的审计目标是“记录的交易按照正确的金额反映（准确性）”，克服的控制措施：及时登记会计账户，付款时在购货凭证上做标记，但凡购货付款，都应核对购货凭证，并取得有关负责人的审核同意。

（3）不相容职务没有充分分离：仓库的员工一面清点验收货物，一面填写入库单；缺乏必要的资产接触控制，仓库的员工能够将牛肉带出仓库；缺乏必要的独立稽核，内部审计部门没有不定期地盘点存货。没有达到的审计目标是“记录的交易按照正确的金额反映（准确性）”。克服的控制措施：设立购货验收部门，由验收部门的员工会同仓库的员工清点入库的货物，填写入库单，入库单上必须有两个部门人员的签字；仓库应设立门卫，员工出入携带物品应接受检查；内部审计部门应不定期地对仓库的存货进行抽点。

（4）缺乏独立稽核：没有人对盘点进行监督。没有达到的审计目标是“记录的交易按照正确的金额反映（准确性）”及“交易被恰当分类（分类）”。克服的控制措施：由两个人独立地对同一批商品进行盘点。

（5）会计系统出现差错：没有依据装运单确认销售（如果是起运点交货）。没有达到的审计目标是“交易在正确的日期记录（截止）”。克服的控制措施：依据装运单确认销售的实现。

2. **内部控制描述**

内部控制调查描述的方法通常有三种，即调查表法（问卷）、文字表述法、流程图法。

（1）调查表法。调查表法就是将那些与保证会计记录的正确性和可靠性以及与保证资产的完整性有密切关系的事项列为调查对象，由审计人员自行设计成标准化的调查表，交由企业有关人员填写或由审计人员根据调查的结果自行填写。调查表大多采用问答式，一般要按抽查对象分别设计，不宜在一张表上反映整个内部控制制度。调查表的优点在于能对所调查的对象提供一个简要的说明，有利于审计人员作出分析评价；其次，编制调查表省时省力，可在审计项目初期就较快地编制完成。但是，这种方法也有其缺陷，表现在：由于对被审计单位的内部控制只能按项目分别考查，因此往往不能提供一个完整的看法；此外，对于不同行业的企业或小规模企业，标准问题的调查表常常显得不太适用。

（2）文字表述法。文字表述法是审计人员对被审计单位内部控制健全程度和执行情况的文字叙述。其优点是可对调查对象做出比较深入和具体的描述，弥补调查表只能做出简单肯定或否定的不足。但其缺点是有时很难用简明易懂的语言来描述内部控制的细节，因而有时文字表述显得比较冗赘，不易迅速、直观地发现其薄弱环节、遗漏和不足，从

而不利于为有效地进行内部控制分析和控制风险评价提供依据。因此文字表述方式适用于内部控制程序比较简单、比较容易描述的小企业。采用文字表述法时，通常审计人员向被审计单位的工作人员提出一系列问题，如你经办哪些业务和凭证？这些业务是如何发生的？要据以编制哪些凭证？他们要经过哪些审批手续？将这些问题一一记录下来，并经审计人员实地观察和核实，然后整理出来，形成文字表述的书面说明，以描述被审计单位内部控制的实际情况。

（3）流程图法。流程图法是用符号和图形来表示被审计单位经济业务和文件凭证在组织机构内部有序流动的文件。

流程图十分有用，它能很清晰地反映出被审计单位内部控制的概况，是审计人员评价内部控制的有用工具。一份好的流程图，可使人直观地看到内部控制是如何运行的，从而有助于发现内部控制中的不足之处。与文字表述法相比较，流程图法最大的优点在于便于表达内部控制的特征，同时便于修改。它的缺点是：编制流程图需具备较娴熟的技术和花费较多的时间；另外，对内部控制的某些弱点有时很难在图上明确地表达出来。

实际运用中将调查表与文字描述和流程图法结合，以便发挥更好的作用。审计人员要根据所审计企业的业务经营特点，进行详细的调查，熟悉每一步的内容，绘制好后应反复核实，以保证正确。

附：存货内部控制调查表参考格式

存货内部控制调查表

被审计单位名称：　　　　　　　　　　　　　　　索引号＿＿＿＿＿页次

编制人＿＿＿＿＿日期

被审计期间：　　　　　　　　　　　　　　　　　复核人＿＿＿＿＿日期

问　题	回答			取得方式	备　注
	是	否	不适用		
一、仓储部门收到材料、产成品、商品时，是否对数量进行验收，并同收货报告单或产成品验收单核对？					
二、所有入库的材料、产成品、商品是否都填制入库通知单？					
三、材料、产成品、商品是否进行分类保管？					
四、仓储部门是否只有经授权批准的人才能进入？					
五、材料或者商品是否凭经审核批准的生产通知单、领料单或者发货通知单发货？					
六、仓储部门是否对库内实物进行巡视检查？					
七、保管人员在巡视检查中发现的实物损坏变质、长期不流动情况是否及时填制专门的报告单？					
八、生产中未耗用材料或废料是否返还仓库？					
九、在外加工的材料发出前是否有经审核批准的文件？					
十、存货实物记录与账户记录的职员是否分开？					
十一、存货总账账户与明细账账户余额是否定期核对？					
十二、永续盘存制下，仓储部门实物账与会计部门明细账是否定期核对？					

问题与评价：

三、风险评估程序

注册会计师了解被审计单位及其环境，目的是为了识别和评估财务报表重大错报风险。为了解被审计单位及其环境而实施的程序称为“风险评估程序”。注册会计师应当依据实施这些程序所获取的信息，评估重大错报风险。

注册会计师应当实施下列风险评估程序，以了解被审计单位及其环境：①询问被审计单位管理层和内部其他相关人员；②分析程序；③观察和检查。

1. 询问被审计单位管理层和内部其他相关人员

询问被审计单位管理层和内部其他相关人员是注册会计师了解被审计单位及其环境的一个重要信息来源。注册会计师可以考虑向管理层和财务负责人询问下列事项：

（1）管理层所关注的主要问题，如新的竞争对手、主要客户和供应商的流失、新的税收法规的实施以及经营目标或战略的变化等。

（2）被审计单位最近的财务状况、经营成果和现金流量。

（3）可能影响财务报告的交易和事项，或者目前发生的重大会计处理问题。如重大的购并事宜等。

（4）被审计单位发生的其他重要变化。如所有权结构、组织结构的变化，以及内部控制的变化等。

尽管注册会计师通过询问管理层和财务负责人可获取大部分信息，但是询问被审计单位内部的其他人士可能为注册会计师提供不同的信息，有助于识别重大错报风险。因此，注册会计师除了询问管理层和对财务报告负有责任的人员外，还应当考虑询问内部审计人员、采购人员、生产人员、销售人员等其他人员，并考虑询问不同级别的员工，以获取对识别重大错报风险有用的信息。

**实务提醒**

确定向被审计单位的哪些人员进行询问以及询问哪些问题时，注册会计师应当考虑何种信息有助于其识别和评估重大错报风险。例如：询问营销或销售人员，有助于注册会计师了解被审计单位的营销策略及其变化、销售趋势以及与客户的合同安排；询问仓库人员，有助于注册会计师了解原材料、产成品等存货的进出、保管和盘点等情况。

2. 分析程序

分析程序是指注册会计师通过研究不同财务数据之间以及财务数据与非财务数据之间的内在关系，对财务信息作出评价。分析程序还包括调查识别出的、与其他相关信息不一致或与预期数据严重偏离的波动和关系。分析程序既可用作风险评估程序和实质性程序，也可用于对财务报表的总体复核。

注册会计师实施分析程序有助于识别异常的交易或事项，以及对财务报表和审计产生影响的金额、比率和趋势。在实施分析程序时，注册会计师应当预期可能存在的合理关系，并与被审计单位记录的金额、依据记录金额计算的比率或趋势相比较；如果发现异常或未预期到的关系，注册会计师应当在识别重大错报风险时考虑这些比较结果。例如，注册会计师通过实施分析程序发现，两个会计期间的毛利率相当。但是，注册会计

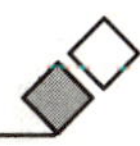

师通过对被审计单位的了解，获知在生产成本中占较大比例的原材料成本在相关期间内上升，注册会计师预期销售成本也应相应上升，而毛利率应相应下降。上述分析可能使注册会计师得出结论：销售成本可能存在重大错报风险，应对其给予足够的重视。

如果使用了高度汇总的数据，实施分析程序的结果仅可能初步显示财务报表存在重大错报风险，注册会计师应当将分析结果连同识别重大错报风险时获取的其他信息一并考虑。例如，被审计单位存在很多产品系列，各个产品系列的毛利率存在一定差异。对总体毛利率实施分析程序的结果仅可能初步显示销售成本存在重大错报风险，注册会计师需要实施更为详细的分析程序。例如，对每一产品系列进行毛利率分析，或者将总体毛利率分析的结果连同其他信息一并考虑。

3. 观察和检查程序

观察和检查程序可以印证对管理层和其他相关人员的询问结果，并可提供有关被审计单位及其环境的信息，注册会计师应当实施下列观察和检查程序。

（1）观察被审计单位的生产经营活动。例如，观察被审计单位人员正在从事的生产活动和内部控制活动，可以增加注册会计师对被审计单位人员如何进行生产经营活动及实施内部控制的了解。

（2）检查文件、记录和内部控制手册。例如，检查被审计单位的章程，与其他单位签订的合同、协议，各业务流程操作指引和内部控制手册等，了解被审计单位组织结构和内部控制制度的建立健全情况。

（3）阅读由管理层和治理层编制的报告。例如，阅读被审计单位年度和中期财务报告，股东大会、董事会会议、高级管理层会议的会议记录或纪要，管理层的讨论和分析资料，经营计划和战略，对重要经营环节和外部因素的评价，被审计单位内部管理报告以及其他特殊目的报告（如新投资项目的可行性分析报告）等，了解自上一审计结束至本期审计期间被审计单位发生的重大事项。

（4）实地察看被审计单位的生产经营场所和设备。通过现场访问和实地察看被审计单位的生产经营场所和设备，可以帮助注册会计师了解被审计单位的性质及其经营活动。在实地察看被审计单位的厂房和办公场所的过程中，注册会计师有机会与被审计单位的管理层和担任不同职责的员工进行交流，可以增强注册会计师对被审计单位的经营活动及其重大影响因素的了解。

（5）追踪交易在财务报告信息系统中的处理过程（穿行测试）。这是注册会计师了解被审计单位业务流程及其相关控制时经常使用的审计程序。通过追踪某笔或某几笔交易在业务流程中如何生成、记录、处理和报告，以及相关内部控制如何执行，注册会计师可以确定被审计单位的交易流程和相关控制是否与之前通过其他程序所获得的了解一致，并确定相关控制是否得到执行。

实务提醒

注册会计师根据职业判断认为从被审计单位外部获取的信息有助于识别重大错报风险，应当实施其他审计程序以获取这些信息。例如，询问被审计单位聘请的外部法律顾问、专业评估师、投资顾问和财务顾问等。外部信息包括证券分析师、银行、评级机构

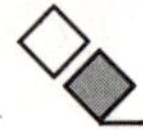

出具的有关被审计单位及其所处行业的经济或市场环境等状况的报告等。

【引导案例分析】

从这个案例中暴露出中国航油集团公司新加坡公司的风险管理制度形同虚设，使得企业在经营风险管理上出了问题。COSO 的《企业风险管理——总体框架》要求董事会与管理层将精力主要放在可能产生重大风险环节上，而不是所有细小环节上，将风险管理作为内部控制的最主要内容。这也要求审计理念转向以评价和关注被审计单位经营风险为出发点的风险导向审计。

6.2 进行风险应对

风险应对即注册会计师针对已评估的重大错报风险确定总体应对措施，设计和实施进一步审计程序。在财务报表重大错报风险的评估过程中，注册会计师应当确定识别的重大错报风险是与特定的某类交易、账户余额、列报的认定相关，还是与财务报表整体广泛相关，进而影响多项认定。如果是后者，则属于财务报表层次的重大错报风险。

一、注册会计师应当针对评估的财务报表层次重大错报风险总体应对措施

（1）向项目组强调在收集和评价审计证据过程中保持职业怀疑态度的必要性。

（2）分派更有经验或具有特殊技能的审计人员，或利用专家的工作。

由于各行业在经营业务、经营风险、财务报告、法规要求等方面具有特殊性，审计人员的专业分工细化成为一种趋势。审计项目组成员中应有一定比例的人员曾经参与过被审计单位以前年度的审计，或具有被审单位所处特定行业的相关审计经验。必要时，要考虑利用信息技术、税务、评估、精算等方面的专家的工作。

（3）提供更多的督导。

对于财务报表层次重大错报风险较高的审计项目，项目组的高级别成员，如项目负责人、项目经理等经验较丰富的人员，要对其他成员提供更详细、更经常、更及时的指导和监督并加强项目质量复核。

（4）在选择进一步审计程序时，应当注意使某些程序不被管理层预见或事先了解。

在实务中，注册会计师可以通过以下方式提高审计程序的不可预见性：①对某些未测试过的低于设定的重要性水平或风险较小的账户余额和认定实施实质性程序；②调整实施审计程序的时间，使被审计单位不可预期；③采取不同的审计抽样方法，使当期抽取的测试样本与以前有所不同；④选取不同的地点实施审计程序，或预先不告知被审计单位所选定的测试地点。

（5）对拟实施审计程序的性质、时间和范围作出总体修改。

财务报表层次的重大错报风险很可能源于薄弱的控制环境。薄弱的控制环境带来的风险可能对财务报表产生广泛影响，难以限于某类交易、账户余额、列报，注册会计师应当采取总体应对措施。注册会计师对控制环境的了解影响其对财务报表层次重大错报风险的评估。有效的控制环境可以使注册会计师增强对内部控制和被审计单位内部产生的证据的信赖程度。如果控制环境存在缺陷，注册会计师在对拟实施审计程序的性质、时间和范围作出总体修改时应当考虑：

1）在期末而非期中实施更多的审计程序。控制环境的缺陷通常会削弱期中获得的审计证据的可信赖程度。

2）主要依赖实质性程序获取审计证据。良好的控制环境是其他控制要素发挥作用的基础。控制环境存在缺陷通常会削弱其他控制要素的作用，导致注册会计师可能无法信赖内部控制，而主要依赖实施实质性程序获取审计证据。

3）修改审计程序的性质，获取更具说服力的审计证据。修改审计程序的性质主要是指调整拟实施审计程序的类别及组合，例如原先可能主要限于检查某项资产的账面记录或相关文件，而调整审计程序的性质后可能意味着更加重视实地检查该项资产。

4）扩大审计程序的范围。例如，扩大样本规模，或采用更详细的数据实施分析程序。

二、针对认定层次重大错报风险的进一步审计程序

1. 进一步审计程序的内涵和因素

（1）进一步审计程序的内涵

进一步审计程序是指注册会计师针对评估的各类交易、账户余额、列报（包括披露）认定层次重大错报风险实施的审计程序，包括控制测试和实质性程序。

注册会计师应当针对评估的认定层次重大错报风险设计和实施进一步审计程序，包括审计程序的性质、时间和范围。注册会计师设计和实施的进一步审计程序的性质、时间和范围，应当与评估的认定层次重大错报风险具备明确的对应关系。在应对评估的风险时，合理确定审计程序的性质是最重要的。

（2）在设计进一步审计程序时应当考虑的因素

在设计进一步审计程序时应当考虑的因素包括：风险的重要性；重大错报发生的可能性；涉及的各类交易、账户余额、列报的特征；被审计单位采用的特定控制的性质；注册会计师是否拟获取审计证据，以确定内部控制在防止或发现并纠正重大错报方面的有效性。

2. 进一步审计程序的性质、时间、范围

（1）进一步审计程序的性质

进一步审计程序的性质是指进一步审计程序的目的和类型。

1）进一步审计程序的目的包括通过实施控制测试以确定内部控制运行的有效性，通过实施实质性程序以发现认定层次的重大错报。

2）进一步审计程序的类型包括检查、观察、询问、函证、重新计算、重新执行和分析程序。

不同的审计程序应对特定认定错报风险的效力不同。注册会计师应当根据认定层次重大错报风险的评估结果选择审计程序。评估的认定层次重大错报风险越高，对通过实质性程序获取的审计证据的相关性和可靠性的要求越高，从而可能影响进一步审计程序的类型及其综合运用。

（2）进一步审计程序的时间

进一步审计程序的时间是指注册会计师何时实施进一步审计程序，或审计证据适用的期间或时点。注册会计师可以在期中或期末实施控制测试或实质性程序。当重大错报风险较高时，注册会计师应当考虑在期末或接近期末实施实质性程序；或采用不通知的

方式，或在管理层不能预见的时间实施审计程序。如果在期中实施了进一步审计程序，注册会计师还应当针对剩余期间获取审计证据。

在确定何时实施审计程序时，注册会计师应当考虑下列因素：

1）控制环境。

2）何时能得到相关信息。

3）错报风险的性质。

4）审计证据适用的期间或时点。

练一练

注册会计师王一负责对 A 公司 2013 财务报表进行审计，经过评估后，决定为存在重大错报风险较高项目确定了进一步审计程序的性质和时间，以下注册会计师王一的处理恰当的是（　　）。

A. 在 2013 年 10 月份监盘存货

B. 在 2013 年 11 月份向重要客户函证应收账款

C. 在 2014 年 4 月份观察内部控制执行情况

D. 在 2014 年年初检查销售退回业务。

【答案】D

【解析】存货、应收账款为资产负债表项目，一般应在期末或次年年初实施审计程序；对内部控制的观察应当在所审计的会计期内进行；高估收入是公司常用的舞弊手法，常在年前销售，年后退货，因此在年后检查销售退回有针对性。

（3）进一步审计程序的范围

进一步审计程序的范围是指实施进一步审计程序的数量，包括抽取的样本量，对某项控制活动的观察次数等。在确定审计程序的范围时，注册会计师应当考虑下列因素：确定的重要性水平；评估的重大错报风险；计划获取的保证程度。

随着重大错报风险的增加，注册会计师应当考虑扩大审计程序的范围。但是，只有当审计程序本身与特定风险相关时，扩大审计程序的范围才是有效的。例如，注册会计师可以使用计算机辅助审计技术对电子化的交易和账户文档进行更广泛的测试，包括从主要电子文档中选取交易样本，或按照某一特征对交易进行分类，或对总体而非样本进行测试。

实务提醒

在风险导向审计的理念下，注册会计师应当针对评估的财务报表层次重大错报风险确定总体应对措施，并针对评估的认定层次重大错报风险设计和实施进一步的审计程序，以将审计风险降至可接受的低水平。确定总体应对措施以及设计和实施进一步审计程序的性质、时间和范围时，注册会计师应当运用职业判断。

三、控制测试

控制测试是为了确定内部控制的设计是否合理和执行是否有效而实施的审计程序。注册会计师在了解内部控制后，只对那些准备依赖的内部控制执行控制测试，并且只有

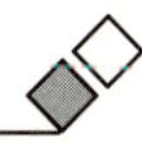

当依赖内部控制而减少的实质性测试的工作量大于控制测试的工作量时，控制测试才是必要和经济的。

出现下列情况之一时，注册会计师可不进行控制测试，而直接实施实质性测试程序：

（1）相关内部控制不存在。

（2）相关内部控制虽然存在，但注册会计师通过了解发现其并未有效运行。

（3）控制测试的工作量可能大于进行控制测试所减少的实质性测试的工作量。

1. 控制测试的性质

在确定了测试的种类之后，注册会计师应进一步决定控制测试的性质，即执行测试将使用什么样的审计程序。注册会计可选用的控制测试程序有：

（1）检查交易和事项的凭证。

（2）询问并实施观察未留下审计轨迹的内部控制的运行情况。

（3）重新执行相关内部控制程序。

以上三种程序注册会计师既可单独使用，也可合并使用。

2. 控制测试的范围

从理论上讲，控制测试的范围越大，所能提供的有关控制政策或程序执行有效性的证据就越充分。例如：询问很多人比询问某一个人能提供更多的证据；观察所有信用部门人员批准赊销的情况比只观察一名信用部门人员批准赊销的情况可以提供更多的能证明必要控制程序已执行的证据。运用审查文件程序和重新执行程序的情况也是如此。运用观察所得的证据往往有两个局限性：①在观察时和没有被观察时，有关人员可能执行不同的控制；②证据只能证实观察当时的情况。对于第二个局限，审计人员可通过在不同的时间进行多次观察来克服。

在审计实务中，审计人员执行控制测试的范围并不是越大越好，而是要求从最经济有效地实现审计目标的总体需要出发，合理地确定测试的范围。控制测试的范围直接受审计人员计划控制风险估计水平的影响。计划控制风险估计水平为低时比计划控制风险估计水平为中等时需要更多的符合性测试证据。如果审计人员在以前年度审计中已进行了控制测试，那么他在确定本年度审计中需执行的追加测试的范围时，还应考虑所使用的以前年度审计获得的有关控制有效性证据的恰当性，审计人员在评价这些证据对本年度审计的恰当性时，应考虑以下问题：这些证据所涉及的认定的重要性；以前年度审计中所评价的特定内部控制；所评价的政策和程序被适当设计和有效执行的程度；用作这些评价的控制测试的结果。

审计人员在考虑使用以前年度的证据时，还必须考虑：

（1）执行控制测试的时间间隔的长短。一般来说，时间间隔期越长，所能提供的保证就越小。此时，本年度审计测试的范围就要增大。

（2）在以前年度审计之后，控制政策和程序的设计或执行有无任何重大的变化。一般来说，这种变化越大，以前审计的证据对本年度审计所能提供的保证就越小。此时，本年度审计测试数目就应增大。

实务提醒

注册会计师不是对所有的内部控制均要进行控制测试，而只是对可能会导致财务报

表出现重大错报或漏报的那些内部控制政策和程序执行控制测试。某些内部控制的失效或执行不当并不一定会影响到财务报表的重大错报或漏报。例如，工资的计算需要独立于计算人员的其他人员进行复核，如果未经过复核，则该项控制失效。如果工资计算人员本身是认真负责地进行计算，工资的支出与记录并不一定会出现重大错报。

3. 内部控制评价

注册会计师完成控制测试后，应对内部控制进行再评价。进而确定将要执行的实质性测试程序的性质、时间和范围。

评价控制风险是评价内部控制在防止或者发现和更正会计报表里的重要错报或漏报的有效程度的过程。

（1）控制风险评价的过程

控制风险可评价为高水平，也可评价为低水平。将控制风险评价为高水平，意味着内部控制不能及时防止或者发现和纠正某项认定中的重要错报或漏报的可能性很大。如果很多认定或者所有认定的控制风险都被评价为高水平，那么审计人员就要研究是否应进一步对被审计单位会计报表进行审计。控制风险为高水平就少依赖或不依赖其内部控制，控制风险为低水平就可多依赖其内部控制。

注册会计师只有在确认以下事项的情况下，才能将控制风险评价为高水平：①控制政策和程序与认定不相关；②控制政策和程序无效；③取得证据来评价控制政策和程序显得不经济。

注册会计师只有在确认以下事项的情况下，才能将控制风险评价为低水平：①控制政策和程序认定相关；②通过控制测试已获得证据证明控制有效。

（2）评价结果对实质性测试的影响

内部控制风险低，意味着可信程度高，可信程度高，实质性测试就可减少。反过来，风险高，可信程度低，实质性测试就得多做。小规模企业的内部控制通常比较薄弱，一般不做、少做控制性测试，多做实质性测试。

四、实质性程序

注册会计师对重大错报风险的评估是一种判断，可能无法充分识别所有的重大错报风险，并且由于内部控制存在固有局限性，无论评估的重大错报风险结果如何，注册会计师都应当针对所有重大的各类交易、账户余额、列报实施实质性程序。

注册会计师实施的实质性程序应当包括与财务报表编制完成阶段相关的审计程序：①将财务报表与其所依据的会计记录相核对；②检查财务报表编制过程中做出的重大会计分录和其他会计调整。

1. 实质性程序的性质

实质性程序的性质是指实质性程序的类型及其组合。其两种基本类型包括细节测试和实质性分析程序。细节测试是对各类交易、账户余额和披露的具体细节进行测试，目的在于直接识别财务报表认定是否存在错报。细节测试被用于获取与某些认定相关的审计证据，如存在、准确性、计价等。实质性分析程序从技术特征上讲仍然是分析程序，主要是通过研究数据间关系来评价信息，所以只是将该技术方法用做实质性程序，即用

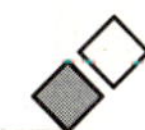

以识别各类交易、账户余额和披露及相关认定是否存在错报。

由于细节测试和实质性分析程序的目的和技术手段存在一定差异，因此各自有不同的适用领域。注册会计师应当根据各类交易、账户余额和披露的性质选择实质性程序的类型。实质性分析程序通常更适用于在一段时间内存在可预期关系的大量交易。注册会计师应当根据各类交易、账户余额、列报的性质选择实质性程序的类型。细节测试适用于对各类交易、账户余额、列报认定的测试，尤其是对存在或发生、计价认定的测试；对在一段时期内存在可预期关系的大量交易，注册会计师可以考虑实施实质性分析程序。

2. 实质性程序的时间

实质性程序的时间选择与控制测试的时间选择有共同点，也有很大差异。共同点在于，两类程序都面临着对期中审计证据和对以前审计获取的审计证据的考虑。两者的差异在于：①在控制测试中，期中实施控制测试并获取期中关于控制运行有效性审计证据的做法更具有一种“常态”，而由于实质性程序的目的在于更直接地发现重大错报，在期中实施实质性程序时更需要考虑其成本效益的权衡；②在本期控制测试中拟信赖以前审计获取的有关控制运行有效性的审计证据，已经受到了很大的限制，而对于以前审计中通过实质性程序获取的审计证据，准则规定应采取了更加慎重的态度和更严格的限制。

如果在期中实施了实质性程序，注册会计师可以选择两种方式：①针对剩余期间实施进一步的实质性程序；②将实质性程序和控制测试结合使用，以将期中测试得出的结论合理延伸至期末。

在以前审计中实施实质性程序获取的审计证据，通常对本期只有很弱的证据效力或没有证据效力，不足以应对本期的重大错报风险。只有当以前获取的审计证据及其相关事项未发生重大变动时，以前获取的审计证据才可能用作本期的有效审计证据。如果拟利用以前审计中实施实质性程序获取的审计证据，注册会计师应当在本期实施审计程序，以确定这些审计证据是否具有持续相关性。

3. 实质性程序的范围

在确定实质性程序的范围时，注册会计师应当考虑评估的认定层次重大错报风险和实施控制测试的结果。注册会计师评估的认定层次的重大错报风险越高，需要实施实质性程序的范围越广。如果对控制测试结果不满意，注册会计师应当考虑扩大实质性程序的范围。

实质性分析程序的范围有两层含义。第一层含义是对什么层次上的数据进行分析，注册会计师可以选择在高度汇总的财务数据层次进行分析，也可以根据重大错报风险的性质和水平调整分析层次。例如，按照不同产品线、不同季节或月份、不同经营地点或存货存放地点等实施实质性分析程序。第二层含义是需要对什么幅度或性质的偏差展开进一步调查。实施分析程序可能发现偏差，但并非所有的偏差都值得展开进一步调查。可容忍或可接受的偏差（即预期偏差）越大，作为实质性分析程序一部分的进一步调查的范围就越小。于是确定适当的预期偏差幅度同样属于实质性分析程序的范畴。因此，在设计实质性分析程序时，注册会计师应当确定已记录金额与预期值之间可接受的差异额。在确定该差异额时，注册会计师应当主要考虑各类交易、账户余额、列报及相关认定的重要性和计划的保证水平。

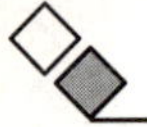

习　题

一、单选题

1．下面哪项不属于内部控制基本要素（　　）。

A．控制环境　　B．信息系统与沟通

C．控制活动　　D．管理活动

2．便于表达内部控制的特征，同时便于修改是内部控制调查描述的方法中（　　）的优点。

A．调查表法　　B．文字表述法　　C．流程图法　　D．测算法

3．注册会计师通过实施分析程序发现，两个会计期间的毛利率相当。同时，注册会计师通过对被审计单位的了解，获知在生产成本中占较大比例的原材料成本在相关期间内上升，注册会计师预期销售成本也应相应上升，而毛利率应相应下降。上述分析可能使注册会计师得出结论（　　）。

A．销售成本一定存在重大错报风险　　B．销售成本可能存在重大错报风险

C．销售收入一定存在重大错报风险　　D．销售收入可能存在重大错报风险

4．（　　）即是注册会计师针对已评估的重大错报风险确定总体应对措施，设计和实施进一步审计程序。

A．风险应对　　B．风险评估　　C．风险评价　　D．风险控制

5．在财务报表重大错报风险的评估过程中，注册会计师应当确定，识别的重大错报风险是与财务报表整体广泛相关，进而影响多项认定，则属于（　　）。

A．某类交易重大错报风险　　B．账户余额重大错报风险

C．财务报表层次的重大错报风险　　D．列报的认定重大错报风险

6．注册会计师张三负责对A公司2013财务报表进行审计，经过评估后，决定为存在重大错报风险较高的项目确定进一步审计程序的性质和时间，以下是注册会计师张三的处理，其中恰当的是（　　）。

A．在2013年10月份监盘固定资产

B．在2013年11月份向重要客户函证应收账款

C．在2014年4月份观察内部控制执行情况

D．在2014年年初检查销售退回业务

7．计划控制风险估计水平低时比计划控制风险估计水平为中等时需要（　　）的符合性测试证据。

A．更少　　B．更多　　C．一样　　D．差不多

8．内部控制风险低，意味着可信程度高，可信程度高，实质性测试就可（　　）。

A．减少　　B．增多　　C．不变　　D．差不多

9．（　　）主要是通过研究数据间关系评价信息，只是将该技术方法用以识别各类交易、账户余额和披露及相关认定是否存在错报。

A．细节测试　　B．详细测试

C．实质性分析程序　　D．内部控制评价

二、多选题

1. 了解被审计单位及其环境是必要程序，特别是为注册会计师在下列关键环节作出职业判断提供重要基础（　　）。

A. 确定重要性水平

B. 识别需要特别考虑的领域

C. 确定在实施分析程序时所使用的预期值

D. 评价所获取审计证据的充分性和适当性

2. 在了解被审计单位对会计政策的选择和运用是否适当时，注册会计师应当关注下列重要事项（　　）。

A. 会计政策的变更

B. 重要项目的会计政策和行业惯例

C. 适用的会计准则、会计制度和行业特定惯例

D. 重大和异常交易的会计处理方法

3. 注册会计师应当了解与授权有关的控制活动，包括（　　）。

A. 全部授权　　B. 一般授权　　C. 重大授权　　D. 特别授权

4. 内部控制调查描述的方法通常有（　　）。

A. 调查表法　　B. 文字表述法　　C. 测算法　　D. 流程图法

5. 注册会计师应实施下列风险评估程序，以了解被审计单位及其环境（　　）。

A. 询问被审计单位管理层和内部其他相关人员

B. 检查

C. 观察

D. 分析程序

6. 观察和检查程序可以印证对管理层和其他相关人员的询问结果，并可提供有关被审计单位及其环境的信息，注册会计师应实施下列观察和检查程序包括（　　）。

A. 观察被审计单位的生产经营活动　　B. 检查文件、记录和内部控制手册

C. 阅读由管理层和治理层编制的报告　　D. 穿行测试

7. 注册会计师在设计进一步审计程序时应当考虑的因素包括（　　）。

A. 风险的重要性　　B. 被审计单位采用的特定控制的性质

C. 重大错报发生的可能性　　D. 注册会计师个人喜好

8. 在实务中，注册会计师可以通过以下方式提高审计程序的不可预见性（　　）。

A. 调整实施审计程序的顺序

B. 调整实施审计程序的时间

C. 采取不同的审计抽样方法

D. 预先不告知被审计单位所选定的测试地点

9. 出现下列情况之一时，注册会计师可不进行控制测试，而直接实施实质性测试程序（　　）。

A. 相关内部控制不存在

B. 相关内部控制虽存在，但注册会计师通过了解发现其并未有效运行

C. 控制测试的工作量可能大于进行控制测试所减少的实质性测试的工作量

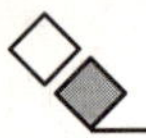

D．控制测试的工作量小于进行控制测试所减少的实质性测试的工作量

10．注册会计师只有在确认以下事项的情况下，才能将控制风险评价为高水平（　　）。

A．控制政策和程序无效

B．取得证据来评价控制政策和程序显得不经济

C．控制政策和程序与认定不相关

D．通过控制测试已获得证据证明控制有效

11．实务中，由于小规模企业内部控制通常比较薄弱，一般注册会计师（　　）。

A．不做控制性测试　　B．少做控制性测试。

C．少做实质性测试　　D．多做实质性测试

12．在确定实质性程序的范围时，以下注册会计师考虑评估的认定层次重大错报风险和实施控制测试的结果正确的是（　　）。

A．认定层次的重大错报风险越高，需要实施实质性程序的范围越广

B．认定层次的重大错报风险越低，需要实施实质性程序的范围越广

C．认定层次的重大错报风险越低，需要实施实质性程序的范围越小

D．如果对控制测试结果不满意，注册会计师应当考虑扩大实质性程序的范围。

三、判断题

1．了解被审计单位及其环境是一个连续和动态地收集、更新与分析信息的过程，贯穿于整个审计过程的始终。（　）

2．要求注册会计师对被审计单位及其环境了解的程度，要高于管理层为经营管理企业而对被审计单位及其环境需要了解的程度。（　）

3．职责分离主要包括了解被审计单位如何将交易授权、交易记录以及资产保管等职责分配给不同员工，以防范同一员工在履行多项职责时可能发生的舞弊或错误。（　）

4．文字表述法最大的优点在于便于表达内部控制的特征，同时便于修改。（　）

5．注册会计师要获取对识别重大错报风险有用的信息，只需询问管理层和对财务报告负有责任的人员。（　）

6．分析程序是指注册会计师通过研究不同财务数据之间以及财务数据与非财务数据之间的内在关系，对财务信息作出评价。（　）

7．进一步审计程序是指注册会计师针对评估的各类交易、账户余额、列报（包括披露）认定层次重大错报风险实施的实质性审计程序。（　）

8．有效的控制环境可以使注册会计师增强对内部控制和被审计单位内部产生的证据的信赖程度。（　）

9．评估的认定层次重大错报风险越低，对通过实质性程序获取的审计证据的相关性和可靠性的要求越高，从而可能影响进一步审计程序的类型及其综合运用。（　）

10．在审计实务中，审计人员执行控制测试的范围越大越好，可以有效地实现审计目标。（　）

11．审计人员在考虑使用以前年度的证据时，还必须考虑执行控制测试的时间间隔的长短。一般来说，时间间隔期越长，所能提供的保证就越小。（　）

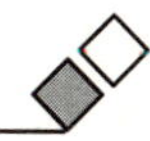

12．由于评估的重大错报风险结果不同，注册会计师可以只针对部分重大的各类交易、账户余额、列报实施实质性程序。（　　）

四、案例分析

1．注册会计师张伟和李洁对 ABC 公司 2013 年度财务报表进行审计，ABC 公司是纺织行业的上市公司，2006 年发行社会公众股并上市交易，受政府的优惠政策的支持，业绩相当不错，上市当年的每股收益为 0.433 元，但在 2011 年企业开始出现下滑的趋势，每股收益为 0.200 元。公司目前在准备 2013 年的年度审计，并打算聘请天天会计师事务所进行年度审计。

天天会计师事务所在接受该公司委托前通过公开渠道了解到如下信息：

（1）2011 年、2012 年两年的业绩相当不理想，每股收益分别为 0.155 元和 0.100 元。

（2）2013 年未经审计的中期报表的每股收益为 0.090 元。

（3）2013 年 12 月 5 日公告了其进行资产重组的消息。

（4）2011 年、2012 年从事该公司年度报表审计的事务所是奇强会计师事务所。

（5）公司在 2013 年 12 月 26 日宣布入股组建电子商务网络公司，并处于控股地位。

要求：

（1）你作为该项目的负责人，在接受委托前你会如何处理？

（2）如果接受委托，你在编制审计计划时采取何种手段防范因上述信息可能带来的风险？

2．XYZ 股份有限公司请你就下列问题提供咨询服务，该公司有三位员工必须分担下列工作：

（1）记录并保管总账。

（2）记录并保管应付账款明细账。

（3）记录并保管应收账款明细账。

（4）记录货币资金日记账。

（5）保管，填写支票。

（6）发出销货退回及折让的贷项通知单。

（7）调节银行存款日记账与银行存款对账单。

（8）保管并送存现金收入。

上述工作中，除第 6、7 两项工作量较小外，其余各项工作量大体相当。

要求：假如这三位职工的能力都不成问题，而且只需要他们做上面列出的工作。请根据上述资料，说明应如何将这八项工作分配给三位职工，才能达到内部控制制度的要求。

3．注册会计师张伟和李洁对 XYZ 公司 2013 年度财务报表进行审计，注册会计师通过 XYZ 公司了解 XYZ 公司及其环境相关内部控制制度进行分析评价后，发现该公司存在下列状况：

（1）公司重要管理人员的变动比较频繁。

（2）公司会计人员经常加班加点，十分疲惫。

（3）库存现金未经认真盘点。

（4）公司流动资金出现严重不足现象。

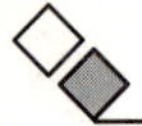

（5）接近资产负债表日前入库的A产品可能已计入存货项目，但可能未进行相关的会计记录。

（6）由X公司代管的甲材料可能并不存在。

（7）Y公司存放在XYZ公司仓库的乙材料可能已计入XYZ公司的存货项目。

（8）本次审计为XYZ公司成立以来的首次审计。

要求：

（1）注册会计师张伟和李洁通过了解XYZ公司及其环境，以及分析内部控制后，可能会发现哪种风险？它对于财务报表认定有何影响？

（2）请根据上列情况分别指出各自的审计程序、审计目标和应收集哪些审计证据。

6.3 业务循环审计

从前面的学习中，我们已经知道，在对企业进行风险评估之后，企业的重大错报风险可能在哪里，程度如何，我们也已制定了相应的应对措施，那么业务循环审计就是应对措施具体应用。

一、销售与收款循环审计

知识学习

销售与收款循环涉及可供销售的商品和劳务的所有权转让的各项业务和过程，由于企业所处行业不同，企业具体的收入来源有所不同。销售可以分为现销和赊销两种基本方式，现代经营中商业信用的广泛使用使得赊销成为各企业较为普遍采用的销售方式。这部分内容我们就从了解销售与收款循环所涉及的主要业务活动开始。

（一）主要业务活动及涉及的文件记录

1. 主要业务活动

（1）处理客户订货

客户提出订货要求是整个业务循环的起点，也是购买某种货物或接受某种劳务的一种申请。企业在收到客户订单之后，应立即编制销货单，列示客户订购的商品或劳务的名称、规格、数量等，以此作为处理订货的依据。

（2）批准赊销

对于赊销业务，在发出商品或提供劳务之前，必须按照赊销政策调查每个客户的信用状况，经过合法授权人员批准客户的赊销额。赊销的审批必须严格，否则常会使坏账损失超过正常水平，导致信用风险。因为对企业来说，批准赊销的同时也就批准了发货。

（3）发运商品

发运商品是该业务循环中出让资产的起点，商品的发出往往是确认销售成立的标志之一，发出商品时要编制发运凭证，这种凭证往往是一式多联、连续编号的提货单，它是向客户开出账单所必不可少的凭据。如果企业采用永续盘存记录，发运凭证是逐日登记存货记录的依据。

（4）向客户开出账单并登记销货业务

开具账单包括编制和向顾客寄送事先连续编号的销售发票。因此，应正确、及时地开出账单，开出账单时要注意不漏开、不重开和不错开。开出恰当数额账单的关键是根据实际发货数量和批准的价格确定向客户收取的货款，在销货日记账和应收账款明细账中恰当地记录销售业务，也是会计处理的一个重要部分。应由独立人员检查账单开具情况。

（5）定期对账和催收账款

财会部门应定期编制并向客户寄送应收账款对账单，与客户核对账面记录，保证所有的收款、折扣、折让都能正确地记录，如有差异，应及时查明原因并调整。财会部门还要编制应收账款账龄分析表，对已超过正常信用期限、长期拖欠货款的客户还要以各种方式催收货款，并通知信用管理人员。

（6）收取货款并记录现金、银行存款收入

在办理和记录现金、银行存款收入时，最应注意的是货币资金失窃的可能性。货币资金的失窃可能发生在货币资金收入登记入账之前，也可能发生在登记入账之后。处理货币资金收入时最重要的是要保证全部货币资金都必须如数、及时地记入现金、银行存款日记账和应收账款明细账，并如数及时地将现金存入银行。为保证内部控制，要注意不相容职务的分离，同时退货和折让要进行审批。

（7）审批销售退回与折让

客户对不符合其订货要求的货物提出退货请求，应由负责收款和记录应收账款以外的人员（通常由销售部门主管）根据退货验收单和入库单批准退货。对销售折让同样由具有审批权的销售人员批准后执行，并据此编制贷项通知单，财会部门根据销售退回与折让业务凭证及时、正确地记录。

（8）注销坏账

因客户宣告破产、死亡等原因确认应收账款无法收回时，经管理当局批准后将其注销，由财会人员冲减相应应收账款总账和明细账。为了加强对注销应收账款的管理，财会部门应设置已注销应收账款备查簿，防止以后收回已注销的应收账款时出现漏记、错记或被贪污。

（9）提取坏账准备

按照谨慎性会计要求，企业应当定期或者至少于每年年度终了对应收款项进行全面检查，预计各项应收款项可能发生的坏账，计提坏账准备。

2. *涉及的文件记录*

销售与收款业务循环的审计涉及该循环中的一系列凭证和记录，典型的销售与收款业务循环中所使用的重要凭证和记录有以下几种：

（1）客户订货单

客户订货单是客户提出的书面购货要求，企业可以通过营销人员或其他途径，采用电话、传真、信函、计算机网络等方式接受现有的或潜在的客户订货。订单应包括确定所有交易都恰当授权和完整记录的要素。控制程序包括销售订单预先编号，核准文件编制，正式的赊销批准，部分编号、销售价格、订购产品的货运条款的描述以及经批准的账单地址。

（2）销货单与销售合同

销货单是记录顾客所订商品的名称、规格、数量和其他情况的凭证。它常用于赊销的批准或者发货的审批。销货合同是供需双方所签订的具有法律效力的文件。合同需明

确双方的责任，包括所订货物的品种、规格、数量、质量、价格、付款方式以及供货时间等，合同要经双方签章后生效。

（3）发运凭证

发运凭证是在发运货物时编制的，用以反映发出货物的名称、规格、数量和其他有关数据的凭证。这种凭证可作为向客户开票收款的依据，一联交给客户，企业保留一联或几联。提货单是发运凭证的一种形式，它是运输企业和销货企业之间有关商品收发业务的书面凭证。

（4）商品价目表

商品价目表是列示已经授权批准的、各供销售的各种商品的价格清单。

（5）销货发票

销货发票是一种用来证明已销商品的名称、规格、数量、价格、金额、运费和保险费的价格、付款条件和其他有关数据的凭证，它是向客户说明货款数额和付款期限的凭证。销货发票的一联寄送给顾客，其余联由企业保留。销货发票也是在账簿中登记销货业务的基本凭证。

（6）贷项通知单

贷项通知单是一种用来表示由于销售退回或经批准折让而引起的应收账款减少的凭证。其格式与销售发票相同。

（7）营业收入明细账

营业收入明细账是用来记录每个销售交易的明细账。它通常记载和反映不同类别商品或服务的营业收入的明细发生情况和总额。

（8）销售退回及折让日记账或明细账

这是一种与销货日记账基本相同，用来记录销售退回与折让、现金折扣的日记账。

（9）汇款通知书

汇款通知书注明客户名称、销售发票号码、金额、销货单位开户银行账户等内容，是一种与销货发票一并交给客户，并可以随同付款支票一并交回销货单位的凭证，采用汇款通知书能使收到的货款立即存入银行，并可以改善资产的管理控制。

（10）现金和银行存款日记账

现金和银行存款日记账是用来记录应收账款的收回、现销收入和其他各种现金、银行存款收入和支出的日记账，以收付款凭证为记账依据。

（11）坏账审批表

坏账审批表是仅在企业内部使用的、用来批准将某些应收款项注销作为坏账的凭证。

（12）应收账款明细账

应收账款明细账用来记录每个客户各项赊销、货款收回、销售退回及折让的明细账。各个应收账款明细账的余额合计数与应收账款的总账余额相等。

（13）应收账款账龄分析表

通常，应收账款账龄分析表按月编制，反映月末尚未收回的应收账款总额的账龄，并详细反映每个客户月末尚未偿还的应收账款数额和账龄。

（14）转账凭证

转账凭证是指记录转账业务的记账凭证，它是根据有关转账业务的原始凭证编制的。

（15）收款凭证

收款凭证是指用来记录现金和银行存款收入业务的会计凭证。

（16）客户对账单

客户对账单是一种按月定期寄给客户的用来核对账目的凭证，凭证上注明应收账款的月初余额、本月各项销货业务的金额、已收到的货款、各个贷项通知单的数额和月末余额等内容。

我们将上面的内容加以归纳，如表 6-1 所示。

表 6-1 主要活动及相应内容

主要业务活动	涉及的文件记录	相关部门	相关认定
1. 接受顾客订单	顾客订货单、销售单	销售管理部门	销售交易发生
2. 批准赊销信用	销售单	信用管理部门	应收账款净额的准确性
3. 按销售单供货	销售单	仓库	发生
4. 按销售单发运	销售单、发运凭证	装运部门	销售交易的发生、完整性
5. 向顾客开具账单	销售单、装运凭证、商品价目表、销售发票	开具账单部门	销售交易的发生、完整性、准确性
6. 记录销售	销售发票及副本、转账凭证、现金、银行存款收款凭证、应收账款明细账、销售明细账及现金、银行存款明细账、顾客月末对账单	会计部门	发生、完整性、准确性
7. 办理和记录现金、银行存款收入	汇款通知书、收款凭证、现金日记账、银行存款日记账	会计部门	发生、完整性、准确性
8. 办理和记录销货退回	贷项通知单	销售管理部门、仓库、会计部门	发生、完整性、准确性
9. 注销坏账	坏账审批表	赊销部门、会计部门	准确性
10. 提取坏账准备	逾期应收账款余额表	会计部门	准确性

（二）控制测试

控制测试可以从内部控制目标出发，针对关键内部控制来进行控制测试。销售与收款循环的内部控制包括销售与收款两部分，其内部控制及控制测试如表 6-2、表 6-3 所示。

表 6-2 销售交易的内部控制及控制测试

内部控制目标	关键内部控制	常用控制测试
登记入账的销售交易确系已经发货给真实的客户（发生）	销售交易是以经过审核的发运凭证及经过批准的客户订购单为依据登记入账的； 在发货前，客户的赊购已经被授权批准； 每月向客户寄送对账单，对客户提出的意见作专门追查	检查销售发票副联是否附有发运凭证（或提货单）及销售单（或客户订购单）； 检查客户的赊购是否经过授权批准； 询问是否寄发对账单，并检查客户回函档案
所有的销售交易均已登记入账（完整性）	发运凭证（或提货单）均经事先编号并已经登记入账； 销售发票均经事先编号，并已登记入账	检查发运凭证连续编号的完整性； 检查销售发票连续编号的完整性
登记入账的销售数量确系已发货的数量，已正确开具账单并登记入账（计价和分摊）	销售有经批准的装运凭证和客户订购单支持将装运数量与开具账单的数量相比对； 从价格清单主文档获取销售单价	检查销售发票有无支持凭证； 检查比对留下的证据； 检查价格清单的准确性及是否经恰当批准

（续）

内部控制目标	关键内部控制	常用控制测试
销售交易的分类恰当（分类）	采用适当的会计科目表； 内部复核和核查	检查会计科目表是否恰当； 检查有关凭证上内部复核和核查的标记
销售交易的记录及时（截止）	采用尽量能在销售发生时开具收款账单和登记入账的控制方法； 每月末由独立人员对销售部门的销售记录、发运部门的发运记录和财务部门的销售交易入账情况作内部核查	检查尚未开具收款账单的发货和尚未登记入账的销售交易； 检查有关凭证上内部核查的标记
销售交易已经正确地记入明细账，并经正确汇总（准确性、计价和分摊）	每月定期给客户寄送对账单； 由独立人员对应收账款明细账作内部核查； 将应收账款明细账余额合计数与其总账余额进行比较	观察对账单是否已经寄出； 检查内部检查标记； 检查将应收账款明细账余额合计数与其总账余额进行比较的标记

表 6-3　收款交易的内部控制及控制测试

内部控制目标	关键内部控制	常用控制测试
登记入账的现金收入确实为企业已经实际收到的现金（存在或发生）	现金折扣必须经过适当的审批手续； 定期盘点现金并与账面余额核对	观察； 检查是否定期盘点，检查盘点记录； 检查现金折扣是否经过恰当的审批
收到的现金收入已全部登记入账（完整性）	现金出纳与现金记账的职务分离； 每日及时记录现金收入； 定期盘点现金并与账面余额核对； 定期向客户寄送对账单； 现金收入记录的内部复核	观察； 检查是否存在未入账的现金收入； 检查是否定期盘点，检查盘点记录； 检查是否向客户寄送对账单，了解是否定期进行； 检查复核标记
存入银行并记录的现金收入确系实际收到的金额（准确性）	定期取得银行对账单； 编制银行存款余额调节表； 定期与客户对账	检查银行对账单； 检查银行存款余额调节表； 观察是否每月寄送对账单
现金收入在资产负债表中的披露正确（列报）	现金日记账与总账的登记职责分离	观察

练一练

1. 向顾客寄送对账单的员工不能同时负责（　　）。

A. 记录应收账款明细账

B. 收取现金销售款或应收账款还款

C. 调查与客户对账的差异

D. 处理与该客户的销售交易

【答案】ABD

【解析】应当由不负责现金出纳和销售及应收账款记账的人员寄送对账单。

2. 注册会计师 A 计划获取被审计单位甲公司 2013 年财务报表中与营业收入“是否均已登记入账”相关的内部控制运行有效的审计证据，下列控制测试程序能够达到该审计目标的有（　　）

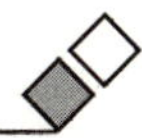

A. 检查发运凭证连续编号的完整性

B. 检查赊销业务是否经过授权批准

C. 检查销售发票连续编号的完整性

D. 观察已经寄出的对账单的完整性

【答案】AC

【解析】选项 B、D 的控制测试和程序都是针对已经登记入账的销售交易。

（三）主要项目实质性程序

1. 营业收入实质性程序

营业收入包括销售商品收入、提供劳务收入和让渡资产使用权收入等。对营业收入审计，我们首先要确定它的审计目标。

（1）营业收入审计目标

1）确定利润表中记录的营业收入是否已发生，且与被审计单位有关。

2）确定所有应当记录的营业收入是否均已记录。

3）确定与营业收入有关的金额及其数据是否已恰当记录，包括对销货退回、销售折扣与折让的处理是否适当。

4）确定营业收入是否已记录于正确的会计期间。

5）确定营业收入是否已按照企业会计准则的规定在财务报表中做出恰当的列报。

（2）营业收入的实质性程序

1）取得或编制营业收入项目明细表，复核加计其正确性，并与报表数、总账数、明细账数核对，确定其一致性。

2）实施分析程序。实施分析程序通常是基于这样的假定，即企业在没有发生异常事项时，其经营业绩将会与以前业绩或行业趋势保持一致。常用的分析方法是计算相关指标并进行趋势分析。

① 将本期营业收入与上期的营业收入、销售预算或预测数据等进行比较，分析营业收入及其构成变动是否异常，并分析原因。

② 比较本期各月各类营业收入的波动情况，是否符合被审计单位季节性、周期性的经营规律，查明异常现象和重大波动的原因。

③ 计算本期重要产品的毛利率，与上期数、预算数同行业数据比较，检查是否存在异常，各期之间是否存在重大波动，并分析原因。

④ 根据增值税发票或普通发票，估算全年收入，与实际收入金额比较。

3）检查营业收入的确认条件、方法是否符合企业会计准则规定的收入实现条件，前后期是否一致。

4）获取产品价格目录，抽查售价是否符合价格政策，并注意销售给关联方或关系密切的重要客户的产品价格是否合理，有无以低价或高价结算的方法相互之间转移利润的现象。

5）抽取本期一定数量的发运凭证，审查存货出库日期、品名、数量等是否与销售发票、销售合同、记账凭证等一致。

6）抽取本期一定数量的记账凭证，审查入账日期、品名、数量、单价、金额等是否

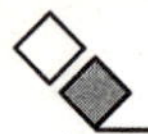

与销售发票、发运凭证、销售合同等一致。

7）结合对应收账款实施的函证程序，选择主要客户函证本期销售额。

8）实施截止测试。

① 目的：确定被审计单位营业收入的会计记录归属期是否正确，即被审计单位是否有应计入本期的收入被推迟至下期，或者应计入下期的收入是否提前至本期。

② 截止测试的关键：检查发票日期、发货日期和记账日期这三个日期是否归属于同一适当会计期间。

③ 三条审计路线：

第一条，以营业收入的账簿记录为起点。从财务报表日前后若干天的账簿记录查至记账凭证，检查发票存根与发运凭证，目的是证实已入账的营业收入是否在同一期间已开具销售发票并发货，有无多计营业收入。

第二条，以销售发票为起点。从财务报表日前后若干天的销售发票存根查至发运凭证与账簿记录，确定已开具销售发票的货物是否已发货并于同一会计期间确认收入。目的是查明是否有漏记营业收入的现象。

第三条，以发运凭证为起点。从财务报表日前后若干天的发运凭证查至销售发票开具情况与账簿记录，确定营业收入是否已记入恰当的会计期间，目的也是为了防止少记营业收入。

9）检查销售折扣、销售退回与折让业务是否真实，内容是否完整，相关手续是否符合规定，折扣与折让的计算和会计处理是否正确。

10）检查有无特殊的销售行为，对于特殊销售行为，应选择恰当的审计程序进行审核。

11）调查向关联方销售的情况，记录其交易品种、价格、数量、金额和比例，并记录占总销售收入的比例。

12）确定营业收入的列报是否恰当。

案例讨论

案例资料：注册会计师A首次接受委托，负责审计上市公司甲公司2012年度财务报表。相关资料如下：

注册会计师A对营业收入的发生认定进行审计，编制了审计工作底稿，部分内容摘录如表6-4所示。

表6-4　审计工作底稿部分内容　（单位：万元）

记账凭证日期	记账凭证编号	记账凭证金额	发票日期	出库单日期
2012年1月5日	转字10	12	2012年1月8号	2012年1月8号
2012年2月28日	转字45	7	2012年2月27日	2012年2月27日
2012年3月20日	转字40	8	2012年3月19日	2012年3月19日
（略）				
2012年11月3日	转字4	10	2012年11月2日	2012年11月2日
2012年11月15日	转字28	200	2012年11月14日	2012年11月14日
2012年12月10日	转字50	250	2012年12月10日	2012年12月10日

（续）

（略）

审计说明：

（1）根据销售合同约定，在客户收到货物、验收合格并签发收货通知后，甲公司取得收取货款的权利。审计中已检查销售合同。

（2）已检查记账凭证日期、发票日期和出库单日期，未发现异常。发票和出库单中的其他信息与记账凭证一致。

（3）11月转字28号和12月转字50号记账凭证反映的销售额较高，财务经理解释是调整售价所致。

要求：

针对资料中的审计说明，指出注册会计师A审计程序是否有不当之处，如有，其不当之处是什么，并简要说明理由。

案例分析：

审计程序有不当。其不当之处在于：

（1）注册会计师A未测试收货通知单。

理由：根据销售合同，注册会计师A应以获得客户签发的收货通知单作为收入确认的时点，检查出库单并不足以就发生认定获取充分、适当的审计证据。

（2）注册会计师A对1月转字10号记账凭证未实施进一步检查。

理由：该记账凭证的日期早于发票日期和出库单日期。

（3）注册会计师A对11月转字28号和12月转字50号记账凭证未实施进一步检查。

理由：上述两笔记账凭证反映的销售额明显高于其他测试项目，有可能表明存在舞弊，注册会计师A不应仅依赖管理层的解释。

2. 应收账款的实质性程序

应收账款的余额一般包括应收账款账面余额和相应的坏账准备两部分。企业的应收账款是在销售交易或提供劳务的过程中产生的。因此，应收账款的审计应结合销售交易来进行。由于坏账准备与应收账款的联系非常紧密，我们将坏账准备的审计与应收账款的审计结合在一起阐述。

（1）应收账款的审计目标

1）确定资产负债表中记录的应收账款是否存在。

2）确定所有应当记录的应收账款是否均已记录。

3）确定记录的应收账款是否由被审计单位拥有或控制。

4）确定应收账款是否可收回，坏账准备的计提方法和比例是否恰当，计提是否充分。

5）确定应收账款及其坏账准备期末余额是否正确。

6）确定应收账款及其坏账准备是否已按照企业会计准则的规定在财务报表中做出恰当列报。

（2）应收账款的实质性程序

1）取得或编制应收账款明细表

复核加计是否正确，并与总账数和明细账合计数核对是否相符，结合坏账准备科目与报表数核对是否相符。

2）实施分析程序

分析应收账款借方累计发生额与营业收入的关系是否合理。分析应收账款周转率、

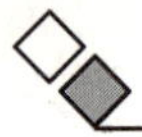

应收账款周转天数等指标，并与被审计单位相关赊销政策、被审计单位以前年度指标、同行业同期相关指标对比分析，检查是否存在重大异常。

3）检查应收账款的账龄分析是否正确

应收账款账龄是指资产负债表中的应收账款从销售实现、产生应收账款之日起，至资产负债表日止所经历的时间。审计人员应向财会部门索取或自己编制应收账款账龄分析表。审计人员应抽查核实表中顾客单位名称、余额及账龄是否正确，并将账龄分析表的合计数与应收账款总账余额核对。通过对该表的分析，可确定应收账款的欠款时间及收款效率，有助于判断应收账款的可收回性及坏账准备计提是否正确。

4）向债务人函证应收账款

函证应收账款就是直接发函给被审计单位的债务人，进行核实被审计单位应收账款的记录是否正确的一种方法。函证的目的是为了证实被审计单位应收账款账户余额的真实性、正确性，防止或发现被审计单位在销售交易中发生的错误或舞弊的行为。

① 函证的范围和对象

审计人员不需要对被审计单位所有应收账款都进行函证。应在多大范围内进行函证，一般由以下几个因素决定：

a．应收账款在全部资产中的比重。如果应收账款在全部资产中的比重较大，则函证的范围应大一些；反之，则可小一些。

b．应收账款内部控制的强弱。如果内部控制制度较健全，则可相应减少函证量；反之，则应扩大函证范围。

c．以前年度的函证结果。如果以前年度函证中发现重大差异，或欠款纠纷较多，则应扩大函证范围。

d．选择的函证方式。如果执行肯定式函证，则可以相应减少函证量；如果执行否定式函证，则需相应增加函证量。

② 函证的方式

常用的应收账款询证函包括肯定式函证和否定式函证两种。

a．肯定式函证又称积极式函证。它是指被询证的债务人，要求其证实的账户余额不论正确与否，都必须复函给审计人员的一种函证方式。一般来说，肯定式函证得到的证据更可靠，若未收到债务人的复函可采取其他方法进一步证实。

附：应收账款肯定式询证函

企业询证函

××公司（债务人名称）:

本公司聘请的××会计师事务所正在对本公司××年度财务报表进行审计，按照中国注册会计师审计准则的要求，应当询证本公司与贵公司的往来账项等事项。下列数据出自本公司账簿记录，如与贵公司记录相符，请在本函下端“信息证明无误”处签章证明；如有不符，请在“信息不符”处列明不符金额。回函请直接寄至××会计师事务所。

回函地址:

邮编:　　　　电话:　　　　传真:　　　　联系人:

1. 本公司与贵公司的往来账项列示如下:

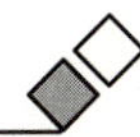

截止日期	贵公司欠	欠贵公司	备注

2. 其他事项

本函仅为复核账目之用，并非催款结算。若款项在上述日期之后付清，仍请及时函复为盼。

（被审计单位盖章）

年　　月　　日

结论：1. 信息证明无误

（公司盖章）

年　　月　　日

经办人：

2. 信息不符，请列明不符的详细情况

（公司盖章）

年　　月　　日

经办人：

b. 否定式函证又称消极式函证。它是指被询证的债务人，要求其证实的账户余额在不相符的情况下，才给予审计人员复函的一种函证方式。这也就意味着这种函证方式在债务人因各种原因未复函的情况下，都会导致审计人员认为账户余额正确，已被债务人认可。因此否定式函证可靠程度相对较差，但其花费较少，成本较低。

附：应收账款否定式询证函

企业询证函

××公司（债务人名称）：

本公司聘请的××会计师事务所正在对本公司××年度财务报表进行审计，按照中国注册会计师审计准则的要求，应当询证本公司与贵公司的往来账项等事项。下列数据出自本公司账簿记录，如与贵公司记录相符，则无需回复；如有不符，请直接通知会计师事务所，并请在空白处列明贵公司认为是正确的信息。回函请直接寄至××会计师事务所。

回函地址：

邮编：　　　　电话：　　　　传真：　　　　联系人：

1. 本公司与贵公司的往来账项列示如下：

截止日期	贵公司欠	欠贵公司	备注

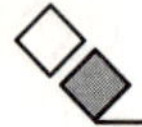

2. 其他事项

本函仅为复核账目之用，并非催款结算。若款项在上述日期之后付清，仍请及时函复为盼。

（被审计单位盖章）

年　月　日

××会计师事务所:

上面的信息不正确，差异如下:

（公司盖章）

年　月　日

经办人:

审计人员选用哪种函证方式比较适宜，要依据不同的情况处理。

一般对于大金额账项采用肯定式函证较好；对于小金额账项采用否定式函证较好，两种函证方式可以结合起来使用。

③ 函证时间的选择

为了发挥函证的作用，在选择函证发送的时间时，应选择与资产负债表日接近的时间。同时也要考虑到对方复函的时间，尽可能做到在审计人员的审计工作结束前取得函证的全部资料。

④ 函证的控制

审计人员应直接控制询证函的发送和收回，询证函必须由审计人员亲自邮寄，并保证复函直接寄到审计人员手中。对于无法投递退回的信函要进行分析、处理，查明是由于债务人地址差错，还是假账。对于肯定式函证未收到回复的，可再次发送第二甚至第三次询证函。一般，审计人员应编制函证结果汇总表来加以控制。应收账款函证结果汇总表如表 6-5 所示。

表 6-5　应收账款函证结果汇总表

序号	债务人名称	债务人地址	函证日期		账面金额	函证结果	差异金额及说明	审定金额
			第一次	第二次				

⑤ 函证结果差异分析

收回的询证函若有差异，审计人员要对此进行分析，寻找差异的原因，必要时可与债务人直接联系，做进一步核实，并要求被审单位作必要调整。产生差异的原因可能是由于购销双方入账的时间不同，也有可能是由于一方记账错误，当然也可能是其中有舞弊的行为存在。由于入账时间不同而产生的差异，应予以调节分析。其主要表现为:

a. 询证函发出时，债务人已付款，而被审计单位尚未收到。

b. 询证函发出时，被审计单位货物已发送并作销售记录，债务人尚未收到货物。

c. 债务人将货物退回，而被审计单位尚未收到。

d．债务人对于货物全部或部分拒付。

⑥ 函证结果的总结与评价

审计人员应对函证结果作如下评价：

a．过去对内部控制的评价是否恰当；控制测试的结果是否适当；分析程序的结果是否适当；相关的风险评价是否恰当。

b．函证结果表明没有审计差异，则审计人员可以合理推论全部应收账款总体是正确的。

c．函证结果存在审计差异，审计人员应当估算应收账款总额中可能出现的累计差错是多少，估算未被选中进行函证的应收账款的累计差错是多少。为取得对应收账款累计差错更准确的估计，可以扩大函证范围。

5）对函证未回函及未函证应收账款实施替代审计程序

对于未回函的肯定式询证函及未函证的应收账款，审计人员应采用必要的替代程序，例如通过销售有关凭证的检查，如销售合同、销售订单、销售发票副本、发运凭证及期后收款的回单等，来验证这些应收账款的真实性。

6）确定已收回的应收账款金额

对于审计时已收回的应收账款，请被审计单位在应收账款账龄分析表中标出，对已收回的金额较大的款项进行常规检查，如核对收款凭证、银行对账单、销售发票，并注意凭证发生日期的合理性。

7）检查坏账的确认和处理

首先，注册会计师应检查有无债务人破产或者死亡的，以及破产或以遗产清偿后仍无法收回的，或者债务人长期未履行清偿义务的应收账款；其次，应检查被审计单位的坏账处理是否经授权批准，有关会计处理是否正确。

8）抽查有无不属于结算业务的债权

不属于结算业务的债权，不应在应收账款中核算。因此，注册会计师应抽查应收账款明细账，并追查有关原始凭证，查证被审计单位有无不属于结算业务的债权。如有，应建议被审计单位作调整。

9）分析应收账款明细账余额

应收账款明细账的余额一般在借方，注册会计师如果发现应收账款出现贷方明细余额的情形，就应查明原因，必要时建议作重分类调整。

10）确定应收账款的列报是否恰当

如果被审计单位是上市公司，则其财务报表附注通常应披露期初、期末余额的账龄分析，期末欠款金额较大的单位账款等情况。

3．坏账准备实质性程序

（1）取得或编制坏账准备明细表，复核加计是否正确，与坏账准备明细账与总账余额核对是否相符。

（2）检查坏账准备的计提。注册会计师主要应查明坏账准备的计提方法和比例是否符合企业会计准则规定，计提的数额是否恰当，会计处理是否正确，前后期是否一致。

（3）检查实际发生的坏账损失。审查年度内坏账损失的原因是否合规，有无经过授权批准，有无存在已确认为坏账的应收账款又收回的情况，被审计单位是否做了正确处理。

（4）实施分析程序。通过计算坏账准备账户余额占应收账款余额的比率，并和以前年度的相关比率核对，分析其存在的重大差异。

（5）验证坏账准备在资产负债表上是否恰当披露。

案例讨论

案例资料：ABC会计师事务所接受委托，审计了Y公司2013年度的财务报表。注册会计师A了解和测试了与应收账款相关的内部控制，并将控制风险评估为高水平。注册会计师A取得2013年12月31日的应收账款明细表，并于2014年1月18日采用积极的函证方式对所有重要客户寄发了询证函。注册会计师A将与函证结果相关的重要异常情况汇总如表6-6所示。

表6-6　重要异常情况汇总表　　（单位：元）

序号	函证编号	客户名称	询证金额	回函日期	回函内容
1	22	甲	300 000	2014年1月22日	购买Y公司300 000元货物属实，但款项已于2013年12月25日用支票支付
2	56	乙	550 000	2014年1月19日	因产品质量不符合要求，根据购货合同，于2013年12月28日将货物退回
3	64	丙	650 000	2014年1月19日	2013年12月10日收到Y公司委托本公司代销的货物640 000元，尚未销售
4	82	丁	900 000	2014年1月18日	采用分期付款方式购货900 000元，根据购货合同，已于2013年12月25日首付300 000元
5	134	戊	600 000	因地址错误，被邮局退回	

针对以上情况，如何实施进一步审计程序。

案例分析：

（1）注册会计师应检查2013年12月25日及以后的银行存款对账单和银行存款日记账，确定该账款收妥入账的日期，最终确定资产负债应收账款是否存在。

（2）注册会计师应首先检查销售退回的有关文件资料，其次检查退回货物的验收入库，此外检查有关会计处理是否正确。

（3）注册会计师应审查与丙公司的代销合同和代销清单，确认是否为应收账款，若属于尚未售出，则提请被审计单位调整。

（4）注册会计师应首先检查与丁公司的销售合同；其次检查2013年12月25日及以后的银行存款对账单和银行存款日记账，确定收到300 000元的时间，若12月31日以后收到，则确认300 000元应收账款的存在；最后，提请被审计单位将多计的600 000元的应收账款进行调整。

（5）注册会计师应首先查明退函的原因，其次可再次函证或执行替代程序（检查与销售有关的凭证），以确认应收账款是否存在。

延伸阅读

审计组织方式

财务报表的组织方式有两种：①对财务报表的每个账户余额单独进行审计，此法称为账户法（account approach）；②将财务报表分成几个循环进行审计，即把紧密联系的交易种类和账户余额归入同一循环中，按业务循环组织实施审计，此法称为循环法（cycle approach）。

一般而言，账户法与多数被审计单位账户设置体系及财务报表格式相吻合，具有操作方便的优点，但它将紧密联系的相关账户（如存货和营业成本）人为地予以分割，容易造成整个审计工作的脱节和重复，不利于审计效率的提高；而循环法则更符合被审计单位的业务流程和内部控制设计的实际情况，不仅可加深审计人员对被审计单位经济业务的理解，而且由于将特定业务循环所涉及的财务报表项目分配给一个或数个审计人员，增强了审计人员分工的合理性，有助于提高审计工作的效率与效果。

习　题

一、单选题

1. 为证实所有销售业务均已记录，注册会计师应选择最有效的具体审计程序是（　　）。

A．抽查销售明细账　　B．抽查出库单

C．抽查应收账款明细账　　D．抽查银行对账单

2. 在销售与收款循环中，无论批准赊销与否，都要求被授权的信用管理部门人员在（　　）上签署意见。

A．销售单　　B．顾客订单　　C．发运凭证　　D．销售发票

3. 注册会计师审计应收账款的目的，不应包括（　　）。

A．确定应收账款的存在性

B．确定应收账款记录的完整性

C．确定应收账款的回收期

D．确定应收账款在会计报表上披露的恰当性

4. 注册会计师对被审计单位实施销货业务的截止测试，其主要目的是为了检查（　　）。

A．年底应收账款的真实性　　B．是否存在过多的销货折扣

C．销货退回是否已经核准　　D．销货业务的入账时间是否正确

5. 对大额逾期应收账款如果无法获取询证函回函，则注册会计师应（　　）。

A．审查所审计期间应收账款回收情况

B．了解大额应收账款客户的信用情况

C．审查与销货有关的销售订单、发票、发运凭证等文件

D．提请被审计单位提高坏账准备提取比例

6. 对采用预收账款销售方式的被审计单位最可能出现的错报类型是（　　）。

A．在开具销售发票时确认收入　　B．在商品已经发出时确认收入

C．在收到全部货款时确认收入　　D．在收入预收账款时确认收入

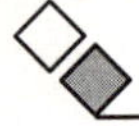

7．由信用管理部门批准赊销这一控制政策证实的相关认定是（　　）。

A．计价或分摊　　B．完整性　　C．存在或发生　　D．表达与披露

8．注册会计师在检查登记入账的销货业务的真实性时，有效的做法是（　　）。

A．从发运凭证追查至主营业务收入明细账

B．从主营业务收入明细账追查至发运凭证

C．从销售发票存根追查至发运凭证

D．从发运凭证追查至销售发票存根

二、多选题

1．证明销售交易发生认定的重要凭证包括（　　）。

A．验收单　　B．客户订货单　　C．发运凭证　　D．销售发票

2．被审计单位在销售及收款循环中的主要业务活动有（　　）

A．批准赊销

B．按销售单装运货物

C．办理和记录现金收入

D．办理和记录销货退回、销货折扣与折让

3．注册会计师在对被审计单位已发生的销售业务是否均已登记入账进行审计时，常用的控制测试程序有（　　）。

A．检查赊销业务是否经过授权批准

B．观察已经寄出的对账单的完整性

C．检查发运凭证连续编号的完整性

D．检查销售发票连续编号的完整性

4．在审计实务中，注册会计师实施营业收入的截止测试的起点有（　　）。

A．以销售发票为起点　　B．以账簿记录为起点

C．以报表为起点　　D．以发运凭证为起点

5．债务人符合（　　）情况时，注册会计师采用肯定式函证较好。

A．预计的差错率低　　B．欠款可能存在差错

C．相关的内部控制有效　　D．个别账户的欠款金额较大

6．注册会计师应当确认的销售交易中的分类错误包括（　　）。

A．对现金销售交易借记应收账款

B．将处置固定资产的收入计入主营业务收入

C．在收回应收账款时贷记主营业务收入

D．对赊销交易借记应收账款

7．在对特定会计期间的业务收入进行审计时，注册会计师应重点关注的与被审计单位的业务收入确认有密切关系的日期包括（　　）。

A．发票开具日期或收款日期　　B．记账日期

C．销售截止测试实施日期　　D．发货日期或提供劳务日期

三、判断题

1．实施 2013 年度主营业务收入截止测试时，注册会计师应当以该年度的销售发票

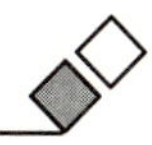

为起点，以检查是否高估主营业务收入。（　　）

2．应收账款的重要性水平越高，所需的函证数量越少。（　　）

3．销售和收款循环的审计，通常可以相对独立于其他业务循环而单独进行，因此其审计是孤立的。（　　）

4．由原始凭证追查至明细账是用来测试完整性目标，从明细账追查至原始凭证是用来测试真实性目标。（　　）

5．对于大额应收账款余额，注册会计师必须采用积极式函证予以证实。（　　）

6．应收账款的账龄分析将有助于取得应收账款可收回性的证据。（　　）

7．注册会计师如果将收入与资产虚报问题确定为被审计单位销货业务的审计重点，则通常无需对销货业务完整性进行交易实质性测试。（　　）

四、案例分析

1．作为审计 ABC 公司 2013 年财务报表的注册会计师，你刚结束了对其销售业务的了解，由于时间限制，你让助理人员李红对关键内部控制进行测试。根据 70 个销售项目的样本测试，助理人员李红报告了下列例外事项。

（1）在一张顾客订单上批准赊销，但该客户并不在赊销目录上。

（2）信用部门批准了三张销售单，在开单时未考虑顾客信用限额。

（3）对有三笔信用条件为 30 天却未偿还的公司又批准了赊销业务，公司没有寄出催款通知。

（4）没有证据证明已经检查了的四张销售发票的数字准确性，尽管未发现错误。

（5）两张销售发票的折扣没有经过适当授权。

以上各种例外事项预示着 ABC 公司的内部控制存在着什么缺陷？建议被审计单位应如何改进？以上各种例外事项对下一步审计工作有何影响？

2．ABC 公司应收账款的总体情况如表 6-7 所示。

表 6-7　ABC 公司应收账款的总体情况

账户分类	数　　量		价　　值	
	个数	所占比例（%）	金额/元	所占比例（%）
高于 10 000 元	15	2	576 445	32.6
6 001~10 000 元	52	6	445 892	25.3
2 001~6 000 元	158	18	412 345	23.4
1~2 000 元	506	57	326 672	18.5
贷方余额	32	4	−3 212	0.1
零余额	69	8	—	—
逾期公司名称的账户	45	5	7 000	0.3
总　　计	877	100	1 765 142	100

如果你是注册会计师，你选择发出的积极式函证的样本包括哪些账户？发出消极式函证的样本又包括哪些账户？分别给出理由。

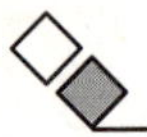

二、采购与付款循环审计

知识学习

企业的采购与付款循环包括购买商品、劳务和固定资产，以及企业在经营活动中为获取收入而发生的直接或间接的支出。部分支出可能与产品收入直接相关，部分支出可能会形成企业资产，而这些资产又形成了企业经营活动的基础。一些经常性交易发生的支出通常构成较为重要的交易，应由较正式的控制活动来预防或检查以纠错和防范舞弊，例如广告促销费用、研究开发费用、税费、电费、通讯费等其他与经营相关的费用。这部分内容我们就从了解销售与收款循环所涉及的主要业务活动开始。

（一）主要业务活动及涉及的文件记录

1. **主要业务活动**

（1）请购商品和劳务

一般是仓库负责对需要购买的已列入存货清单的项目填写请购单，其他部门也可以对所需要购买的未列入存货清单的项目编制请购单。企业一般对正常经营所需物资的购买进行一般授权，例如仓库在现有库存达到再订购点就可直接提出采购申请，其他部门对正常的维修工作和类似工作直接申请采购有关物品。但对资本支出和租赁合同，企业通常作特别授权，只允许指定人员提出请购。由于企业内不少部门都可以填列请购单，请购单不必事先编号，为加强控制，每张请购单必须经过对这类支出预算负债的主管人员签字批准。请购单是证明有关采购交易的“发生”认定的凭据之一，也是采购交易轨迹的起点。

（2）编制订购单

采购部门根据批准的请购单编制订购单，对订购单上的商品或劳务，采购部门应确定最佳供货来源，对一些大额、重要的采购项目，应采取竞价方式来确定供应商，以保证供货的质量、及时性和成本的低廉。订购单上注明求购商品或劳务的具体名称、价格、数量、交货时间等，订购单应预先连续编号，并经过被授权的采购人员签名。正联送交供应商，副联送至企业内部的验收部门、应付凭单部门和编制请购单的部门。之后通过独立检查订购单的处理，确定是否确实收到商品并正确入账，这项检查与采购交易的“完整性”认定有关。

（3）验收商品

企业从供应商处收到商品和劳务是本循环的一个关键点。由验收部门检查收到的商品是否与订购单上的项目一致，如商品的品名、摘要、数量、到货时间等，然后盘点商品并检查商品有无损坏。验收部门验收合格后填制一式多联、预先编号的验收单，其中一联交仓库或其他请购部门，并取得经过签字的收据，另一联送应付凭单部门作为记录债务的依据。如果验收不合格，则不得签发验收单，而要求采购部门与供应商交涉，采取进一步措施维护企业利益。验收单是支持与其采购有关的负债的“存在或发生”认定的重要凭证，同时对验收单的独立检查以确定每笔交易都已编制凭单，则与采购交易的“完整性”认定有关。

（4）储存已验收的商品

存放商品的仓储区应相对独立，限制无关人员接近。将已验收商品的保管与采购的

其他职责分离，可减少未经授权的采购和盗用商品的风险。这些控制与商品的“存在”认定有关。

（5）编制付款凭单

货物验收后，应核对购货单、验收单和供应商发票的一致性，以编制付款凭单。经适当批准和预先编号的凭单为记录采购交易提供了依据。这些控制与“存在与发生”“完整性”“权利和义务”和“计价和分摊”等认定有关。

（6）确认与记录负债

正确确认已验收商品和劳务的债务，要求正确而及时地记录负债。这些记录对财务报表和价款支付有重大影响。应付款项记账人员在收到卖方发票时应将发票上所列品名、规格、价格、数量、运费等与订单、验收单等相关凭证核对，据以编制有关记账凭证和登记有关账簿。

（7）付款

通常采用预先编号的付款凭单对付款进行控制，订购单、验收单、供应商发票作为付款凭单的支持性凭证，经审核无误，由被授权的财会部门人员签署支票，并将支票送交供应商。支票一经签署就要在付款凭单和支持性凭证上加盖印鉴或以其他方式将其注销。

（8）记录现金、银行存款支出

会计部门应根据签发的支票编制付款记账凭证，并据以登记银行存款日记账及其他相关账簿。

2. *涉及的文件记录*

在采购与付款循环中，会涉及多种凭证对整个交易活动加以记录，典型的采购与付款循环所涉及的主要凭证和记录有以下几种：

（1）请购单。请购单是由产品制造、资产使用等部门的有关人员填写，送交采购部门，申请购买商品、劳务或其他资产的书面凭证。请购单上注明所要采购的物品的种类、数量及请购人。

（2）订购单。订购单是由采购部门编制的并提交供应商，用来记录企业准备采购的商品和劳务的名称、种类、数量及其他有关内容的书面凭证。

（3）验收单。验收单是收到采购的商品时由验收部门编制的凭证，列示收到商品的名称、种类、数量等内容。

（4）卖方发票。卖方发票是由供应商开具的，交给买方的标明采购的商品或劳务的种类、数量、价格等内容的书面凭证。

（5）付款凭单。付款凭单是由采购企业应付凭单部门编制的，载明已收到的商品、资产或接受的劳务，应付款金额和日期的凭证。付款凭单是企业内部记录和支付债务的授权证明凭证。

（6）转账凭证。转账凭证是指记录转账交易的记账凭证，它是根据有关转账交易的原始凭证编制的。

（7）付款凭证。付款凭证是指用来记录库存现金和银行存款支出交易的记账凭证，包括现金付款凭证和银行存款付款凭证。

（8）应付账款明细账。

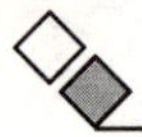

（9）库存现金日记账和银行存款日记账。

（10）供应商对账单。

供应商对账单是由供应商按月编制，标明期初余额、本期购买、本期支付款项和期末余额的凭证。供应商对账单是供应商对有关业务的陈述，除了有争议的事项和时间上的差异，采购方应付款项期末余额应与供应商对账单的余额一致。

我们将上面的内容加以归纳，如表6-8所示。

表6-8　主要活动及相应内容

主要业务活动	涉及的文件记录	相关部门	相关认定
1. 请购商品和劳务	请购单	仓库、有关部门	发生
2. 编制订购单	订购单	采购部门	完整性
3. 验收商品	验收单、订购单	验收部门	完整性、存在或发生
4. 储存已验收商品	验收单上签收	仓库、请购部门	存在或发生
5. 编制付款凭单	付款凭单、验收单、订货单、供应商发票	应付凭单部门	存在或发生、估价或分摊、完整性
6. 确认与记录负债	应付账款明细账、应付凭单登记簿、供应商发票、验收单、订货单、卖方对账单、转账凭证	应付账款部门、会计部门	存在或发生、完整性、估价或分摊
7. 付款	付款凭单、支票	应付凭单部门、财务部门	存在或发生、完整性、估价或分摊
8. 记录现金、银行存款支出	现金日记账、银行存款日记账、支票、付款凭证	会计部门	存在或发生、估价或分摊、完整性

（二）控制测试

采购与其付款交易的控制测试可以从内部控制目标出发，针对关键内部控制来进行控制测试。采购交易的内部控制及控制测试如表6-9所示。

表6-9　采购交易的内部控制目标、关键内部控制及控制测试

内部控制目标	关键的内部控制	常用的控制测试
所记录的采购都确已收到商品或已接受劳务（存在）	请购单、订购单和发票齐全，并附在付款凭单后； 采购经适当的级别批准； 注销凭证以防止重复使用； 对卖方发票、验收单、订购单和请购单作内部核查	查验付款凭单后是否有单据； 检查批准采购的标记； 检查注销的标记； 检查内部核查的标记
已发生的采购业务均已记录（完整性）	订购单均经事先连续编号并将已完成的采购登记入账； 验收单均经事先连续编号并登记入账； 应付凭单均经事先连续编号并登记入账	检查订购单连续编号的完整性； 检查验收单连续编号的完整性； 检查应付凭单连续编号的完整性
所记录的采购交易估价正确（准确性、计价和分摊）	对计算准确性内部查核； 采购价格和折扣的批准	检查内部核查的标记； 检查批准采购价格和折扣的标记
采购交易的分类正确（分类）	采用适当的会计科目表； 分类的内部核查	检查工作手册和会计科目表； 检查有关凭证上内部核查的标志
采购交易按正确的日期记录（截止）	要求收到货物或接受劳务及时记录采购交易	检查工作手册并观察有无未记录的卖方发票存在； 检查内部核查的标记
采购被正确记入应付账款和存货等明细账中，并正确汇总（准确性、计价和分摊）	应付账款明细账内容的内部核查	检查内部核查的标志

与采购相关的付款交易同样有其内部控制目标和内部控制，由于每个企业的性质、

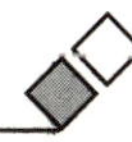

所处行业、规模等不同，使得与付款交易相关的内部控制可能有所不同，但以下与付款交易相关的内部控制通常应当共同遵循。

（1）企业应当按照《现金管理暂行条例》《支付结算办法》等有关货币资金内部控制的规定办理采购付款交易。

（2）企业财会部门在办理付款交易时，应对采购发票、验收证明等相关的真实性、完整性等进行严格审核。

（3）企业应当建立预付账款和定金的授权批准制度，以加强管理。

（4）企业应当加强应付账款和应付票据的管理，已到期的应付款项需经有关授权人员审批后方可办理结算与支付。

（5）企业应当建立退货管理制度，以及时收回货款。

（6）企业应当定期与供应商核对应付账款、应付票据、预付款项等往来款项。

由于采购与付款联系紧密，对付款交易的部分测试可与采购交易的控制测试一并实施。

案例讨论

案例资料：注册会计师张利和王小红于2013年12月10日至13日对海旺公司购货与付款循环的内部控制进行了解和测试，并在相关审计工作底稿中记录了了解和测试的事项，现摘录部分内容如下：

（1）海旺公司的材料采购需要经授权批准后方可进行。采购部根据经批准的请购单发出订购单。货物运达后，验收部根据订购单的要求验收货物，并编制一式多联的未连续编号的验收单。仓库根据验收单接收货物，在验收单上签字后，将货物移入仓库加以保管。验收单上有数量、品名、单价等要素。验收单一联交采购部登记采购明细账和编制付款凭单，付款凭单经批准后，月末交会计部；一联交会计部登记材料明细账；一联由仓库保留并登记材料明细账。会计部根据只附验收单的付款凭单登记有关账簿。

（2）会计部审核付款凭单后，支付采购款项。海旺公司授权会计部的经理签署支票，经理将其授权给会计人员洪愈负责，但保留了支票印章。洪愈根据已批准的凭单，在确定支票收款人名称与凭单内容一致后签署支票，并在凭单上加盖“已支付”的印章。对付款控制程序的实行测试表明，注册会计师张利和王小红未发现与公司规定有不一致之处。

要求：根据上述摘录，请代注册会计师张利和王小红指出购货与付款循环内部控制方面的缺陷，并提出改进建议。

案例分析：海旺公司采购与付款循环内部控制方面的缺陷有：

（1）验收单未连续编号，不能保证所有的采购都已记录或不被重复记录。应建议海旺公司对验收单进行连续编号。

（2）付款凭单未附订购单及供应商的发票等，会计部无法核对采购事项是否真实，登记有关账簿时金额或数量可能就会出现差错。应建议海旺公司将订购单和发票等与付款凭单一起交会计部。

（3）会计部月末审核付款凭单后才付款，未能及时将材料采购和债务登账并按约定时间付款。应建议海旺公司采购部及时将付款凭单交会计部，按约定时间付款。

（三）主要项目实质性程序

1. 应付账款的实质性程序

应付账款是企业在正常经营过程中，因购买材料、商品和接受劳务等而应付给供应商的款项。应付款项审计与应收款项审计有所不同，它主要是为了查明债务入账的完整性，审查有无隐匿负债或利用应付款项隐匿利润的情况。

（1）应付账款审计目标。

1）确定资产负债表中记录的应付账款是否存在。

2）确定所有应当记录的应付账款是否均已记录。

3）确定期末应付账款是否为被审计单位应履行的偿还义务。

4）确定应付账款是否以恰当的金额包括在财务报表中。

5）确定应付账款是否已作恰当的列报。

（2）应付账款的实质性程序。

1）获取或编制应付账款明细表，复核加计是否正确，并与报表数、总账数和明细账合计数核对是否相符。

2）实施分析程序。

① 将本期期末余额与期初余额进行比较，分析其波动原因。

② 分析长期挂账的应付账款，要求被审计单位作出解释，判断被审计单位是否缺乏偿债能力或利用应付账款隐瞒利润。

③ 计算应付账款与存货的比率、应付账款与流动负债的比率，并与以前期间对比分析，评价应付账款整体的合理性。

④ 分析存货和营业成本等项目的增减变动，判断应付账款增减变动的合理性。

（3）函证应付账款。

1）一般情况下，应付账款不需要函证，这是因为函证不能保证查出未记录的应付账款，况且注册会计师能够取得采购发票等外部凭证来证实应付账款的余额。

2）如果控制风险较高，某应付账款账户金额较大或被审计单位处于财务困难阶段，则应考虑进行应付账款的函证。

3）函证对象应为金额较大的债权人，以及那些在资产负债表日金额不大、甚至为零、但为被审计单位重要供应商的债权人。

4）函证方式最好采用肯定式函证，并具体说明应付金额。

5）如果存在未回函的重大项目，注册会计师应采用替代审计程序。例如，可以检查决算日后应付账款明细账及库存现金和银行存款日记账，核实其是否已支付，同时检查该笔债务的相关凭证资料，如合同、发票、验收单，核实交易事项的真实性。

（4）查找未入账的应付账款。

查找未入账应付账款的目的是为了防止企业低估应付账款。注册会计师在审查被审计单位有无故意漏记应付账款时，应从以下几个方面考虑：

1）检查被审计单位在资产负债表日尚未处理的不符合要求的采购发票（如抬头不

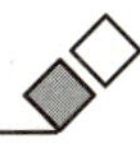

符，与合同某项规定不符等）及有材料入库凭证但未收到购货发票的经济业务，并询问会计人员未入账的原因。

2）检查企业资产负债表日后的应付账款明细账贷方发生额的相应凭证，确定其入账时间是否正确。

3）检查企业资产负债表日后收到的购货发票，确定这些发票记录的负债是否应记入资产负债表日。

4）审阅结账日之前签发的验收单，追查至应付账款明细账，检查是否有货物已收，而负债未入账的应付账款。

5）获取被审计单位与其供应商之间的对账单，并将对账单与被审计单位财务记录之间的差异进行调节，查找有无未入账的应付账款，确定应付账款金额的准确性。

6）针对资产负债表日后的付款项目，检查银行对账单及有关付款凭证，询问被审计单位内部或外部的知情人员，查找有无未及时入账的应付账款。

在审查企业有无未入账的应付账款时，注册会计师还可以通过询问被审计单位的会计和采购人员，查阅资本预算、工作通告单和基建合同来进行。如果注册会计师通过上述程序发现某些未入账的应付账款，应将有关情况详细记入工作底稿，然后视其重要性程度决定是否需建议被审计单位进行相应的调整。

实务提醒

"查找未入账的应付账款"表面看似简单，其实不然。在财务报表审计中，通常认为，注册会计师审计应付账款完整性认定比审计应付账款"存在"认定的难度大，特别是注册会计师应当从哪些角度设计程序获取审计证据证明完整性认定。依此类推，注册会计师审计应收账款完整性认定（即"查找未入账应收账款"）的审计程序比审计应收账款"存在"认定的审计程序难度大。

（5）检查应付账款是否存在借方余额。如有，应查明原因，必要时建议被审计单位作重分类调整。

（6）结合预付账款的明细余额，查明是否在应付账款和预付账款两方同时挂账的项目；结合其他应付款的明细余额，查明有无不属于应付账款的其他应付款。如有，应作出记录，必要时，建议被审计单位作重分类调整或会计误差调整。

（7）检查应付账款长期挂账的原因，注意其是否可能发生呆账收益。

（8）验明应付账款在资产负债表上的披露是否恰当。一般来说，"应付账款"项目应根据"应付账款"和"预付账款"科目所属明细科目的期末贷方余额的合计数填列。

案例讨论

案例资料：注册会计师A负责审计甲公司2013年度财务报表。在对甲公司的应付账款项目进行审计时，根据需要，决定对甲公司下列四个明细账户中的两个进行函证，如表6-10所示。

表 6-10　甲公司四个明细账户的应付账款

项　　目	应付账款年末余额	本年度供货总额
A 公司	32 850	56 100
B 公司	—	9 800 000
C 公司	85 000	96 000
D 公司	389 000	2 233 000

要求：注册会计师 A 应选择哪两家供应商进行函证？为什么？

案例分析：注册会计师 A 应选择 B 公司和 D 公司进行函证。因为应付账款函证的目的在于查实有无未入账负债，应考虑选择那些可能存在较大余额（D 公司）或财务报表日金额不大，甚至为零，但为甲公司重要供应商的债权人（B 公司）进行函证，本年度甲公司从 B、D 两家公司采购了大量商品，漏记负债错报的风险比较高。

2. **固定资产的实质性程序**

固定资产在企业资产总额中一般都占有较大的比例，固定资产的安全、完整对企业的生产经营影响极大。由于固定资产项目余额由固定资产科目余额扣除累计折旧科目余额和固定资产减值准备科目余额构成，因此这三项都属于固定资产的审计范围。

（1）固定资产的审计目标

1）确定资产负债表中固定资产是否存在。

2）确定所有应记录的固定资产是否均已记录。

3）确定记录的固定资产是否归被审计单位拥有或控制。

4）确定固定资产是否以恰当的金额包括在财务报表中，与之相关的计价或分摊已恰当记录。

5）确定固定资产是否在财务报表中作出恰当列报。

（2）固定资产——账面余额的实质性程序

1）获取或编制固定资产及累计折旧分类汇总表，检查固定资产的分类是否正确并与总账数和明细账合计数核对是否相符，结合累计折旧、减值准备科目与报表数核对是否相符。

注册会计师对固定资产及累计折旧期初余额的审计应分以下三种情况：

① 在连续常年审计的情况下，应注意本期期初余额与上期审计工作底稿中的固定资产和累计折旧的期末余额审定数核对相符。

② 在被审计单位变更委托的会计师事务所时，后任注册会计师应借调、参阅前任注册会计师有关工作底稿，如果以前期间均由具有良好信誉的会计师事务所审计，则后任注册会计师的审核范围通常仅限于一般性复核。

③ 如果被审计单位以往未经注册会计师审计，即在初次审计情况下，注册会计师应对期初余额进行较全面的审计，尤其是当被审计单位的固定资产数量多、价值大、占资产总额比重较高时。最理想的方法是彻底审计自设立起的“固定资产”和“累计折旧”账户中的所有重要的借贷记录。

2）实施分析程序。

① 分类计算本期计提折旧额与固定资产原值的比率，并与上期进行比较。

② 比较本期各月之间、本期与以前各期之间的修理及维护费用占固定资产原值的比率。

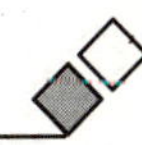

实务提醒

被审计单位当年已计提的折旧费用与其对应的固定资产原值之间存在明确的预期关系，如果通过分析发现偏离预期关系，则表明被审计单位固定资产“计价和分摊”认定存在错报。例如，甲公司2013年度A类固定资产使用20年，净残值为零，则其折旧率为5%，如果注册会计师计算出当年A类固定资产与固定资产原值的比率是3%，则通过分析程序获取的证据表明，A类固定资产折旧计提不足，财务报表固定资产“计价和分摊”认定存在错报风险。

3）实地检查重要固定资产。

实地检查的目的是确定固定资产是否存在，关注是否存在已报废但仍未核销的固定资产。

实地检查的方向，有两条线路：①以固定资产明细账为起点，进行实地追查，以证明会计记录中所列固定资产确实存在，并了解其目前的使用状况；②以固定资产实物为起点，追查到固定资产明细账，以获取实际存在的固定资产均已入账的证据。

实地检查的重点是本年新增加的重要固定资产。

4）检查固定资产所有权或控制权。

对于各类固定资产，注册会计师应获取、收集不同的证据以确定其是否归被审计单位所有。

① 对于外购的机器设备等固定资产，通常经审核采购发票、购货合同等予以确定。

② 对于房地产类固定资产，需查阅有关的合同产权证明、财产税单、抵押借款的还款凭据、保险单等书面文件。

③ 对于融资租入的固定资产，应验证有关融资租赁合同，证实其并非经营租赁。

④ 对于汽车等运输设备，应验证有关运营证件等。

⑤ 对于受留置权限制的固定资产，通常还应审核被审计单位的有关负债项目予以证实。

5）检查本期固定资产的增加。

如果不正确核算固定资产的增加，将对资产负债表和利润表产生长期影响。在审计中，应分析固定资产增加的不同途径，检查其计价是否正确，手续是否齐备，会计处理是否正确。

① 对于外购固定资产，通过核对购货合同、发票、保险单、发运凭证等文件，抽查测试其入账价值是否正确，授权批准手续是否齐备，会计处理是否正确。如果是房屋，还应检查契税的会计处理是否正确。

② 对于在建工程转入的固定资产，应检查其入账价值是否与在建工程相关的记录核对相符，是否与竣工决算、验收和移交报告等一致；对已经在用但尚未办理竣工决算的固定资产，检查其是否已经暂估入账，并按规定计提折旧；竣工决算完成后，是否及时调整。

③ 对于投资者投入的固定资产，应检查其入账价值是否按投资各方确认的价值入账，并检查确认价值是否公允，固定资产交接手续是否齐全；涉及国有资产的，是否有评估报告并经国有资产管理部门确认。

④ 对于更新改造增加的固定资产，应查明增加的固定资产原值是否符合资本化条件，是否真实，会计处理是否正确；重新确定的剩余折旧年限是否恰当。

⑤ 对于融资租赁增加的固定资产，获取相关证明文件，检查融资租赁合同的主要内容，并结合长期应付款、未确认融资费用科目检查相关的会计处理是否正确。

⑥ 对于企业合并、债务重组和非货币性资产交换增加的固定资产，应检查产权过户手续是否齐备，检查固定资产入账价值及确认的损益和负债是否符合规定。

⑦ 对于因其他原因增加的固定资产，应检查相关的原始凭证，核对其计价及会计处理是否正确，法律手续是否齐全。

6）检查固定资产的减少。

审计固定资产减少的主要目的在于查明已减少的固定资产是否已做适当的会计处理。审计要点包括检查授权批准文件；检查会计处理，验证金额准确性；结合固定资产清理和待处理固定资产净损失科目，抽查转销是否正确；检查是否存在未作会计记录的固定资产减少业务。

7）检查固定资产的后续支出，确定与固定资产有关的后续支出是否满足资产确认的有关条件。

8）检查固定资产的租赁，注意经营性租赁与融资性租赁的区别。

9）获取暂时闲置固定资产的相关证明文件，检查是否按规定计提折旧，相关的会计处理是否正确。

10）获取已提足折旧仍继续使用固定资产的相关证明文件，并作相应记录。

11）获取持有待售固定资产的相关证明文件，检查其预计净残值调整是否正确、会计处理是否正确。

12）检查有无与关联方相关的固定资产购售活动，是否经适当授权，交易价格是否公允。

13）对应计入固定资产的借款费用，检查借款费用资本化的计算方法和资本化金额，以及会计处理是否正确。

14）检查固定资产的抵押、担保情况，如存在，提请被审计单位作恰当披露。

15）确定固定资产是否已按照企业会计准则的规定在财务报表中作出恰当列报。

（3）固定资产——累计折旧的实质性程序

1）获取或编制固定资产及累计折旧分类汇总表，复核加计是否正确，并与报表数、总账数和明细账合计数核对是否相符。

2）审查折旧政策和方法是否符合相关会计准则的规定，并前后一致。

3）复核本期折旧费用的计提和分配是否正确。例如：已计提减值准备的固定资产，计提的折旧是否正确；已全额计提减值准备的固定资产，是否已停止计提折旧；因更新改造而停止使用的固定资产，是否已停止计提折旧；因大修理而停止使用的固定资产，是否照提折旧；未使用、不需用固定资产，是否按规定计提折旧。检查折旧费用的分配方法是否合理，是否与上期一致。

4）将“累计折旧”账户贷方的本期计提折旧额与相应的成本费用中的折旧费用明细账户的借方相比较，以查明所计提折旧金额是否已全部摊入本期产品成本或费用。

5）检查累计折旧的减少是否合理，会计处理是否正确。

6）确定累计折旧的披露是否恰当。

（4）固定资产——固定资产减值准备的实质性程序

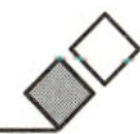

1）获取或编制固定资产减值准备明细表，复核加计是否正确，并与总账数和明细账合计数核对是否相符。

2）检查被审计单位固定资产减值准备计提的依据是否充分，会计处理是否正确。

3）获取闲置固定资产清单，观察其状况，是否存在减值迹象。

4）计算本期末固定资产减值准备占期末固定资产原值的比率，并与期初该比率比较，分析固定资产质量状况。

5）检查被审计单位处置固定资产时原计提的减值准备是否同时结转，会计处理是否正确。

6）检查是否存在转回固定资产减值准备的情况。

7）确定固定资产减值准备的披露是否恰当。

案例讨论

案例资料：注册会计师李明审计甲股份有限公司2013年度“固定资产”和“累计折旧”项目时，发现下列情况：

（1）“未使用固定资产”中有固定资产——Y设备已于本年度5月份投入使用，该公司未按规定转入“使用固定资产”和计提折旧。

（2）对所有的“空调器”，按其实际使用的时间（5月至9月）计提折旧。

（3）公司有融资租入的设备4台，租赁期为5年，尚可使用时间为6年，公司确定的折旧期为6年。

（4）对已提足折旧继续使用的某设备，仍计提折旧。

（5）8月初购入吊车2辆，价值650万元，当月已投入使用并同时开始计提折旧。

（6）该公司采用平均年限法计提折旧，但于本年度9月改为工作量法，这一改变已经股东大会批准，但未报财政部及有关部门备案，也未在会计报表附注中予以说明。

要求：请代注册会计师李明指出上述各项中存在的问题，并提出改进建议。

案例分析：注册会计师李明对此应指出以下问题和建议：

（1）根据企业会计准则规定，房屋、建筑物以外的未使用、不需用的固定资产不计提折旧，但如根据生产经营的需要重新投入使用，则应自投入的次月开始计提折旧。该公司应把Y设备及时转入“使用固定资产”，并自6月开始计提折旧。

（2）固定资产使用年限是指固定资产的实际使用寿命，作为一种具有特殊性质的“空调器”，其性质属于“季节性使用的固定资产”，按照准则规定停用期间应照常计提折旧；如果停用期间不提折旧，则使用期间所计提的折旧应当是折旧年限应提折旧金额。因此，该公司计提折旧的方法或按月份平均计提年折旧额的1/12，或者是按实际使用月份平均分摊计提年折旧额。

（3）融资租入固定资产的折旧年限应根据不同情况确定。若能合理确定租赁期届满时将取得租赁资产的所有权，则应在租赁资产尚可使用年限内计提折旧；若无法合理确定租赁届满时能否取得租赁资产的所有权，则应按租赁期与租赁资产尚可使用年限两个中较短的期间计提折旧。该公司应区别不同情况，确定融资租赁固定资产的时间，而不

应不分情况一律按租赁资产尚可使用年限计提折旧。

（4）根据企业会计准则规定，已提足折旧继续使用的固定资产，不再计提折旧。该公司对其继续计提，造成多提折旧，应对多提的折旧进行冲回。

（5）根据企业会计准则规定，当月增加的固定资产从下月开始计提折旧。该公司的650万元的吊车应从9月份开始计提折旧，而不是8月份。

（6）企业会计准则规定，固定资产折旧方法一经确定，不得随意变更；如需要变更，应经股东大会批准，并应在会计报表附注中予以披露。该公司变更折旧方法后，未按规定程序披露，应加以纠正。

习　题

一、单选题

1．以下岗位中，不属于采购与付款业务不相容岗位的是（　　）。

A．询价与确定供应商　　B．请购与审批

C．赊购批准与销售　　D．付款审批与付款执行

2．资产类项目审计和负债类项目审计就其审计内容而言，注册会计师最关心的是（　　）。

A．前者侧重于审查所有权，后者侧重于审计义务

B．前者侧重于审查应收账款，后者侧重于应付账款

C．前者与损益无关，后者与损益有关

D．前者侧重于防止高估和虚列，后者侧重于防止低估和漏列

3．为了证实被审计单位应付账款期末余额的真实性，审计人员应实施的审计程序有（　　）。

A．抽查应付账款明细账并追查至相关的原始凭证

B．计算当年应付账款占流动负债的比率，并与上年相比较

C．检查订购单是否连续编号

D．抽查请购单是否经过适当审批

4．为了确定A公司是否存在已减少的固定资产未入账的情况，审计人员准备实施的下列审计程序中不恰当的是（　　）。

A．分析营业外收支账户

B．检查固定资产的所有权凭证

C．询问乙公司固定资产管理部门

D．以固定资产明细账为起点，进行实地追查

5．审计人员为审查被审计单位未入账负债而实施的下列审计程序中，最有效的是（　　）。

A．审查资产负债表日后货币资金支出情况

B．审查资产负债表日前后几天的发票

C．审查应付账款、应付票据的函证回函

D．审查购货发票与债权人名单

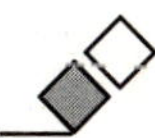

6. 以下程序中，审计人员最有可能获取固定资产存在的审计证据的是（　　）。

A. 观察经营活动，并将固定资产本期余额与上期余额进行比较

B. 询问被审计单位的管理层和生产部门

C. 以检查固定资产明细账为起点，检查固定资产实物和相关凭证

D. 以检查固定资产实物为起点，检查固定资产明细账和相关凭证

7. 审计人员要证实被审计单位应付账款是否在资产负债表上充分披露时，不应当考虑（　　）。

A. 预付账款明细账的期末贷方余额是否并入应付账款项目

B. 应付账款的发生是否恰当

C. 应付账款明细账的期末借方余额是否并入预付账款项目

D. 应付账款的分类是否恰当

二、多选题

1. 下列审计程序中，（　　）与查找未入账应付账款有关。

A. 审核期后现金支出的主要凭证

B. 审核期后未付账单的主要凭证

C. 追查年终前签发的验收单至相关的卖方发票

D. 审核应付账簿记录

2. 与订货、验收和仓储相关的内部控制包括（　　）。

A. 应付账款的记录是否定期与供货单位核对

B. 采购部门是否只根据经批准的请购单发出订货单

C. 物资入库后是否根据订货合同、订货单对其品名、规格型号、质量进行验收

D. 订货单是否事先顺序编号

3. 注册会计师发现被审计单位对下列固定资产正在计提折旧，应当提请被审计单位进行调整的包括（　　）。

A. 已全额计提减值准备的固定资产　　B. 因更新改造而停止使用的固定资产

C. 因大修理而停止使用的固定资产　　D. 融资租入的固定资产

4. 验证应付账款是真实存在的，可通过（　　）程序测试。

A. 将应付账款清单加总

B. 从应付账款清单追查卖方发票和卖方对账单

C. 函证应付账款重点是大额、异常项目

D. 对未列入本期的负债进行测试

5. 为查明应付账款真实性，应重点进行函证的项目有（　　）。

A. 欠款时间较长的　　B. 金额不大的

C. 金额大的　　D. 业务往来频繁的

6. 审计人员对某公司购货与付款循环进行审计。该公司明细往来账户年末余额及本年度进货总额如下，应选择哪两家公司进行函证（　　）。

A. 312 000 元；632 000 元　　B. 0 元；58 015 230 元

C. 87 000 元；95 000 元　　D. 3 258 000 元；4 385 900 元

7. 与请购和合同相关的内部控制包括（　　）。

A. 主要的物资采购是否编制了采购计划并已批准

B. 主要的物资采购是否有订货合同并已授权批准

C. 主要物资的供货单位是否经招标确定

D. 所有的物资是否均有请购单并经授权批准

三、判断题

1. 应付账款通常不需函证，如果需函证，最好采用否定式函证。（　　）

2. 注册会计师在对固定资产进行实地观察时，可以以固定资产明细分类账为起点，重点观察本期新增加的重要固定资产。（　　）

3. 审计人员对负债项目的审计，主要是防止企业低估债务。（　　）

4. 企业验收商品时，首先应将所收商品与卖方发票的数量相核对。（　　）

5. 由于多数舞弊企业在低估应付账款时，是以漏记赊购业务为主，所以函证无益于寻找未入账的应付账款。（　　）

6. “应付账款”科目所属明细科目的借方余额应在“预收账款”项目中。（　　）

四、案例分析

1. 审计人员对 ABC 公司的购货与付款循环的内部控制进行测试，发现如下情况：

（1）购货由采购部门负责，根据自己填制的采购单采购，货物进厂后由隶属于采购部门的验收部门负责验收。

（2）货物验收合格后，验收部门就在“采购单”上盖“货已验讫”的印章，交给会计部门付款。

（3）对于验收不合格的货物由验收部门直接退给供货商，验收部门不负责开具验收报告单。

（4）验收后的货物直接堆放在机器旁准备加工。

根据上面上述相关描述，分析 ABC 公司在采购与付款环节存在哪些内控缺陷，并提出改进措施。

2. 审计人员对 ABC 股份有限公司 2013 年度财务报表实行审计，该公司 2013 年度未发生购并、分立和债务重组行为，供产销形势与上年相当。该公司提供的未经审计的 2013 年度合并财务报表附注的部分内容如表 6-11、表 6-12 所示。

表 6-11　2013 年度合并财务报表附注的固定资产原价内容（单位：万元）

类别 \ 固定资产原价	年初数	本年增加	本年减少	年末数
房屋及建筑物	20 930	2 655	21	23 564
通用设备	8 612	1 158	62	9 708
专用设备	10 008	3 854	121	13 741
运输工具	1 681	460	574	1 567
土地	472			472
其他设备	387	146	11	522
合计	42 090	8 273	789	49 574

表 6-12　2013 年度合并财务报表附注的累计折旧内容　（单位：万元）

累计折旧 / 类别	年初数	本年增加	本年减少	年末数
房屋及建筑物	3 490	898	31	4 357
通用设备	863	865	34	1 694
专用设备	3 080	1 041	20	4 101
运输工具	992	232	290	934
土地		15		15
其他设备	115	83	3	195
合计	8 540	3 134	378	11 296

要求：假定上述附注中的年初数和上年年末数均已审定无误，你作为审计人员，在审计计划阶段，请运用专业判断，必要时运用分析程序，分别指出上述附注内容中存在或可能存在的不合理之处，并简要说明理由。

三、生产与存货循环审计

知识学习

生产与存货循环同其他业务循环的联系非常密切，以制造业为例，原材料经过采购与付款循环进入生产与存货循环，生产与存货循环又随销售与收款循环中产成品的销售环节而结束。生产与存货循环所涉及的主要业务活动包括：计划和安排生产；发出原材料；生产产品；核算产品成本；储存产成品；发出产成品等。上述业务活动通常涉及以下部门：生产计划部门、仓库部门、生产部门、人事部门、销售部门、会计部门等。现在我们就来分析这些业务活动是如何发生及记录的。

（一）主要业务活动及涉及的文件记录

1. 主要业务活动

（1）计划和安排生产

生产计划部门的职责是根据顾客订单或者对销售预测和产品需求的分析来决定生产授权。如果决定授权生产，即签发预先编号的生产通知单。该部门通常应将发出的所有生产通知单编号并加以记录控制。此外，还需要编制一份材料需求报告，列示所需要的材料和零件及其库存。

（2）发出原材料

仓库部门的责任是根据从生产部门收到的领料单发出原材料。领料单上必须列示所需的材料数量和种类，以及领料部门的名称。领料单可以一料一单，也可以多料一单，通常需一式三联。仓库发料后，将其中一联连同材料交给领料部门，其余两联经仓库登记材料明细账后，送会计部门进行材料收发核算和成本核算。

（3）生产产品

生产部门在收到生产通知单及领取的原材料后，便将生产任务分解到每一个生产工人，并将所领取的原材料交给生产工人，据以执行生产任务。生产工人在完成生产任务后，将完成的产品交生产部门查点，然后转交检验员验收并办理入库手续；或是将所完

成的产品移交下一个部门，作进一步加工。

（4）核算产品成本

为了正确核算并有效控制产品成本，必须建立健全成本会计制度，将生产控制和成本核算有机结合在一起。一方面，生产过程中的各种记录、生产通知单、领料单、计工单、入库单等文件资料都要汇集到会计部门，由会计部门对其进行检查和核对，了解和控制生产过程中存货的实物流转；另一方面，会计部门要设置相应的会计账户，会同有关部门对生产过程中的成本进行核算和控制。

（5）储存产成品

产成品入库须由仓库部门先行点验和检查，然后签收。签收后，将实际入库数量通知会计部门。据此，仓库部门确立了本身应承担的责任，并对验收部门的工作进行验证。除此之外，仓库部门还应根据产成品的品质特征分类存放，并填制标签。

（6）发出产成品

产成品的发出须由独立的发运部门进行。装运产成品时必须持有经有关部门核准的发运通知单，并据此编制出库单。出库单至少一式四联：一联交仓库部门；一联发运部门留存；一联送交顾客；一联作为给顾客开发票的依据。

2. 涉及的文件记录

生产与存货循环由将原材料转化为产成品的有关活动组成，该循环包括制订生产计划，控制、保持存货水平以及与制造过程有关的交易和事项，涉及领料、生产加工、销售产成品等主要环节。生产与存货循环所涉及的凭证和记录主要包括：

（1）生产指令

生产指令又称“生产任务通知单”，是企业下达制造产品等生产任务的书面文件，用以通知供应部门组织材料发放，生产车间组织产品制造，会计部门组织成本计算。广义的生产指令也包括用于指导产品加工的工艺规程，如机械加工企业的“路线图”等。

（2）领发料凭证

领发料凭证是企业为控制材料发出所采用的各种凭证，如材料发出汇总表、领料单、限额领料单、领料登记簿、退料单等。

（3）产量和工时记录

产量和工时记录是登记工人或生产班组出勤内完成产品数量、质量和生产这些产品所耗费工时数量的原始记录。产量和工时记录的内容与格式是多种多样的，在不同的生产企业中，甚至在同一企业的不同生产车间中，由于生产类型不同而采用不同格式的产量和工时记录。常见的产量和工时记录主要有工作通知单、工序进程单、工作班产量报告、产量通知单、产量明细表、废品通知单等。

（4）工薪汇总表及工薪费用分配表

工薪汇总表是为了反映企业全部工薪的结算情况，并据以进行工薪结算总分类核算和汇总整个企业工薪费用而编制的，它是企业进行工薪费用分配的依据。工薪费用分配表反映了各生产车间各产品应负担的生产工人工薪及福利费。

（5）材料费用分配表

材料费用分配表是用来汇总反映各生产车间各产品所耗费的材料费用的原始记录。

（6）制造费用分配汇总表

制造费用分配汇总表是用来汇总反映各生产车间各产品所应负担的制造费用的原始记录。

（7）成本计算单

成本计算单是用来归集某一成本计算对象所应承担的生产费用，计算该成本计算对象的总成本和单位成本的记录。

（8）存货明细账

存货明细账是用来反映各种存货增减变动情况和期末库存数量及相关成本信息的会计记录。

我们将上面的内容加以归纳，如表 6-13 所示。

表 6-13 主要活动及相应内容

主要业务活动	涉及的主要凭证、记录	相关部门
1. 计划和安排生产	生产任务通知单	生产计划部门
2. 发出原材料	一式三联的领料单	仓库部门
3. 生产产品	生产任务通知单、产量和工时记录	生产部门
4. 核算产品成本	生产任务通知单、领料单、计工单、入库单、工资汇总表及人工费用分配表、材料费用分配表、制造费用分配汇总表、成本计算单、存货明细账	会计部门
5. 储存产成品	入库单	仓库部门
6. 发出产成品	发运通知单、出库单	发运部门

（二）控制测试

生产与存货循环的内部控制主要包括两个方面：①对生产循环原材料、在产品和产成品实物流转的控制，即存货的内部控制；②对生产循环相关成本流转的控制，即成本会计制度的内部控制。

关于存货的内部控制，由于生产与存货循环与其他业务循环的内在联系，对存货的审计测试与其他相关业务循环的审计测试同时进行将更为有效。例如，原材料的取得和记录是作为采购与付款循环的一部分进行测试时，装运产成品和记录营业收入与成本则是作为销售与收款循环审计的一部分进行测试的。这些在前面已结合其他循环作了介绍。因此，这里对生产与存货循环的内部控制及其控制测试，主要关注成本会计制度。

成本会计制度的内部控制及控制测试如表 6-14 所示。

表 6-14 成本会计制度的目标、内部控制和测试一览表

内部控制目标	关键的内部控制	常用的控制测试
生产业务是根据管理层一般或特定的授权进行的（发生）	对以下三个关键点应履行恰当手续，经过特别审批或一般审批：①生产指令的授权批准；②领料单的授权批准；③工薪的授权批准	检查在凭证中是否包括这三个关键点的恰当审批；检查生产指令、领料单、工薪等是否经过授权
记录的成本为实际发生的而非虚构的（发生）	成本的核算是以经过审核的生产通知单、领发料凭证、产量和工时记录、工薪费用分配表、材料费用分配表、制造费用分配表为依据的	检查有关成本的记账凭证是否附有生产通知单、领发料凭证、产量和工时记录、工薪费用分配表、材料费用分配表、制造费用分配表等原始凭证的顺序编号是否完整

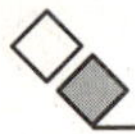

（续）

内部控制目标	关键的内部控制	常用的控制测试
所有耗费和物化劳动均已反映在成本中（完整性）	生产通知单、领发料凭证、产量和工时记录、工薪费用分配表、材料费用分配表、制造费用分配表均事先编号并已经登记入账	检查生产通知单、领发料凭证，产量和工时记录、工薪费用分配表、材料费用分配表、制造费用分配表的顺序编号是否完整
成本以正确的金额，在恰当的会计期间及时记录于适当的账户（发生、完整性、准确性、计价和分摊）	采用适当的成本核算方法，并且前后各期一致；采用适当的费用分配方法并且前后各期一致；采用适当的成本核算流程和账务处理流程；内部核查	选取样本测试各种费用的归集和分配以及成本的计算；测试是否按照规定的成本核算流程和账务处理流程进行核算和账务处理
对存货实施保护措施，保管人员与记录、批准人员相互独立（存在、完整性）	存货保管人员与记录人员职务相分离	询问和观察存货与记录的接触以及相应的批准程序
账面存货与实际存货定期校对相符（存在、完整性、计价和分摊）	定期进行存货盘点	询问和观察存货盘点程序

（三）主要项目实质性程序

1. 存货的实质性程序

存货是企业生产经营的重要物质基础之一，是企业的一项重要流动资产，存货通常表现为商品、材料、包装物、在产品及产成品等。存货既是资产负债表中流动资产类的一个重要组成项目，也是利润表中确定和构成销售成本的一项重要内容。因此，存货项目的审计是会计报表审计中最重要和最困难的领域之一。在存货项目的审计中，应重点执行的测试程序包括分析程序的运用、存货成本的测试、存货监盘、存货计价测试。

（1）分析程序

分析程序在生产与存货循环审计中占有重要的地位，通过不同期间、不同项目的分析比较，可以发现审计线索，提高审计效率。其运用的方法主要是简单比较法和比率分析法。

1）简单比较法

简单比较法就是比较前后各期及本年度内各个月份存货余额或存货成本各项目金额，以判断其总体合理性，确定审计重点。

案例讨论

案例资料：某企业本年度与上年度制造费用，如表 6-15 所示。

表 6-15　制造费用各项目分析

项目	本年度	所占比例	上年度	增减比例
工　资	50 000.00	43.98%	50 000.00	—
房租费	8 400.00	7.39%	7 000.00	20%
折旧费	36 996.69	32.54%	15 574.00	137.55%
修理费	4 813.00	4.23%	12 904.00	-62.70%
水电费	13 479.71	11.86%	13 749.60	-1.96%
合　计	113 689.40	100%	99 227.60	14.57%

案例分析：从表中可以看出，除工资和上年度保持一致外，其余项目（除修理费和

水电费外）均呈一定幅度增长。经分析，其原因主要是本年度业务增长且各项费用相应提高所致，特别是新增一条流水线，固定资产折旧费用大幅提高。基于此可以对该企业的制造费用予以确认。

2）比率分析法

在生产与存货循环的分析程序中，通常运用的比率主要是存货周转率、存货周转天数、存货与流动资产总额之比和毛利率。下面主要介绍存货周转率和毛利率两个比率分析法。

① 存货周转率

存货周转率是用以衡量销售能力和存货是否存在大量积压、呆滞的指标。利用存货周转率进行纵向比较或与其他同行业企业进行横向比较时，要求存货计价持续一致。存货周转率的波动可能意味着被审计单位存在以下情况：有意或无意地减少存货储备；存货管理或控制程序发生变动；存货成本项目发生变动；存货核算方法发生变动；存货跌价准备计提基础或冲销政策发生变动；销售额发生大幅度变动。

② 毛利率

毛利率是反映盈利水平及存货的合理性的主要指标，用以衡量成本控制及销售价格的变化。毛利率的波动可能意味着被审计单位存在以下情况：销售价格发生变动；销售产品总体结构发生变动；单位产品成本发生变动；固定制造费用比重较大时销售数量发生变动。

案例讨论

案例资料：注册会计师A对甲股份公司2013年度财务报表进行审计。该公司2013年度未发生购并、分立和债务重组行为，供产销形势与上年大体相当。该公司提供的未经审计的2013年度合并财务报表附注的部分内容如表6-16所示。

表6-16　主营业务收入和主营业务成本资料　　（单位：万元）

品名	主营业务收入		主营业务成本	
	2012年发生额	2013年发生额	2012年发生额	2013年发生额
X产品	40 000	41 000	38 000	33 800
Y产品	20 000	20 020	19 000	19 019
合　计	60 000	61 020	57 000	52 819

要求：假定上述附注内容中的上年发生额均已审定无误，你作为注册会计师A，在审计计划阶段，请运用分析程序方法分别指出上述附注内容中存在或可能存在的不合理之处，并简要说明理由。

案例分析：经审查，表中内容可能存在1处不合理之处：x产品2013年的销售毛利率为17.56%[（41 000–33 800）÷41 000]，大大高于2012年的5%[（40 000–38 000）÷40 000]。既然公司2013年的供产销形势与上年大体相当，通常应维持大致相当的销售毛利率水平。

（2）存货成本的测试

存货成本的测试是指对企业生产成本支出的真实性、费用归集与分配的合理性和成本计算正确性的审计。

1）直接材料费用的审计

对直接材料费用的审计包括检查直接材料耗用量、直接材料计价及直接材料费用分配等。

① 直接材料耗用量

应着重检查各种材料的领退料单和材料费用分配表，并逐项加以核对，检查其数量是否相符；材料费用的开支范围是否合规，有无把非生产性用料如基建、福利用料等计入直接材料费用的情况；材料耗用量有无超计划或定额的情况，已领未用的材料有无处理退库或办理假退料手续，有无虚增材料成本的现象。

② 直接材料计价

直接材料的计价既可采用计划价格也可采用实际价格，因此耗用材料的计价是否恰当，将直接影响生产成本的高低。在检查时，首先要查明企业日常材料耗用核算采用哪种计价方法，其计算方法是否合理、合法，是否前后期一致。在采用计划价格计价的情况下，有无利用材料成本差异分配人为地调节生产成本的现象；另外，还应检查有无故意提高或压低生产材料的价格，人为地调节生产成本的情况。

③ 直接材料费用分配

通过审阅、复核、核对等方法，对材料耗用分配表、有关记账凭证、生产成本明细账等进行检查，证实材料费用分配依据、分配方法和分配结果是否真实正确。

2）直接人工费的审计

直接人工费是为直接从事产品生产人员提供的各种形式的报酬或对价，包括工资、奖金和津贴，以及按其工资总额的一定比例计提的职工福利费和按国家规定的标准缴纳的基本养老保险和补充养老保险等。测试时，通过审阅、核对、分析国家有关规定、企业劳动人事资料、职工名册、考勤记录、工资结算表、工时记录、工资费用分配表等资料，检查工资组成的内容是否真实、合规，工资标准是否合理，计算是否正确等。

① 检查直接工资结算的正确性

通过审阅、核对“工资结算单”和“工资结算汇总表”，逐项审查工资计算及汇总的正确性，有无将发给职工的福利性补助费、医药费等不属于工资总额范围的支出列入应付工资；有无任意扩大享受各种津贴的人员范围，扩大计算津贴的基数，提高津贴标准；有无虚列人员名单“吃空额”；有无将非产品生产人员的工资计入产品成本等。

② 检查直接工资费用分配的正确性

首先应检查分配的标准是否真实正确，进而再检查分配的方法是否合规、计算是否正确。注意企业所选用的分配方法是否符合实际情况；分配方法是否前后一致；工时、产量的统计资料是否真实；有无随心所欲地进行分配等。

3）制造费用的审计

制造费用是企业为生产产品或提供劳务而发生的间接费用。制造费用是一种由多种费用项目组成的综合性费用项目，易与管理费和其他费用项目混淆。由于制造费用发生时不能直接计入成本，按一定的归集对象进行汇集，再按一定的标准分配记入各种产品的生产成本，所以制造费用的发生、计算、归集与分配情况都对产品成本产生了较大的影响，应予以重视。

① 检查制造费用归集

检查制造费用核算内容和范围是否正确，重点查明有无将不应列入成本费用的支出

计入制造费用；有无利用制造费用项目人为调节生产成本等。

② 检查制造费用的分配

关键在于检查分配方法和分配标准的确认和计算。在检查中，应结合“制造费用分配表”及相关账目、凭证，审核制造费用的分配方法是否合理并保持一致，分配标准是否恰当、合规，分配数额的计算是否正确。

案例讨论

案例资料：注册会计师审查某厂2013年12月份成本计算单时，发现下列问题。

（1）12月31日材料退库18 000元，经查并无材料退库。

（2）制造费用中修理费用5 000元，经查大修理工程所用。

（3）待摊费用1 000元，应摊入本月成本，漏记未转账。

月末完工产品800件，在产品400件，材料在生产开始时一次投料，在产品加工程度为50%。该单位自编成本计算表如表6-17所示。

表6-17 产品成本计算表 （单位：元）

成本项目	生产费用合计	产品成本	在产品成本
直接材料	150 000	100 000	50 000
直接人工	18 000	14 400	3 600
制造费用	22 000	17 600	4 400
合　　计	190 000	132 000	58 000

经查完工产品入库为1 000件，并非800件，在产品数量、投料程度和加工程度正确。

要求：

（1）根据上述资料纠正存在的错误，重编成本计算表。

（2）企业这样做有何意图。

案例分析：重新编制产品成本计算表如表6-18所示。

表6-18 产品成本计算表 （单位：元）

成本项目	生产费用合计	产品成本	在产品成本
直接材料	168 000	120 000	48 000
直接人工	18 000	15 000	3 000
制造费用	18 000	15 000	3 000
合　　计	204 000	150 000	54 000

经审查，该厂通过材料退库、虚增制造费用、漏摊待摊费用、缩小产成品数量等手法，以达到调节成本、调节利润的目的。

（3）存货的监盘

期末存货的结存数量直接影响到财务报表上的存货金额。存货监盘是存货审计必不可少的一项审计程序。所谓存货监盘是指注册会计师现场观察被审计单位存货的盘点，并进行适当的检查。

1）制订存货监盘计划

注册会计师应当根据被审计单位存货的特点、盘存制度和存货内部控制的有效性等情况，在评价被审计单位存货盘点计划的基础上，编制存货监盘计划，对存货监盘作出合理安排。

存货监盘计划的主要内容有：存货监盘的目标、范围及时间安排，存货监盘的要点及关注事项，参加存货监盘人员的分工和检查的范围。

在制订存货监盘计划时，应重视监盘样本量的确定和样本项目的选取。

监盘的样本量的选取应考虑有关实地盘点、永续记录的可靠性、存货的总金额及种类、不同重要存货的位置、以前年度发现的误差的性质和程度，以及存货内部控制的有效性等。在有些情况下，存货十分重要，需要数名注册会计师进行存货监盘；而在另外一些情况下，一个人就可以在短时间内完成监盘工作。

样本的选取应选择重要的项目和典型存货项目仔细监盘，对可能过时或损坏的项目要仔细查询，并与管理人员认真讨论为何有些重要项目不在盘点之列。

2）存货监盘程序

① 现场观察

在被审计单位盘点存货前，注册会计师应当观察盘点现场，确定应纳入盘点范围的存货已经适当整理和排列，并附有盘点标识，防止遗漏或重复盘点。对所有权不属于被审计单位的存货（如受托代管存货、来料加工存货及在途存货等），注册会计师应当取得其规格、数量等有关资料，确定其已被分别存放、标明，且未被纳入盘点范围。

注册会计师在实施存货监盘过程中，应当跟随被审计单位安排的存货盘点人员，注意观察被审计单位事先制订的存货盘点计划是否得到了贯彻执行，盘点人员是否准确无误地记录了盘点存货的数量和状况。如果认为盘点程序和过程有问题，导致盘点结果严重失实，应要求企业组织人员重新盘点。存货盘点结束前注册会计师应再次观察盘点现场，以确定所有应纳入盘点范围的存货均已盘点。

② 执行抽盘

在对存货盘点结果进行测试时，注册会计师可以从存货盘点记录中选取项目追查至存货实物，以及从存货实物中选取项目追查至盘点记录，以获取有关盘点记录准确性和完整性的审计证据。要注意的是，注册会计师应尽可能避免让被审计单位事先了解将抽盘的存货项目。

如果在实施抽盘程序时发现了差异，注册会计师应当查明原因，并及时提请被审计单位更正。如果差异较大，注册会计师应当扩大检查范围或提请被审计单位重新盘点。

③ 需要特别关注的情况

a．注册会计师应当特别关注存货的移动情况，防止遗漏或重复盘点。

b．注册会计师应当特别关注存货的状况，观察被审计单位是否已经恰当地区分所有毁损、陈旧、过时及残次的存货。

c．注册会计师应当获取盘点日前后存货收发及移动的凭证，并检查库存记录与会计记录期末截止是否正确。

d．在永续盘存制下，如果永续盘存记录与存货盘点结果之间出现重大差异，注册会计师应当实施追加审计程序，查明原因，并检查永续盘存记录是否已作适当的调整。

④ 撰写盘点备忘录，编制审计工作底稿

注册会计师应根据企业存货的盘点情况，撰写盘点备忘录，将盘点程序、盘点中的重大问题及处理、盘点结果等予以记载，并连同企业的盘点计划或指令及取得的其他资料一起整理成审计工作底稿。所有的盘点标签、盘点清单均应由企业参与盘点人员和监盘注册会计师签名，并复印两份，企业与注册会计师各留一份。

4）特殊情况的处理

① 如果由于被审计单位存货的性质或位置等原因导致无法实施存货监盘，注册会计师应当考虑能否实施替代审计程序，获取有关期末存货数量和状况的充分、适当的审计证据。

注册会计师实施的替代审计程序主要包括：检查进货交易凭证或生产记录，以及其他相关资料；检查财务报表日后发生的销货交易凭证；向顾客或供应商函证。

② 因不可预见的因素导致无法在预定日期实施存货监盘，注册会计师应当提请被审计单位另择日期重新盘点，同时测试在该期间发生的存货交易，以获取有关期末存货数量和状况的充分、适当的审计证据。

③ 对委托其他单位保管或已作质押的存货，注册会计师应当向保管人或债权人函证。但如果此类存货的金额占流动资产或总资产的比例较大，注册会计师就应当考虑安排其他注册会计师实施对第三方的存货监盘。

④ 首次接受委托：检查前任注册会计师的工作底稿；上期盘点记录与文件；上期存货交易记录。

（4）存货计价测试

监盘程序只能对存货的结存数量予以确认。为验证财务报表上存货余额的真实性，还必须对存货的计价进行测试。存货计价测试一般包括进货计价测试、发货计价测试和结存存货计价测试。

1）测试样本的选择

测试样本的选择应从存货数量已经盘点、单价和总金额已经记入存货汇总表的结存存货中选择。选择时应着重选择结存余额较大且价格变化比较频繁的项目，同时考虑采用分层抽样法以确保所选择样本的代表性。

2）计价方法的确认

存货的计价方法多种多样，注册会计师除了应了解企业的存货计价方法外，还应对这种计价方法的合理性与一贯性予以关注。如果没有足够理由，计价方法在同一会计年度内不得变动。

3）计价测试的内容

实施进货计价测试时，注册会计师首先应对存货价格的组成内容予以审核，然后按照所了解的计价方法对所选择的存货样本进行测试。测试时，应排除企业已有的计算程序和结果的影响进行独立审计。待测试结果出来后，应与企业账面记录对比，编制对比分析表，分析形成差异的原因。如果差异过大，应扩大范围继续审计，并根据审计结果做出审计调整。

（5）存货截止测试

存货截止测试的关键是检查存货实物纳入盘点范围的时间与相应的会计记录的入账时间是否在同一会计期间。其测试的主要方法为抽查存货盘点日前后的购货发票与验收

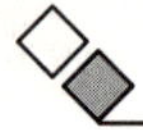

报告，确定购货验收与存货和负债记录是否在同一会计期间。如果报告日前购进的货物已验收入库，则其相应的购货发票也应同期入账；如果报告日后已入账的购货发票，且货款已支付，即便相应的购入存货在报告日后验收入库，也属于本期存货。

（6）检查存货跌价准备

检查存货跌价准备是指主要检查存货跌价准备的计提依据是否恰当、计提方法是否合理、计提金额是否正确、计提存货跌价准备的会计处理是否合规。

（7）了解存货的保险情况和存货防护措施的完善程度

检查被审计单位的存货是否采取了适当的防护措施，以防止毁损、灭失；重要存货有无投保财产保险，以防止意外损失，并对检查情况作出相应记录。

（8）审查存货在会计报表上披露的恰当性

在资产负债表上，存货应作为流动资产下一个单独项目列示，注册会计师应注意检查其金额是否根据“材料采购”“原材料”“周转材料”“材料成本差异”“商品进销差价”“委托加工材料”“自制半成品”“产成品”“分期收款发出商品”“生产成本”“资产减值损失”等科目的期末余额扣除存货跌价准备计算填列。同时，注册会计师还应对存货计价、成本计算方法及其变更情况、变更原因与变更结果等内容在会计报表附注中的披露的完整性与正确性进行审核。

2. **应付职工薪酬的实质性程序**

（1）应付职工薪酬的审计目标

1）确定资产负债表中记录的应付职工薪酬是否存在。

2）所有应当记录的应付职工薪酬是否均已记录。

3）确定记录的应付职工薪酬是否为被审计单位应当履行的现时义务。

4）确定应付职工薪酬是否以恰当的金额包括在财务报表中，与之相关的计价调整是否已恰当记录。

5）确定应付职工薪酬是否已按照企业会计准则的规定在财务报表中作出恰当列报。

（2）应付职工薪酬的实质性程序

1）获取或编制应付职工薪酬明细表，复核加计是否正确，并与报表数、总账数和明细账合计数核对是否相符。

2）实施分析程序。

① 比较被审计单位员工人数的变动情况，检查被审计单位各部门各月工薪费用的发生额是否有异常波动，若有，则查明波动原因是否合理。

② 比较本期与上期工薪费用总额，要求被审计单位解释其增减变动原因，或取得公司管理当局关于员工工薪标准的决议。

3）检查应付职工薪酬的核算内容是否包括工资、职工福利、社会保险费、住房公积金等明细项目。

4）检查职工薪酬计算是否正确，分配方法是否合理，与上期是否一致。将应付职工薪酬计提数与相关科目进行勾稽。

5）检查应付职工薪酬的范围、标准是否符合规定。国家有规定计提基础和比例的，应按国家规定的标准计提；国家没有规定的，应据实列支。应注意的是，向职工无偿提

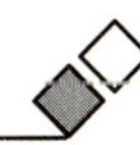

供或发放的非货币性福利，是否已确认为应付职工薪酬。

6）审阅应付职工薪酬明细账，抽查各明细项目的支付和使用情况，是否符合有关规定，是否履行审批手续。

7）检查被审计单位实行的工薪制度是否合法、合理。

8）检查辞退福利核算是否符合有关规定。

9）检查应付职工薪酬是否已在财务报表中作出恰当的披露。

习 题

一、单选题

1．下列属于被审计单位健全有效的存货内部控制需要由独立的采购部门负责的是（　　）。

A．编制购货订单

B．编制请购单

C．检验购入货物的数量、质量

D．控制存货水平以免出现积压

2．从总体上看，对关于生产与存货循环的内部控制，下列表述中错误的是（　　）。

A．包括存货的内部控制

B．包括成本会计制度的内部控制

C．包括费用类内部控制

D．存货的内部控制可概括为数量和计价两个关键因素的控制

3．注册会计师观察被审计单位存货盘点的主要目的是为了（　　）。

A．查明客户是否漏盘某些重要的存货项目

B．鉴定存货的质量

C．了解盘点指示是否得到贯彻执行

D．获得存货期末是否实际存在以及其状况的证据

4．如果通过监盘发现被审计单位存货账面记录与经监盘确认的存货发生重大差异，注册会计师采用的下述程序中可能无效的是（　　）。

A．对存货进行分析程序，确认差异的真实性

B．提请被审计单位对已确认的差异进行调整

C．进一步执行审计程序，查明差异原因

D．如果被审计单位不采纳注册会计师的调整意见，应根据其重要程度确定是否在审计报告中予以反映

5．注册会计师A在设计与存货项目相关的审计程序时，确定了以下审计策略。其中，不正确的是（　　）。

A．对单位价值较高的存货，以实施实质性程序为主

B．对由少数项目构成的存货，以实施实质性程序为主

C．对单位价值较高的存货，以实施控制测试为主

D．实施实质性程序时，抽查存货的范围取决于存货的性质和样本选择方法

6. 有关存货审计的下列表述中，正确的是（ ）。

A. 对存货进行监盘是证实存货“完整性”和“权利和义务”认定的重要程序

B. 对难以盘点的存货，应根据企业存货收发制度确认存货数量

C. 存货计价审计的样本应着重选择余额较小且价格变动不大的存货项目

D. 存货截止测试的一个主要方法是抽查存货盘点日前后的购货发票与验收报告（或入库单），确定每张发票均附有验收报告（或入库单）

7. 在对存货进行计价测试时，首先要求注册会计师掌握企业所使用的存货计价方法，这是因为在存货计价测试中，要求注册会计师首先要（ ）。

A. 关注企业存货计价方法的合理性与一贯性

B. 按照企业计价方法对存货进行计价测试

C. 排除企业已有计价方法的影响，进行独立测试

D. 分析企业存货计价中所出现问题的原因

二、多选题

1. 下列关于生产与存货循环的凭证与会计记录的说法，正确的有（ ）。

A. 材料费用分配表是用来汇总反映单一生产车间各产品所耗费的材料费用的原始记录

B. 成本计算单是用来归集某一成本计算对象所应承担的生产费用，计算该成本计算对象的总成本的记录

C. 制造费用分配汇总表是用来汇总反映各生产车间各产品所应负担的制造费用的原始记录

D. 存货明细账是用来反映各种存货增减变动情况和期末库存数量及相关成本信息的会计记录

2. 按不相容职务分离的基本要求，担任被审计单位存货保管职务的人员不得再兼任的职务有（ ）。

A. 存货的采购　　B. 存货的清查

C. 存货的验收　　D. 存货处置的申请

3. 在成本会计的内部控制目标中，包括“生产业务应根据管理当局的一般或特殊授权进行”这一目标。为核实这一目标是否达到，注册会计师在进行控制测试中应检查（ ）。

A. 生产指令上授权批准的标志　　B. 领料单上授权批准的标志

C. 工资单上授权批准的标志　　D. 生产通知单是否连续编号

4. 注册会计师在确定被审计单位寄销在外地的存货是否存在时，采取的下列方法中恰当的有（ ）。

A. 向寄销单位发询证函

B. 审查有关原始单证、账簿记录

C. 亲自前往存放地观察盘点

D. 委托存放当地的会计师事务所负责监盘

5. 对被审计单位存货监盘时，注册会计师应特别关注的问题有（ ）。

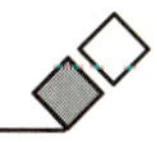

A．注册会计师应当特别关注存货的状况，观察被审计单位是否已经恰当地区分了所有毁损、陈旧、过时及残次的存货

B．注册会计师应当获取盘点日前后存货收发及移动的凭证，检查库存记录与会计记录期末截止日期是否正确

C．注册会计师应当特别关注存货的移动情况，防止遗漏或重复盘点

D．在存货监盘过程中，注册会计师应当获取存货验收入库、装运出库以及内部转移截止等信息，以便将来追查至被审计单位的会计记录

6．由于存货的性质或位置而无法实施监盘程序，注册会计师对存货监盘实施的替代审计程序主要包括（　　）。

A．检查进货交易凭证或生产记录以及其他相关资料

B．检查财务报表日后发生的销货交易凭证

C．向顾客或供应商函证

D．对存货进行截止测试

7．存货监盘计划的主要内容包括（　　）。

A．存货监盘的目标、范围及时间安排

B．抽查的范围

C．参加存货监盘人员的分工

D．存货监盘的要点及关注事项

三、判断题

1．存货期末盘点是被审计单位存货内部控制的基本要求，但注册会计师也应承担相应的责任。（　　）

2．一般来说，加工产品和储存完工产品仅与生产循环有关，而与其他任何循环无关。（　　）

3．存放商品的仓储区应相对独立，限制无关人员接近，这项控制与商品的"完整性"认定有关。（　　）

4．被审计单位对存货实地盘点时，注册会计师应当作为盘点小组成员进行盘点。（　　）

5．将来料加工的存货列入盘点范围，可能导致被审计单位本年利润虚增。（　　）

6．注册会计师监盘责任应当包括现场监督被审计单位盘点并进行适当抽样盘点两部分。（　　）

7．如果被审计单位采用永续盘存制，注册会计师可不必对存货的计价进行实地盘点。（　　）

8．被审计单位购货交易正确截止的关键是交易记录的借贷双方必须在同一会计期间入账。（　　）

四、案例分析

1．某企业仓库保管员负责登记存货明细账，以便对仓库中所有存货项目的收、

发、存进行永续记录。当收到验收部门送交的存货和验收单后，根据验收单登记存货明细账。平时，各车间或其他部门如果需要领取原材料，都可以填写领料单，仓库保管员根据领料单发出原材料。公司辅助材料的用量很少，因此领取辅助材料时，没有要求使用领料单。各车间经常有辅助材料剩余（根据每天特定工作购买而未消耗掉，但其实还可再为其他工作所用的），这些材料由车间自行保管，无须通知仓库。如果仓库保管员有时间，偶尔也会对存货进行实地盘点。根据上述描述，回答以下问题：

（1）你认为上述描述的内部控制有什么缺陷？并简要说明该缺陷可能导致的错弊。

（2）针对该企业存货循环上的弱点，提出改进建议。

2. XYZ 公司是一家专营商品零售的股份公司。ABC 会计师事务所在接受其审计委托后，委派注册会计师 L 担任外勤负责人，并将签署审计报告。经过审计预备调查，注册会计师 L 确定存货项目为重点审计领域，同时决定根据财务报表认定确定存货项目的具体审计目标，并选择相应的具体审计程序以保证审计目标的实现。

要求：假定表 6-19 中的具体审计目标已经被注册会计师 L 选定，注册会计师 L 应当确定的与各具体审计目标最相关的财务报表认定和最恰当的审计程序分别是什么？（根据表后列示的财务报表认定及审计程序，分别选一项，对每项财务报表认定和审计程序，可以选择一次、多次或不选）。

表 6-19　财务报表认定与审计程序

财务报表认定	具体审计目标	审计程序
	公司对存货均拥有所有权	
	记录的存货数量包括了公司所有的在库存货	
	已按成本与可变现净值孰低法调整期末存货的价值	
	存货成本计算准确	
	存货的主要类别和计价基础已在财务报表恰当披露	

财务报告认定：

（1）完整性。

（2）存在。

（3）分类和可理解性。

（4）权利与义务。

（5）计价和分摊。

审计程序：

（1）检查现行销售价目表。

（2）审阅财务报表。

（3）在监盘存货时，选择一定样本，确定其是否包括在盘点表内。

（4）选择一定样本量的存货会计记录，检查支持记录的购货合同和发票。

（5）在监盘存货时，选择盘点表内一定样本质量的存货记录，确定存货是否在库。

（6）测试直接人工费用的合理性。

四、筹资与投资循环审计

知识学习

筹资与投资循环是由筹资活动和投资活动的交易事项构成。企业的筹资与投资活动通常具有这样一些特征：①年度内筹资与投资循环的交易数量较少，而每笔交易的金额通常较大；②漏记或不恰当地对一笔业务进行会计处理，将会导致重大错报，从而对企业财务报表的公允反映产生较大影响；③筹资与投资循环交易必须遵守国家法律、法规相关合同的规定。

（一）主要业务活动及涉及的文件记录

1. 筹资所涉及的主要业务活动

（1）审批授权。企业通过借款筹集资金需经管理层的审批，其中债券的发行每次均要由董事会授权；企业发行股票必须依据国家有关法规或企业章程的规定，报经企业最高权力机构（如董事会）及国家有关管理部门批准。

（2）签订合同或协议。向银行或其他金融机构融资须签订借款合同，发行债券须签订债券契约和债券承销或包销合同。

（3）取得资金。企业实际取得银行或金融机构划入的款项或债券、股票的融入资金。

（4）计算利息或股利。企业应按有关合同或协议的规定，及时计算利息或股利。

（5）偿还本息或发放股利。银行借款或发行债券应按有关合同或协议的规定偿还本息，融入的股本应根据股东大会的决定发放股利。

2. 投资所涉及的主要业务活动

（1）审批授权。根据授权层级，投资业务一般应由企业董事会进行审批，重大的投资业务须经股东会或股东大会批准。

（2）取得证券或其他投资。企业可以通过购买股票或债券进行投资，也可以通过与其他单位联合形成投资。

（3）取得投资收益。企业可以取得股权投资的股利收入、债券投资的利息收入和其他投资收益。

（4）转让证券或收回其他投资。企业可以通过转让证券实现投资的收回。对联营企业的投资一经投出，除联营合同期满或由于其他特殊原因联营企业解散外，一般不得抽回投资。

3. 筹资活动涉及的文件记录

（1）债券或股票。债券或股票是企业依据法定程序发行的给予投资者或债权人的权利凭证。

（2）债券契约。载明债券持有人与发行企业双方所拥有的权利与义务的法律性文件。其内容一般包括：债券发行的标准；债券的性质；利息或利息率；受托管理人证书；登记和背书；如果是抵押债券，其所担保的财产；债券发生拖欠情况如何处理，以及对偿债基金、利息支付、本金返还等的处理。

（3）股东名册。发行记名股票的公司应记载的内容一般包括：股东的姓名或者名称

及住所；各股东所持股份数；各股东所持股票的编号；各股东取得其股份的日期。发行无记名股票的，公司应当记载其股票数量、编号及发行日期。

（4）公司债券存根簿。发行记名公司债券应记载的内容一般包括：债券持有人的姓名或者名称及住所；债券持有人取得债券的日期及债券的编号；债券总额、债券的票面金额、债券的利率、债券还本付息的期限和方式；债券的发行日期。发行无记名债券的应当在公司的债券存根簿上记载债券总额、利率、偿还期限和方式、发行日期和债券编号。

（5）承销或包销协议。公司向社会公开发行股票或债券时，应当由依法设立的证券经营机构承销或包销，公司应与其签订承销或包销协议。

（6）借款合同或协议。公司向银行或其他金融机构借入款项时与其签订的合同或协议。

（7）与筹资有关的记账凭证、会计明细账和总账。

4. 投资活动涉及的文件记录

（1）股票或债券。股票是载明股东所有权的证据，记录所有者持有被投资公司所有股票数量。债券是约定在一定期间内还本付息的有价证券。

（2）经纪人通知单。如果投资是通过经纪人代理进行的，对经纪人通知单的审查可证实企业投资业务的合理性、投资账务处理的正确性。

（3）债券契约。

（4）投资协议及被投资企业的章程。

（5）债券合同。债券合同是明确债券持有人与发行企业双方所拥有的权利与义务的法律性文件。

（6）与投资有关的记账凭证、会计明细账和总账。

（二）控制测试

1. 筹资活动的内部控制及控制测试

（1）筹资活动的内部控制

筹资活动主要由借款交易和股东权益交易组成。企业的借款交易涉及短期借款、长期借款和应付债券，这些内部控制基本类似。股东权益增减变动的业务较少而金额较大，在审计中一般直接进行实质性程序。筹资活动的内部控制一般包括下列内容：

1）筹资的授权审批控制。适当的授权及审批可降低筹资风险，防止由于缺乏授权、审批而出现的舞弊现象。

2）筹资活动中的职务分离控制。责职分工、明确责任是筹资循环内部控制的重要手段，筹资业务中应职务分离的包括：

① 筹资计划编制人员与审批人适当分离，以利于审批人独立地评价计划的优劣。

② 经办人员不接触会计记录。

③ 会计记录人员与负责收、付款的人员分离，有条件的应聘独立的机构负责支付业务。

④ 证券保管人员与会计记录人员分离。

3）筹资收入款项的控制。为了能使企业的内部控制制度有效执行，客观、公正地证实企业会计记录的可信性，防止以筹资业务为名进行不正当活动或者以伪造会计记录来掩盖不正当活动的事项发生，企业最好委托独立的代理机构筹资。

4）还本付息、支付股利等付出款项的控制。无论何种资产形式都面临利息的支付或

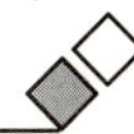

股利的发放等支付款项的问题。由于企业债券受息人社会化的特征，企业可开出单张支票，委托有关代理机构代发，从而减少支票签发资料，以降低舞弊的可能。另外，还应定期核对利息支付清单和支票总额。股利发放要以股东大会有关发放的决议文件为依据。

5）实物保管的控制。债券和股票都应设立相应的登记簿，详细登记已核准发行的债券和股票有关事项，如签发日期、到期日、支付方式、支付利率、当时市场利率、金额等。

6）会计记录控制。筹资业务的会计处理较为复杂，因此会计记录的控制尤其重要。企业应及时地按正确的金额，采用合理的方法，在适当的账户和合理的会计期予以正确记录。

（2）筹资活动的控制测试

在对筹资活动的内部控制了解的基础上，应对拟信赖的内部控制实施控制测试，并据以对筹资活动的内部控制作出评价。筹资活动的控制测试主要包括以下工作：

1）筹资活动是否经过授权批准。测试授权审批控制，可以直接向管理当局询问，并查看有关记录。例如，对于长期借款，审查企业高层管理机构是否制定举债政策及审批程序，是否审慎作出举债决策，是否制订合理的借还款计划，并按规定程序审批。

2）筹资活动的授权、执行、记录和实物保管是否严格分工。对职务分离控制的测试，可以采取跟踪业务的方法，实施调查各有关方面的情况；对收入和偿还款项控制的控制测试可以结合货币资金业务的内部控制测试进行；对实物保管的控制测试可以采取实地调查的方法。

3）筹资活动是否建立了严密的账簿体系和记录制度，并定期检查。此项测试应采取账务追索收集证据的方法。例如，对于长期借款的取得、使用和偿还情况，会计记录是否能够及时、完整地反映，会计人员是否对明细账和总账进行了全面登记，并定期检查和核对其是否相符。

注册会计师在对筹资活动的内部控制实施控制测试的基础上，对其进行分析、评价，以确定控制的强弱点及其依赖程度，以确定实质性测试的性质、时间和范围，并针对控制的薄弱环节提出改进建议。

2. 投资活动的内部控制及控制测试

（1）投资活动的内部控制

一般来讲，投资活动的内部控制的主要内容包括下列几个方面：

1）投资计划的审批授权控制。投资必须编制投资计划，详细说明投资的对象、目的、影响投资收益的风险。投资计划在执行前必须严格审核。所有投资计划及其审批应当用书面文件予以记录。

2）投资业务的职责分工控制。合法的投资业务，应在业务的授权、业务的执行、业务的会计记录以及投资资产的保管等方面都有明确的分工，不得由一人同时负责上述任何两项工作。例如，投资业务在企业高层管理机构核准后，可由高层负责人员授权签批，由财务经理办理具体的股票或债券的买卖业务，由会计部门负责进行会计记录和财务处理，并由专人保管股票或债券。这种合理的分工所形成的相互牵制机制有利于避免或减少投资业务中发生错误或舞弊的可能性。

3）投资资产的安全保管控制。企业对投资资产（指股票和债券资产）一般有两种保管方式。①由独立的专门机构保管，如在企业拥有较大的投资资产的情况下，委托银行、

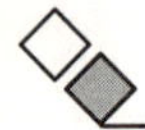

证券公司、信托投资公司等机构进行保管。这些机构拥有专门的保存和防护措施，可以防止各种证券及单据的失窃或毁损，并且由于它与投资业务的会计记录工作完全分离，可以大大降低舞弊的可能性。②由企业自行保管，在这种方式下，必须建立严格的相互牵制制度，即至少要由两名以上人员共同控制，不得一人单独接触证券。对于任何证券的存入或取出，都要将债券名称、数量、价值及存取的日期、数量等详细记录于证券登记簿内，并由所有在场的经手人员签名。

4）投资业务的会计记录制度。企业的投资资产无论是自行保管还是由他人保管，都要进行完整的会计记录，并对其增减变动及投资收益进行相关会计核算。具体而言，应对每一种股票或债券分别设立明细分类账，并详细记录其名称、面值、证书编号、数量、取得日期、经纪人（证券商）名称、购入成本、收取的股息或利息等；对于联营投资类的其他投资，也应设置明细分类账，核算其他投资的投出及其投资收益和投资收回等业务，并对投资的形式（如流动资产、固定资产、无形资产等）、投向（即接受投资单位）、投资的计价以及投资收益等做出详细的记录。

（2）投资活动的控制测试

投资活动的控制测试一般包括如下内容：

1）投资项目是否经授权批准。对于投资计划的审批授权控制，主要通过查阅有关计划资料、文件或直接向管理当局询问进行审查。例如，通过查阅企业最高管理机构的会议纪要、证券投资的各类权益证明文书、联营投资中的投资协议、合同和章程等来了解投资业务授权批准制度的执行情况。

2）投资项目的授权、执行、保管和记录是否严格分工。对于职务分离控制的测试，注册会计师可以采取实地调查、跟踪业务的方法进行。

3）有无健全的有价证券保管制度。注册会计师应审阅内部审计人员或其他授权人员对投资资产进行定期盘点的报告。应审阅其盘点方法是否恰当、盘点结果与会计记录相核对情况以及出现差异的处理是否合规。如果各期盘点报告的结果未发现账实之间存在差异（或差异不大），说明投资资产的内部控制得到了有效执行。

4）投资活动的核算方式是否符合有关会计制度的规定，相关投资收益的会计处理是否正确。注册会计师可以从各类投资业务的明细账中抽取部分会计分录，核对有关数据和情况，判断其会计处理过程是否合规完整，并据以核实上述了解的有关内部控制是否健全，是否得到有效的执行。

注册会计师在完成上述工作后，取得了有关内部控制是否健全、有效的证据，并在工作底稿中标明投资活动的内部控制的强弱点，对投资业务内部控制进行总体评价，确认对投资业务内部控制的可依赖程度，进而确定实质性测试的程序和重点。

我们将以上的内容加以总结，筹资活动主要由借款交易和股东权益交易组成。股东权益增减变动的业务较少而金额较大，注册会计师在审计中一般直接进行实质性程序。企业的借款交易涉及短期借款、长期借款和应付债券，这些内部控制基本类似，主要包括筹资的授权、审批，职责分工，会计记录等方面。这里的投资活动主要指企业的对外投资，包括证券投资和其他对外投资，如长期股权投资等，投资活动的内部控制主要包括授权、审批、职责分工、安全保管控制、会计记录等方面。无论是否依赖内部控制，注册会计师均应对筹资活动和投资活动的内部控制获得足

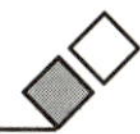

够的了解，以识别错报的类型、方式及发生的可能性。

案例讨论

案例资料：注册会计师A和B于2012年12月3日至7日对甲公司筹资与投资循环的内部控制进行了解和测试，并在相关审计工作底稿中记录了了解和测试的事项，摘录如下：甲公司股东大会批准董事会的投资权限为1亿元以下。董事会决定由总经理负责实施。总经理决定由证券部负责总额在1亿元以下的股票买卖。甲公司规定：公司划入营业部的款项由证券部申请，由会计部审核，总经理批准后划入公司在营业部开立的资金账户。经总经理批准，证券部直接从营业部资金账户支取款项。证券买卖、资金存取的会计记录由会计部处理。注册会计师A和B了解和测试内部控制系统后发现：证券部在某营业部开户的有关协议及补充协议未经会计部或其他部门审核。根据总经理的批准，会计部已将8 000万元汇入该户。证券部处理证券买卖的会计记录，月底将证券买卖清单交给会计部，会计部据以汇总登记。

要求：根据上述摘录，请代注册会计师A和B指出筹资与投资循环中投资活动内部控制的缺陷，并提出改进建议。

案例分析：甲公司筹资与投资循环中投资活动内部控制的缺陷有：

（1）由证券部直接支取款项使授权与执行职务未得到分离，不易保证款项安全。应建议甲公司从资金账户支取款项时，由会计部审核和记录，由证券部办理。

（2）与证券投资有关的活动要由两部门控制。有关协议未经独立部门审查，会使有关的条款未全部在协议中载明，可能存在协议外的约定。建议甲公司与营业部的协议应经会计部或法律部审查。证券部自己处理证券买卖的会计处理，业务的执行与记录的不相容职务未分离，并且未得到适当的授权和批准。月末会计部汇总登记证券投资记录，未及时按每一证券分别设立明细账，详细核算。应建议甲公司由会计部负责对投资进行核算，及时分品种设立明细账详细核算。

（三）主要项目实质性程序

1. 借款的实质性程序

借款是企业承担的一项经济义务，是企业的负债项目，短期借款、长期借款和应付债券均属于这一范畴。在一般情况下，被审计单位不会高估负债，因为这样对自身不利，也难以与债权人的会计记录相互印证。对于负债项目的审计，主要是防止企业低估债务。低估债务经常伴随着低估成本费用，从而高估利润。因此，低估债务不仅影响财务状况的反映，而且还会影响企业财务成果的反映。

（1）借款的审计目标

1）确定资产负债表中列示的借款是否存在。

2）确定所有应当列示的借款是否均已列示。

3）确定所列示的借款是否为被审计单位应当履行的现时义务。

4）确定借款是否以恰当的金额列示在财务报表中，与之相关的计价调整是否已恰当

记录。

5）确定借款是否已在财务报表中作出恰当的列报。

（2）短期借款的实质性程序

1）获取或编制短期借款明细表。注册会计师应首先获取或编制短期借款明细表，复核其加计数是否正确，并与明细账和总账核对相符。

2）函证短期借款的实有数。注册会计师应在期末短期借款余额较大或认为必要时向银行或其他债权人函证短期借款。

3）检查短期借款的增加与减少。对年度内增加的短期借款，注册会计师应检查借款合同和授权批准，了解借款数额、借款条件、借款日期、还款期限、借款利率，并与相关会计记录相核对。对年度内减少的短期借款，注册会计师应检查相关记录和原始凭证，核实还款数额。

4）检查有无到期未偿还的短期借款。注册会计师应检查相关记录和原始凭证，检查被审计单位有无到期未偿还的短期借款，如有，则应查明是否已向银行提出申请并经同意后办理延期手续。

5）复核短期借款利息。注册会计师应根据短期借款的利率和期限，复核被审计单位短期借款的利息计算是否正确，有无多算或少算利息的情况，如有未计利息和多计利息，应作出记录，必要时进行调整。

6）检查短期借款在资产负债表上的列报是否恰当。企业的短期借款在资产负债表上通常设“短期借款”项目单独列示，对于因抵押而取得的短期借款，应在资产负债表附注中揭示。注册会计师应注意被审计单位对短期借款项目的披露是否充分。

（3）应付债券的实质性程序

一般来说，被审计单位的应付债券不多，但每笔业务可能都是重要的。因此，应重视应付债券的审计。应付债券的实质性程序一般包括：

1）取得或编制应付债券明细表，并同有关的明细分类账和总账核对相符。

2）审查被审计单位债券业务是否真实、合法。注册会计师应着重审查被审计单位发行债券是否经过有关部门的批准，发行债券所形成的负债是否及时记录等。

3）审查应计利息、债券折（溢）价摊销及其会计处理是否正确。可通过审查债券利息、溢价、折价等账户分析表进行。

4）函证“应付债券”账户期末余额。为了确定该账户期末余额的真实性，可以直接向债权人及债券商或包销人进行函证。函证内容包括应付债券的名称、发行日、到期日、利率、已付利息、年内偿还的债券金额、财务报表日尚未偿还的债券以及其他认为重要的事项。

5）审查到期债券的偿还。对到期债券的偿还，应审查相关会计记录，查明其会计处理是否正确。

6）检查利息费用的会计处理是否正确。

7）确定应付债券是否已按照企业会计准则的规定在财务报表中作出恰当的列报。应付债券在资产负债表中列示于长期负债类下，该项目应根据“应付债券”账户的期末余额扣除将于一年内到期的应付债券后的数额填列。

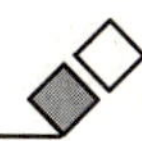

练一练

审计师为确定“长期借款”账户余额的真实性，可以进行函证。函证的对象应当是（　　）。

A. 公司的律师

B. 金融监管机关

C. 银行或其他有关债权人

D. 公司的主要股东

【答案】C

【解析】长期借款函证的对象是银行或其他有关债权人。

2. ***所有者权益的实质性程序***

所有者权益是企业投资者对企业净资产的所有权，包括投资者对企业的投入资本，以及资本运动过程中形成的资本公积、盈余公积和未分配利润。

根据资产负债表的平衡理论，所有者权益在数量上等于全部资产减去全部负债后的余额。因此，如果审计人员能够对企业资产和负债进行充分审计，获取充分适当的审计证据以证明两者的期初余额、本期增减额和期末余额都是正确的，就能从另一个侧面为所有者权益的期初余额、本期增减额和期末余额的正确性提供了有力证据。但是现代审计是抽样审计，资产、负债的审计结论并不能全面证实所有者权益的正确性，另外一般企业里所有者权益增减变动具有业务较少，金额较大的特点，决定了审计人员直接对所有者权益进行测试，这样审计效率更高。

（1）所有者权益的审计目标

1）确定资产负债表中列示的所有者权益是否存在。

2）确定所有者权益增减变动是否符合法律、法规和合同、章程的规定，记录是否完整。

3）确定所有者权益期末余额是否正确。

4）确定是否已在财务报表中作出恰当列报。

（2）实收资本（股本）的实质性程序

1）获取或编制实收资本（股本）增减变动明细表，复核加计是否正确，与报表数、总账数及明细账合计数核对相符。

2）查阅公司章程、股东大会、董事会会议记录中有关实收资本（股本）的规定，各种出资方式的比例是否符合规定。

3）检查实收资本（或股本）增减变动的原因，查阅其是否与股东会决议（或董事会纪要）、投资者补充合同、协议及有关法律性文件的规定一致，追查至原始凭证，检查其会计处理是否正确。

4）函证发行在外的股票。

5）检查实收资本（股本）是否已在资产负债表中恰当披露。

对资本公积、盈余公积的审计主要是检查它们形成及运用的合法性。

3. 投资的实质性程序

投资审计包括对企业交易性金融资产、持有至到期投资、可供出售金融资产和长期股权投资的审计。在很多情况下，企业投资交易业务很少，审计人员通常不进行投资活动的控制测试，仅在了解相关内部控制后，对投资项目进行实质性测试。

（1）投资的审计目标

1）确定资产负债表中列示的投资是否存在。

2）确定所有应当列示的投资是否均已列示。

3）确定列示的投资是否由被审计单位拥有或控制。

4）确定投资是否以恰当的金额包含在财务报表中，与之相关的计价调整是否已恰当记录。

5）确定投资是否已在财务报表中作出恰当列报。

（2）交易性金融资产实质性程序

1）获取或编制交易性金融资产明细表，复核加计是否正确，并与报表数、总账数和明细账合计数核对是否相符。

2）检查被审计单位对交易性金融资产的分类是否正确。与管理层讨论，分析被审计单位持有该金融资产的意图和能力，并获取相应的审计证据，判断交易性金融资产的分类是否正确。

3）检查交易性金融资产是否存在，关注票面金额是否正确。

① 获取归类为交易性金融资产的股票、债券、基金等账户对账单，与明细账余额核对。

② 获取或编制交易性金融资产盘点表，对交易性金融资产实施监盘程序。检查交易性金融资产名称、数量、票面价值、票面利率等内容，与相关账户余额进行核对；如有差异，查明原因。

③ 如果交易性金融资产在审计工作日已售出或兑换，则追查至相关原始凭证，以确认其在财务报表日存在。

④ 对于在外保管的交易性金融资产，查阅有关保管的文件，必要时可向保管人函证，复核并记录函证结果。了解在外保管的交易性金融资产实质上是否为委托理财，如是，应详细记录，分析资金的安全性和可收回性，提请被审计单位调整，并充分披露。

4）检查交易性金融资产的会计记录是否完整，是否归被审计单位所有，关注交易性金融资产的变现是否存在重大限制。取得有关账户流水单，对照检查账面记录是否完整。检查购入交易性金融资产是否为被审计单位拥有；向相关机构发函，并确定是否存在变现限制，同时记录函证过程，如有，则查明情况，并提请被审计单位做适当调整。

5）检查交易性金融资产的计价是否正确。复核交易性金融资产计价方法，检查其是否按公允价值计量，前后期是否一致；复核公允价值取得依据是否充分。公允价值与账面价值的差额是否计入公允价值变动损益科目。

6）抽取交易性金融资产增减变动的相关凭证，检查其原始凭证是否完整合法，会计处理是否正确。对于增加的交易性金融资产，应检查成本、交易费用和相关利息或股利的会计处理是否符合规定；对于减少的交易性金融资产，应检查出售交易性金融资产时其成本结转及会计处理是否正确。

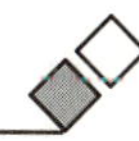

7）检查交易性金融资产是否按照企业会计准则的规定恰当列报。

（3）长期股权投资的实质性程序

1）获取或编制长期股权投资明细表，复核加计是否正确，并与总账数和明细账合计数核对相符；结合长期股权投资减值准备科目与报表数核对相符。

2）根据有关合同和文件，确认股权投资的股权比例和持有时间，检查股权投资核算方法是否正确。

3）对于重大的投资，向被投资单位函证被审计单位的投资额、持股比例及被审计单位发放股利等情况。

4）对于应采用权益法核算的长期股权投资，获取被投资单位已被注册会计师审计的年度财务报表，如果未经注册会计师审计，则应考虑对被投资单位的财务报表实施适当的审计或审阅程序。

5）对于采用成本法核算的长期股权投资，检查股利分配的原始凭证及分配决议等资料，确定会计处理是否正确；对被审计单位实施控制而采用成本法核算的长期股权投资，比照权益法编制变动明细表，以备合并报表使用。

6）对于成本法和权益法相互转换的，检查其投资成本的确定是否正确。

7）确定长期股权投资的增减变动的记录是否完整。

检查本期增加的长期股权投资，追查至原始凭证及相关的文件或决议及被投资单位验资报告或财务资料等，确认长期股权投资是否符合投资合同、协议的规定，并已确实投资，会计处理是否正确。

检查本期减少的长期股权投资，追查至原始凭证，确认长期股权投资的收回有合理的理由及授权批准手续，并已确实收回投资，会计处理是否正确。

8）期末对长期股权投资进行逐项检查，以确认长期股权投资是否已经发生减值。减值损失一经确认，在以后会计期间不得转回。

9）结合银行借款等的检查，了解长期股权投资是否存在质押、担保情况，如有，则应详细记录，并提请被审计单位进行充分披露。

10）确定长期股权投资在资产负债表上已恰当列报。与被审计单位人员讨论确定是否存在被投资单位由于所在国家和地区及其他方面的影响，其向被审计单位转移资金的能力受到限制的情况，如存在，应详细记录受限情况，并提请被审计单位充分披露。

案例讨论

案例资料：注册会计师 A 在审计甲公司 2013 年财务报表时发现：甲公司 2013 年 5 月 8 日从二级市场上购入 A 公司股票 1 万股，购买价每股 10.5 元（含已宣告但尚未发放的现金股利 0.50 元），另支付交易费用 2 000 元。5 月 20 日，收到现金股利 5 000 元。甲公司将持有的乙公司股权划分为交易性金融资产，且持有乙公司股权后对其无重大影响。

购入时甲公司作会计分录：

借：交易性金融资产——成本　　105 000

　　投资收益　　2 000

贷：银行存款　　107 000

5月20日，收到现金股利，甲公司作会计分录：

借：银行存款　　5 000

贷：交易性金融资产——成本　　5 000

2013年年底，甲公司持有的A公司股票上升到每股15元，甲公司未作任何账务处理。

请代注册会计师A指出上述账务处理存在的问题，并指出正确的账务处理。

案例分析：

上述账务处理是错误的，已宣告发放但尚未领取的股利5 000元不应计入投资成本，而应计入应收股利；收到现金股利时，应贷记应收股利5 000元。年末股票市价上涨，该公司未调增交易性金融资产账面价值，也未确认公允价值变动损益。应在2013年年底增加的账务处理为：

借：交易性金融资产——公允价值变动　　50 000

贷：公允价值变动损益　　50 000

购入股票时，已宣告发放但尚未领取的现金股利5 000元核算错弊不影响财务报表，故不需要调整。

习　题

一、单选题

1. 在对外投资业务处理过程中，下列不属于不相容岗位的是（　　）。

A. 对外投资预算的编制与审批

B. 对外投资项目的分析论证与评估

C. 编制对外投资的记账凭证和登记相关明细账

D. 对外投资处置的审批与执行

2. 注册会计师A拟对H公司的与借款活动相关的内部控制进行测试，下列程序中不属于控制测试的是（　　）。

A. 索取借款的授权批准文件，检查批准的权限是否恰当、手续是否齐全

B. 观察借款业务的职责分工，并将职责分工的有关情况记录于审计工作底稿中

C. 计算短期借款、长期借款在各个月份的平均余额，选取适用的利率匡算利息支出总额，并与财务费用等项目的相关记录核对

D. 抽取借款明细账的部分会计记录，按原始凭证到明细账再到总账的顺序核对有关会计处理过程，以判断其是否合规

3. 当发现记录的债券利息费用大大超过相应的应付债券账面余额与票面利率乘积时，注册会计师应当怀疑（　　）。

A. 应付债券的折价被低估　　B. 应付债券被高估

C. 应付债券被低估　　D. 应付债券的溢价被高估

4. 注册会计师李明在执行天星公司年度审计业务时，为确认被审计单位借款和所有者权益的增减变动及其利息和股利已登记入账这一认定目标，应执行的实质性程序是（　　）。

A．检查股东是否已按合同、协议、章程约定时间缴付出资额，其出资额是否经注册会计师审验

B．向银行或其他金融机构、债券包销人函证，并与账面余额核对

C．检查年度内借款和所有者权益增减的原始凭证，核实变动的真实性、合规性，检查授权批准手续是否完备，入账是否及时准确

D．确定借款和所有者的披露是否恰当，注意一年内到期的借款是否列入流动负债

5．下列与投资交易的发生认定相关的实质性程序是（　　）。

A．询问投资业务的职责分工情况及内部对账情况

B．检查与投资有关的原始凭证，包括投资授权文件、被投资单位出具的股权或债权证明、投资付款记录等

C．索取投资授权批准文件，检查审批手续是否齐全

D．检查董事会会议记录、投资合同、交易对方提供的对账单、盘点报告等，确定有无未入账的交易

6．企业发生的下列事项中，影响“投资收益”的是（　　）。

A．交易性金融资产持有期间收到不属于包含在买价中的现金股利

B．期末交易性金融资产的公允价值大于账面余额

C．期末交易性金融资产的公允价值小于账面余额

D．交易性金融资产持有期间收到包含在买价中的现金股利

7．注册会计师为了验证被审计单位在财务报表日列示的长期股权投资确实归属于其所拥有，应实施的最佳审计程序是（　　）。

A．将交易及会议记录进行核对，确定所有交易均经批准或授权

B．抽查投资交易原始凭证，证实有关凭证是否已预先编号

C．函证财务报表日被托管的所有证券

D．将明细账与总账进行核对

8．投资与筹资循环的特征是影响本循环账户余额的业务数量较少，但每笔业务的金额通常都很大。基于这个特点，在审计时，可以采用的审计方法是（　　）。

A．抽样　　B．实质性分析程序

C．大量的控制测试　　D．细节测试

二、多选题

1．下列有关应付债券内部控制的说法不正确的有（　　）。

A．应付债券的发行要有正式的授权程序，每次均要由总经理授权

B．参与债券发行的会计人员记录应付债券业务

C．债券的回购要有正式的授权程序

D．未发行的债券必须有专人负责

2．注册会计师A在审查甲公司对外投资的内部控制中，应注意检查甲公司在办理对外投资中不相容岗位的划分。下列各项中，符合不相容岗位分离的有（　　）。

A．有价证券投资总账和明细账登记　　B．转让有价证券的执行与审批

C．有价证券投资预算的编制与审批　　D．证券部从事证券买卖与会计记录

3．在审计短期借款项目时，应当结合财务费用项目的审计，测试被审计单位本

期反映的短期借款利息的整体合理性。以下各项审计程序中，与实现上述审计目标相关的有（　　）。

A. 根据被审计单位本期发生的各项短期借款的金额、期限、利率，重新计算利息

B. 索取被审计单位全部付息单并进行汇总后，与被审计单位会计记录进行核对

C. 根据被审计单位各月平均短期借款余额以及平均借款利率测算利息

D. 运用审计抽样方法，从被审计单位短期借款明细账抽取若干笔相关经济业务，测试利息计算是否准确

4. 下列有关长期借款实质性程序的说法正确的有（　　）。

A. 了解金融机构对被审计单位的授信情况以及被审计单位的信用等级评估情况，有助于证实长期借款的完整性

B. 向银行或其他债权人函证重大的长期借款

C. 对年度内减少的长期借款，注册会计师应检查相关记录和原始凭证，核实还款数额

D. 长期借款在资产负债表上都应列示于长期负债类下，检查是否有例外情况

5. 注册会计师为了确定应付债券账户期末余额的真实性，应选择的函证对象有（　　）。

A. 债权人　　B. 债券的承销人　　C. 证券经纪人　　D. 债券包销人

6. 注册会计师在确定长期股权投资是否已在资产负债表上恰当披露时，应当（　　）。

A. 检查资产负债表上长期股权投资项目的数额与审定数是否相符

B. 对被投资单位所在国家和地区受到其他方面影响，使被审计单位转移资金的能力受到限制的情况是否披露

C. 结合银行借款等的检查，了解长期股权投资是否存在质押、担保情况

D. 检查当期及累计未确认的投资损失金额是否在附注中披露

7. 注册会计师H计划测试C公司2013年末长期投资余额的存在性，以下审计程序中，可能实现该审计目标的有（　　）。

A. 向受托代管C公司长期证券的托管机构寄发询证函

B. 查阅C公司董事会与长期投资业务有关的会议记录

C. 检查长期股权投资中股票投资的2013年末市价变动情况

D. 索取投资授权批准文件，检查审批手续是否齐全

8. 下列是投资与筹资循环涉及的主要业务活动，其中错误的有（　　）。

A. 企业所收到的凭证和有价证券应当保存在其经纪人处或由企业的银行保存在一个上锁的安全箱里

B. 企业收到股利和利息支票时应当予以记录并追查至银行存款单

C. 企业通过借款筹集资金需经治理层的审批，其中债券的发行每次均要由管理层授权

D. 向银行或其他金融机构融资可以签订借款合同，发行债券可以签订债券契约和债券承销或包销合同

三、判断题

1. 在对于长期应付债券进行实质性测试时，注册会计师应审查应付债券原始凭证保管同会计记录人员是否职责分离。（　　）

2. 当发现记录的债券利息费用大大超过相应的应付债券账户余额与票面利率乘积时，注册会计师应当怀疑应付债券被低估。（　　）

3. 对于客户委托金融机构代管的投资债券，注册会计师如无法进行实地盘点，则须向代管机构进行函证。（　　）

4. 筹资与投资循环的特征之一就是审计年内筹资与投资循环的交易数量较少，而每笔交易的金额通常较大，注册会计师在对这一环节进行审计时，可以采用抽样审计。（　　）

5. 注册会计师应检查被审计单位是否将一年内到期的借款列入流动负债，这与被审计单位会计报表的完整性认定有关。（　　）

6. 在筹资与投资循环中，注册会计师一般都要索取合同、协议，这是为了证实筹资与投资业务的存在或发生认定。（　　）

7. 对投资净收益的实质性测试，主要采用观察法和计算法。（　　）

四、案例分析

1. XYZ股份有限公司是一家上市公司，从事投资、设备制造等方面的业务。中正大华会计师事务所2014年2月份接受了XYZ公司2013年度会计报表的审计业务，并指派注册会计师李羚、陈春于2013年12月份对XYZ公司2013年度投资业务的相关内部控制进行了解和控制测试，同时对部分财务资料进行了预审。在预审过程中，李羚了解到以下情况：

（1）XYZ公司的股票、债券的买卖业务须由董事会批准、经董事长签字后，由财务经理丁飞具体办理股票、债券的买卖业务，但在具体办理的过程中，遇到股票价格大幅波动等的异常情况时，丁飞可自行决定买进或卖出，并在度过紧急情况后及时向董事长汇报并备案。由指定专职财务人员A负责进行会计记录和财务处理，专人B负责股票及债券的保管。每月末，由内部审计人员C组织财务经理、财务人员A、专人B和其他人员共同参与股票、债券的定期盘点以及与账面记录的核对，以确定股票、债券的真实性、完整性、所有权、正确性。

（2）由于XYZ公司生产W产品的原料需要从国外进口，2013年发生了一笔外币短期借款业务：10月20日，XYZ公司以1美元兑换7.8人民币的市场汇率从某工商银行借入100万美元，做出“借记：银行存款780万元，贷记：短期借款780万元”的会计记录（XYZ公司没有发生其他短期借款业务）。年末，美元对人民币的市场汇率上升为1：7.9，XYZ公司编制会计报表时，短期借款项目的金额仍为780万元。经查，XYZ公司为简化处理，减少差错的发生，财务部门发生外币短期借款业务及期末编制会计报表时均按发生当时的市场汇率折算，折算差额计入财务费用。

（3）XYZ公司新建加工车间，使用了2012年1月初从某建设银行借入年利率为6%、期限为2年的一般长期借款1 000万元。该车间自2012年7月1日开工建设，于2013年6月30日交付使用，但至2013年12月31日仍未办理竣工决算。XYZ公司以该项建筑工程尚未转入固定资产为由，未对新建车间计提折旧，并将2013年度发生的60万元借款费用计入在建工程。

要求：

（1）针对情况（1），指出 XYZ 公司股票、债券交易的相关内部控制是否存在缺陷，并说明原因。

（2）针对情况（2）、（3），指出 XYZ 公司工程的相关会计处理是否符合会计准则和制度的规定，在需要调整的情况下，列出调整分录（不考虑调整对相关税费的影响）。

五、货币资金审计

知识学习

货币资金是货币形态表现的资金，是企业流动性最强的资产，是企业进行生产经营必不可少的物质条件。同时，货币资金也易成为损毁的重要对象。

（一）货币资金与各业务循环关系及涉及的文件记录

1. 货币资金与各业务循环关系

货币资金与各业务循环中的业务活动都存在着密切关系。企业的生产经营过程，实质上是货币资金的垫支、支付和货币资金的回收、分配过程的结合。因此，企业的各项经营活动都是货币资金的表现形态，一些最终影响货币资金的错误可在对销售与收款、购货与付款、生产与存货、投资与筹资的业务循环的审计测试中被发现。

2. 货币资金涉及的文件记录

（1）现金盘点表。

（2）银行对账单。

（3）银行余额调节表。

（4）有关科目的记账凭证。

（5）有关会计账簿。

（二）控制测试

1. 货币资金的内部控制

货币资金一般在企业资产总额中所占比重不大，但由于它具有流动性强，收付业务频繁，涉及多个循环，容易出现被贪污、挪用和业务差错等固有风险特征，良好的货币资金内部控制应包括以下内容：

（1）单位应当建立货币资金业务的岗位责任制，明确相关部门和岗位的职责权限，确保办理货币资金业务的不相容岗位相互分离、制约和监督。出纳人员不得兼任稽核、会计档案保管和收入、支出、费用、债权债务账目的登记工作。单位不得由一人办理货币资金业务的全过程。

（2）单位应当对货币资金业务建立严格的授权批准制度，明确审批人对货币资金业务的授权批准方式、权限、程序、责任和相关控制措施，规定经办人办理货币资金业务的职责范围和工作要求。审批人应当根据货币资金授权批准制度的规定，在授权范围内进行审批，不得超越审批权限。经办人应当在职责范围内，按照审批人的批准意见办理货币资金业务。对于审批人超越授权范围审批的货币资金业务，经办人员有权拒绝办理，并及时向审批人的上级授权部门报告。

（3）单位应当按照规定的程序办理货币资金支付业务

1）支付申请。单位有关部门或个人用款时，应当提前向审批人提交货币资金支付申请，注明款项的用途、金额、预算、支付方式等内容，并附有效经济合同或相关证明。

2）支付审批。审批人根据其职责、权限和相应程序对支付申请进行审批。对不符合规定的货币资金支付申请，审批人应当拒绝批准。

3）支付复核。复核人应当对批准后的货币资金支付申请进行复核，复核货币资金支付申请的批准范围、权限、程序是否正确，手续及相关单证是否齐备，金额计算是否准确，支付方式、支付单位是否妥当等。复核无误后，交由出纳人员办理支付手续。

4）办理支付。出纳人员应当根据复核无误的支付申请，按规定办理货币资金支付手续，及时登记现金和银行存款日记账。

（4）单位对于重要货币资金支付业务，应当实行集体决策和审批，并建立责任追究制度，防范贪污、侵占、挪用货币资金等行为。

（5）严禁未经授权的机构或人员办理货币资金业务或直接接触货币资金。

（6）收付款凭证的应用及账簿的登记制度。会计人员应及时根据已完成的现金收付业务及已编号并加盖现金收付戳记的记账凭证登记有关账簿。同时，要定期进行账账、账表、账实的核对。

（7）按月盘点现金，编制银行存款余额调节表，以做到账实相符。

（8）加强对货币资金收支业务的内部审计。

2. 货币资金的控制测试

（1）了解货币资金内部控制。注册会计师根据实际情况采用不同的方法对货币资金内部控制进行了解。

（2）抽取并检查收款凭证。将收款凭证与银行存款日记账、银行对账单、销货发票等进行核对。

（3）抽取并检查付款凭证。检查付款的授权批准手续是否符合规定。将付款凭证与银行存款日记账、银行对账单、购货发票等进行核对。

（4）抽取一定期间的现金、银行存款日记账与总账进行核对。

（5）抽取一定期间的银行存款余额调节表，查验其是否按月正确编制并经复核。

（6）评价货币资金内部控制。

案例讨论

案例资料：甲企业会计和出纳分设，由于会计工作量大，财务经理安排由出纳负责登记三大期间费用账户，并且根据规定，收款的同时应为销售部门开具销售发票。办理付款手续时，直接根据采购人员提供的发票办理支付手续。在财务部负责人的授意下，开立多个结算账户，资金紧张的时候就从没有金额的账户给客户开支票，拖延还款时间。期末结账以后，检查人员发现现金经常短款，原因是大量发票单据没有经过有权批准人员的批准，因此没有进行账务处理。

要求：说明甲企业在货币资金管理中存在的问题，并说明改进意见。

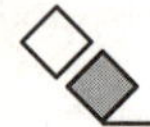

案例分析：

（1）企业安排出纳登记期间费用的做法违背了不相容岗位分离的原则，出纳不得兼任费用账目登记工作。

（2）基于同样原因，出纳收款并开具销售发票的做法容易导致错弊，应由不同人完成。

（3）付款的程序不对，在支付货款之前应该经过复核和批准，如果是货到付款，还应该有检验合格的单据。

（4）结算账户可以根据需要开设，但是在余额不足的账户开空头支票的做法是错误的，不但达不到融资的目的，而且效果适得其反。

（5）期末现金短款，在款项支付前，一定要由有权批准的人员批准方可付款，而且对当期发生并已经完成的业务应该及时处理，使账实相符。

（三）主要项目实质性程序

1. 库存现金实质性程序

（1）库存现金的审计目标

1）确定被审计单位资产负债表中的现金在财务报表日确实存在。

2）确定库存现金是否为被审计单位所有。

3）确定被审计单位在特定期间内发生的现金收支业务是否均已记录完毕，有无遗漏。

4）确定现金余额是否正确。

5）确定现金在财务报表上的披露是否恰当。

（2）库存现金的实质性程序

1）对现金日记账与明细账、总账、报表等进行一一核对。

2）根据明细账的记录，抽查一些金额较大或比较异常的业务，根据实际情况编制货币资金检查情况表。

3）实地盘点库存现金

对现金进行实地盘点，是用以查明现金是否存在，账实是否相符的一项重要程序。其盘点范围通常包括被审计单位已收到尚未存入银行的现金、零用金，找换金等的盘点。实施盘点时的主要步骤及要求如下：

① 制定适当的现金盘点程序。

② 选择合理的盘点时间，实施突击盘点。盘点的时间一般选择在上午上班前或下午下班后，采用不预告的方式进行。盘点前应将全部现金集中存入保险柜，必要时可加以封存。若被审计单位现金存放部门有多处，应同时进行盘点。

③ 盘点人员的确定。通常要求审计人员必须亲自参与盘点，同时在场的人员还应包括现金出纳及财务主管，三方人员同时在场时执行盘点工作。若有人需要离开，则应暂时封存现金，等三方同时在场再继续盘点。

④ 检查现金日记账，并与现金收付款凭证进行核对。确认现金日记账的记录与凭证的内容、金额及日期是否相符，确定盘点日现金账面结存余额。

⑤ 盘点现金实存数，编制库存现金盘点表。在盘点表上将盘点的结果分币种面值进行列示，并结出盘点实存数，要求参与盘点的人员均予以签章。

⑥ 盘点实存数与现金日记账余额相核对。核对以实际盘点数为基础进行调整，调整后与现金日记账余额核对，调节公式为

现金盘点实存数=现金日记账余额+已收款未入账凭证−已付款未入账凭证−白条抵库数额

想一想

盘点通常有两种方式：①通知盘点；②突击盘点。想一想现金盘点应采用哪一种方式？盘点时间又选择在什么时候较好呢？

4）审查现金截止日期

被审计单位资产负债表上现金的数额，应以结账日实有数为准。审计人员必须验证现金收付的截止期。因此，审计人员应对结账日前后一段时间内的收付凭证进行审计，以判定是否存在跨期事项。

5）确定现金在资产负债表上的披露是否恰当

企业资产负债表上“货币资金”项目，反映了库存现金、银行结算户存款、外埠存款、银行汇票存款、银行本票存款、信用证存款和在途货币资金的合计数。审计人员应确定“现金”“银行存款”“其他货币资金”账户的合计数是否与资产负债表上的“货币资金”项目的数额一致。

案例讨论

案例资料：注册会计师M负责对G公司2013度财务报表货币资金项目进行审计。G公司在总部和营业部均设有出纳部门。为顺利监盘库存现金，注册会计师M在监盘前一天通知G公司会计主管人员做好监盘准备。考虑到出纳日常工作安排，对总部和营业部库存现金的监盘时间分别定在上午十点和下午三点。监盘时，出纳把现金放入保险柜，并将已办妥现金收付手续的交易登入现金日记账，结出现金日记账余额；然后，注册会计师M当场盘点现金，在与现金日记账核对后填写“库存现金盘点表”，并在签字后形成审计工作底稿。

要求：请指出上述库存现金监盘工作中有哪些不当之处，并提出改进建议。

案例分析：

（1）提前通知G公司会计主管人员做好监盘准备的做法不当。注册会计师M应当实施突击性的检查。

（2）没有同时监盘总部和营业部库存现金的做法不当。注册会计师M应当同时监盘，若不能同时监盘，则应对后监盘的库存现金实施封存。

（3）G公司会计主管人员没有参与盘点的做法不当。盘点人员包括出纳、会计主管人员和注册会计师。

（4）现金盘点操作程序不当。库存现金应由出纳盘点，由注册会计师监盘。

（5）“库存现金盘点表”签字人员不当。应由公司相关人员和注册会计师共同签字。

2. 银行存款实质性程序

（1）银行存款的审计目标

1）确定被审计单位资产负债表中的银行存款在财务报表日确实存在。

2）确定银行存款是否为被审计单位所拥有。

3）确定被审计单位在特定期间内发生的银行存款收支业务是否均已记录完毕，有无遗漏。

4）确定银行存款的余额是否正确。

5）确定银行存款在财务报表上的披露是否恰当。

（2）银行存款的实质性程序

1）核对银行存款日记账与总账的余额是否相符。

2）审查银行存款余额调节表。

对银行存款余额调节表的审查是用以证实银行存款是否存在的重要程序。银行存款余额调节表应根据不同的银行账户及货币种类分别编制。审计人员应着重检查调节表中未达账项的真实性，若经调节后的银行存款余额仍有差异，应查明原因，并作记录进行相应调整。

一般而言，银行存款余额调节表应由被审计单位编制并向注册会计师提供，但在某些情况下（如被审计单位内控比较薄弱）注册会计师也可亲自编制银行存款余额调节表。

3）抽查大额银行存款的收支

审计人员应抽查大额银行存款收支的原始凭证是否完整，批准手续是否齐全，入账金额与凭证金额是否相符，并核对相关账户，判断收支的合理性及账务处理是否正确。

4）函证各银行存款账户余额

函证银行存款余额的主要目的是验证资产负债表上所列示的金额是否真实、准确。这样做不仅可以了解被审计单位银行存款的存在，还可以了解银行的债务，发现企业未登记的银行借款。函证时，应向被审计单位本年度存过款的所有银行发函，包括存款户已结清的银行。

附：银行询证函参考格式

银行询证函

____________（银行）:

本公司聘请的__________会计师事务所正在对本公司的会计报表进行审计，按照中国注册会计师独立审计准则的要求，应当询证本公司与贵行的存款、借款往来事项。下列数据出自本公司账簿记录，如与贵行记录相符，请在本函下端“数据证明无误”处签章证明；如有不符，请在“数据不符”处列明不符金额。有关询证费可直接从本公司__________账户中收取。回函请直接寄至__________会计师事务所。

通信地址:　　　　　　邮编:　　　　　　电话:　　　　　　传真:

截止　　年　月　日，本公司银行存款、借款账户余额等列示如下:

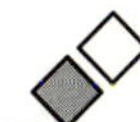

A. 银行存款

账户名称	银行账号	币　种	利　率	余　额	备　注

B. 银行借款

银行账号	币种	余额	借款日期	还款日期	利率	借款条件	备　注

其他事项：

（公司签章）　（日期）

结论：1. 数据证明无误　（银行签章）　（日期）

2. 数据不符，请列明不符金额　（银行签章）　（日期）

在函证各银行存款账户余额阶段要注意：

① 银行函证的范围。审计人员应向被审计单位报告年度所有开户行（包括被审计单位银行存款账户余额为零或已结清的开户银行）同时发函询证。因为被审计单位存款余额为零，可能是由于存在串户或其他差错等原因导致；即使被审计单位的某个开户银行已经结清，也可能存在贷款尚未归还的情况。

② 注意银行函证的内容。银行函证的内容如上述“银行询证函”所列，除包括被审计单位的期末银行存、借款余额外，还包括被审计单位与该金融机构往来的所有重要信息。

③ 注意银行函证的程序控制。审计准则要求注册会计师必须直接控制函证的收发。出于掩盖舞弊的目的，被审计单位可能设法拦截或更改询证函及回函的内容，如果审计人员对函证程序控制不严密，就可能导致函证结果发生偏差和函证程序失效。注册会计师写好询证函交给被审计单位盖章后。应亲自将询证函寄出，不可将询证函交给客户，并且将寄发银行询证的邮费单据复印后放入底稿；如果被函证单位用传真方式回函，注册会计师也要直接接收，并要求被函证单位将函证原件寄回。

④ 注意银行询证函的签章。注册会计师写好询证函后应由被审计单位盖章。复函方应根据实际情况分别在“数据证明无误”“数据不符，请列明不符金额”签署单位公章，并由经办人员签名或盖章，不能以单位内部机构公章代替单位公章。

5）审查银行存款收付的截止日期

需选取资产负债表日前后一段时期内的凭证实施截止测试，关注业务内容及对应项目，如有跨期收支事项，应考虑是否应进行调整。

6）确定银行存款在资产负债表上的披露是否恰当

案例讨论

案例资料：注册会计师对乙公司 2013 年度的银行存款进行审计，银行存款日记账余额为 58 000 元，银行对账单余额为 59 800 元，并发现下列情况：银行从公司中扣除借款利息 780 元，公司未入账；公司于 12 月 28 日开出转账支票一张，金额 3 500 元，银行未入账；公司委托银行收取一笔货款，银行已于 12 月 11 日收到，并记入该公司账户，公司在 12 月 31 日仍未入账，这笔货款的金额为 20 000 元；公司于 12 月 29 日存入转账支票一张，金额为 3 260 元，银行未入账；银行对账单显示公司于 12 月 20 日开出转账支票一张，金额为 12 000 元，银行于 12 月 28 日兑付，公司的银行存款日记账上无此记录，经核对发现，公司将这笔付款业务登记在另一家银行的日记账上。

要求：编制银行存款余额调节表，分析其中可能存在的问题。

案例分析：

编制的银行存款余额调节表如表 6-20 所示。

表 6-20　银行存款余额调节表　（单位：元）

企业账项	金额	银行对账单	金额
企业银行存款账户余额	58 000	银行对账单金额	59 800
加：银行已收企业未收	20 000	加：企业已收银行未收	3 260
减：银行已付企业未付	780	减：企业已付银行未付	3 500
记账错误	12 000		
调整后的金额	65 220	调整后的金额	59 560

存在的问题：调整后的企业日记账余额与银行对账单余额相差 5 660 元，需要将企业日记账与银行对账单记录进行详细的核对，查明差异原因。有未及时入账项，银行于 12 月 11 日记录，而公司 12 月 31 日仍未入账，可能存在挪用、隐瞒收入等；记账错误，串户，应予调整。

习　题

一、单选题

1．以下不属于库存现金的审计目标的是（　　）。

A．确定库存现金是否为被审计单位所有

B．确定现金余额是否正确

C．确定被审计单位资产负债表中的货币资金在财务报表日确实存在

D．确定现金在财务报表上的披露是否恰当

2．对现金进行（　　），是注册会计师用以查明现金是否存在，账实是否相符的一项重要程序。

A．实物盘点　　B．实地盘点　　C．实际盘点　　D．定期盘点

3．以下不属于银行存款的审计目标的是（　　）。

A．确定银行存款是否为被审计单位所有

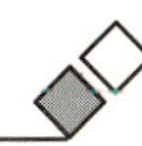

B．确定银行存款余额是否正确

C．确定被审计单位资产负债表中的货币资金在财务报表日确实存在

D．确定银行存款在财务报表上的披露是否恰当

4．对银行存款余额调节表的审查是用以来证实（　　）的重要程序。

A．银行存款是否存在

B．银行存款在财务报表上的披露是否恰当

C．银行存款是否为被审计单位所有

D．银行存款是否定期盘点

5．注册会计师写好银行询证函交给被审计单位盖章后，应由（　　）将询证函寄出，

A．被审计单位

B．被审计单位与注册会计师一起

C．被审计单位与注册会计师任意一方

D．注册会计师

6．银行询证函复函方应根据实际情况分别在“数据证明无误”“数据不符及需加说明事项”签署（　　）。

A．单位公章　　　　B．单位财务机构公章

C．法定代表人签名　　　　D．法定代表人盖章

二、多选题

1．货币资金涉及的文件记录包括（　　　）。

A．现金盘点表　　　　B．银行对账单

C．银行余额调节表　　　　D．有关会计账簿

2．出纳人员不得兼任（　　　）。

A．稽核　　　　B．会计档案保管

C．收入的登记工作　　　　D．债权债务账目的登记工作

3．选择合理的盘点时间，实施现金盘点。盘点的时间一般选择在（　　　），采用不预告的方式进行。

A．上午上班前　　B．上午上班　　C．下午上班　　D．下午下班后

4．实施现金盘点，盘点的人员通常要求必须（　　　）同时在场时执行盘点工作。

A．审计人员　　B．财务主管　　C．现金出纳　　D．会计

5．审计人员应向被审计单位报告年度（　　　）开户行进行银行函证。

A．账户余额为零　　　　B．已结清

C．有账户余额　　　　D．所有

6．企业资产负债表上“货币资金”项目，反映了（　　　）和在途货币资金的合计数。

A．库存现金　　　　B．外埠存款

C．银行本票存款　　　　D．信用证存款

三、判断题

1．一些最终影响货币资金的错误可在对销售与收款、购货与付款、生产与存货、投资与筹资的业务循环的审计测试中被发现。（　　）

2．盘点通常有两种方式，一种是通知盘点，另一种是突击盘点，现金盘点应采用通知盘点。（　　）

3．单位对于重要货币资金支付业务，应当实行集体决策和审批，并建立责任追究制度，防范贪污、侵占、挪用货币资金等行为。（　　）

4．一般而言，银行存款余额调节表应由注册会计师亲自编制，但在某些情况下（如被审计单位内控比较薄弱）由被审计单位编制并向注册会计师提供银行存款余额调节表。（　　）

5．函证银行存款余额的主要目的是验证资产负债表上所列示的金额是否真实、准确，但通过函证银行存款余额仅能了解被审单位银行存款的存在。（　　）

6．审计准则要求注册会计师必须直接控制函证的收发。（　　）

四、案例分析

1．注册会计师张伟和李洁对 XYZ 公司 2013 年度财务报表进行审计，在对财务报表货币资金项目进行审计时，查得该公司 2013 年 12 月 31 日库存现金为 6 000 元，2014 年 1 月 12 日下午五点对该公司的库存现金进行实地盘点。2014 年 1 月 12 日现金日记账余额为 23 600 元，盘点结果如下：

（1）保险柜中的现金盘点实有数为 15 060.30 元，其中 6 000 元单独存放，注明代人事部保管。

（2）2014 年下列单据已收付但尚未制证：

1）销售部王强 1 月 11 日借差旅费 5 000 元，已经领导批准。

2）办公室常青 1 月 11 日借款 10 000 元，只有一张借条，无领导审批，也无用途说明。

3）在保险柜中，有收款但尚未记账凭证有 2 张，金额 400 元。

（3）经核实 1 月 1 日到 12 日收入现金 55 600 元，支出现金 38 000 元，均正确无误。

（4）银行核定库存现金限额为 10 000 元。

要求：

（1）根据资料，编制库存现金盘点表，核实 2013 年 12 月 31 日资产负债表中“货币资金”中银行存款余额的正确性。

（2）请指出上述 XYZ 公司在现金收、支、存业务工作中有哪些不当之处，并提出审计意见。

2．注册会计师张伟和李洁对 XYZ 公司 2013 年度财务报表进行审计，在对财务报表货币资金项目进行审计时，发现该公司 2013 年 12 月 31 日银行存款余额为 450 000 元，银行对账单余额为 438 000 元。现将银行存款日记账与银行对账单逐笔核对后，发现下列情况：

（1）12 月 28 日企业送存银行一张转账支票，金额 40 000 元，XYZ 公司已按进账单入账，但银行尚未入账。

（2）12 月 29 日银行收取企业借款利息 260 000 元，企业尚未收到付款通知。

（3）12 月 30 日企业委托银行收款 45 000 元，银行已入账，企业尚未收到收款通知。

（4）12 月 31 日企业开出转账支票一张，金额 285 000 元，持票单位尚未到银行办理手续。

（5）12 月 31 日在银行对账单上有一笔通过公司银行网银划出的资金 50 000 元，而企业银行存款日记账上并无记录。经查证，是出纳私自划转款项借给亲友使用，准备在年后归还后直接销账。

（6）12 月 18 日企业收到银行收款通知单，金额 8 000 元，公司入账时将银行存款增加数错记为库存现金增加数。

要求：

（1）请指出上述 XYZ 公司在银行存款业务工作中有哪些不当之处，审计人员应如何应对。

（2）根据资料，编制银行存款余额调节表，核实 2013 年 12 月 31 日资产负债表中“货币资金”中银行存款余额的正确性。

任务七　终结审计

7.1　完成审计工作

学习目标

通过这部分内容学习，你应知道：

1. 审计终结应完成的工作。
2. 期初余额、或有事项、期后事项、持续经营能力的审计，审计差异调整与试算平衡表的编制。
3. 审计报告的含义与作用。
4. 审计报告的格式与内容。
5. 审计报告意见类型及其出具的相应条件。

引导案例

A 公司未经审计的 2013 年财务报表中的部分会计资料如表 7-1 所示。

表 7-1　A 公司未经审计的 2013 年财务报表部分会计资料

项　　目	金额（万元）	项　　目	金额（万元）
营业收入	360 00	股东权益	132 000
营业成本	300 00	其中：股本	80 000
利润总额	5 400	资本公积	22 000
净利润	3 618	盈余公积	20 800
资产总额	27 000	未分配利润	9 200

某会计师事务所接受委托对 A 公司 2013 年报表进行审计，注册会计师刘强、江河作为外勤主管，确定 A 公司 2013 年财务报表层次的重要性水平为 450 万元，并且将报

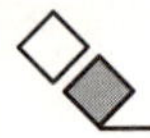

表层次的重要性水平分配至各财务报表项目，其中部分报表项目的重要性水平如表 7-2 所示。

表 7-2 A 公司部分报表项目的重要性水平

财务报表项目	重要性水平（万元）	财务报表项目	重要性水平（万元）
银行存款	12	长期借款	30
应收账款	30	股本	0
应收利息	8	盈余公积	0
坏账准备	0.50	主营业务收入	100
在建工程	30	主营业务成本	80
存货	100	管理费用	20
其中：库存商品	40	财务费用	15
固定资产	100	营业外支出	5
累计折旧	90		

注册会计师刘强、江河的外勤工作于 2014 年 2 月 20 日完成。审计过程中发现以下情况：

（1）A 公司 2013 年 1 月购买乙材料 4 800 万元，由于采用乙材料生产的产品销售市场黯淡，A 公司乙材料积压。该材料截至 2013 年 12 月 31 日的可变现净值为 4 658 万元，A 公司在 2013 年末未计提存货跌价准备金。A 公司拒绝注册会计师刘强、江河相应的审计调整建议。

（2）2013 年 3 月 1 日，A 公司经批准从银行贷款 2 年期、到期还本付息的长期借款 9 600 万元，年利率为 6%，其中的 8 000 万元用于建造生产厂房（2013 年 12 月 31 日尚未完工），1 600 万元用于补充流动资金。A 公司对长期借款作了相应会计处理，但未计提 2013 年的借款利息。注册会计师刘强、江河提出相应的审计调整建议，A 公司拒绝接受。

（3）2013 年 12 月 31 日，A 公司占资产总额 45%的存货，放置于远郊仓库。由于风沙导致仓库倒塌，存货损失尚未清理完毕，不仅无法估计损失，也无法实施监盘程序。

（4）2014 年 1 月 23 日，A 公司收到退回 2013 年销售的甲产品，并且收到税务部门开具的进货退回证明单。该产品原以 10 000 万元的售价（不含增值税额）销售，甲产品销售成本 6 000 万元，货款已结算。A 公司调整了 2014 年的主营业务收入、主营业务成本和增值税销项税额。注册会计师刘强、江河提出相应的审计调整建议，A 公司拒绝接受。

假定针对 A 公司存在的上述每一种情况，A 公司拒绝接受调整建议，注册会计师刘强、江河应当发表何种类型审计意见的报告？

知识学习

审计终结也称审计完成阶段，是审计的最后一个阶段。注册会计师按业务循环完成各财务报表项目的审计测试和一些特殊项目的审计工作后，将在此阶段汇总审计测试结果，进行更具综合性的审计工作。例如，评价审计中的重大发现，汇总审计差异，考虑被审计单位的持续经营假设的合理性，关注或有事项和期后事项对财务报表的影响，撰写审计总结，复核审计工作底稿和财务报表等。在此基础上，应评价审计结果，在与客户沟通以后，获取管理层声明书，确定应出具审计报告的意见类型和措辞，进而编制并

致送审计报告，终结审计工作。

这一阶段所做的工作，关注的是综合影响而不是特定交易或账户余额，较多地涉及注册会计师的主观判断，对审计报告有着直接而重要的影响，因而这部分工作主要是由审计项目负责人或高级经理来执行。

一、评价审计中的重大发现

重大发现涉及会计政策的选择、运用和一贯性的重大事项，包括相关的信息披露。在审计完成阶段，项目负责人和审计项目组考虑的重大发现和事项包括：

（1）期中复核中的重大发现及其对审计方法的相关影响。

（2）涉及会计政策的选择、运用和一贯性的重大事项，包括相关的披露。

（3）就识别出的重大风险，对审计策略和计划的审计程序所作的重大修改。

（4）在与管理层和其他人员讨论重大发现和事项时得到的信息。

（5）与注册会计师的最终审计结论相矛盾或不一致的信息。

注册会计师在审计计划阶段对重要性的判断，与其在评估审计差异时对重要性的判断是不同的，如果在审计计划阶段确定的修改后的重要性水平远远低于在计划阶段确定的重要性水平，注册会计师应重新评估已经获得的审计证据的充分性和适当性。

二、汇总审计差异

审计差异是指审计项目组成员在审计中发现的被审计单位的会计处理与适用的财务报告编制基础的规定不一致。对于审计差异，注册会计师应根据审计重要性原则予以初步确定并汇总，并建议被审计单位进行调整。使经审计的财务报表所载信息能够公允地反映被审计单位的财务状况、经营成果和现金流量。这一对审计差异内容的初步确定并汇总直至形成已审计的财务报表的过程，主要是通过编制审计差异调整表和试算平衡表得以完成的。

1. 编制审计差异调整表

审计差异内容按是否需要调整账户记录可分为核算错误和重分类错误。核算错误是因企业对经济业务进行了不正确的会计核算而引起的错误；重分类错误是因企业未按适用的财务报告编制基础列报而引起的错误。例如，企业在应付账款项目中反映的预付账款、在应收账款项目中反映的预收账款等。

无论是核算错误还是重分类错误，在审计工作底稿中通常都是以会计分录的形式反映的。由于审计中发现的错误往往不止一两项，为便于审计项目的各级负责人综合判断、分析和决定，也为了便于有效编制试算平衡表和以评价经审计的财务报表，通常需要将这些建议调整的不符事项、重分类错误和未调整不符事项分别汇总至“账项调整分录汇总表”“重分类调整分录汇总表”和“未更正错报汇总表”。

注册会计师确定核算错误和重分类错误后，应以书面方式及时征求被审计单位的意见。若被审计单位予以采纳，应取得其同意调整的书面确认；若被审计单位不予采纳，应分析原因，并根据错报的性质和重要程度，确定是否在审计报告中予以反映，以及如何反映。

2. 编制试算平衡表

注册会计师在被审计单位提供未审计会计报表的基础上，考虑调整分录、重分类分录等内容以确定已审数与报表披露数，编制试算平衡表，核对相应的勾稽关系是否正确。

三、考虑被审计单位的持续经营假设的合理性

持续经营假设是指被审计单位在编制财务报表时，假定其经营活动在可预见的将来会继续下去，不拟也不必终止经营或破产清算，可以在正常的经营过程中变现资产、清偿债务。持续经营假设是会计确认和计量的四项基本假定之一，对财务报表的编制和审计关系重大。

（一）管理层的责任和注册会计师的责任

管理层的责任：管理层应当根据企业会计准则的规定，对持续经营能力做出评估，考虑运用持续经营假设编制财务报表的合理性。

注册会计师的责任：注册会计师应当实施必要的审计程序，获取充分、适当的审计证据，以确定持续经营能力是否存在重大不确定性，并考虑对审计报告的影响。

（二）导致对持续经营假设产生重大疑虑的事项或情况

被审计单位在财务、经营以及其他方面存在的某些事项或情况可能导致经营风险，这些事项或情况单独或连同其他事项或情况可能导致对持续经营假设产生重大疑虑。

1. 财务方面

被审计单位在财务方面存在的可能导致对持续经营假设产生重大疑虑的事项或情况主要包括：

（1）净资产或营运资金出现负数。

（2）无法偿还到期债务，或定期借款即将到期、但预期不能展期或偿还，或过度依赖短期借款为长期资产筹资。

（3）存在债权人撤销财务支持的迹象。

（4）历史财务报表或预测性财务报表表明经营活动产生的现金流量净额为负数。

（5）关键财务比率不佳。

（6）发生重大经营亏损或用以产生现金流量的资产的价值出现大幅下跌。

（7）拖欠或停止发放股利。

（8）无法继续履行借款合同中的有关条款。

（9）与供应商的赊购变为货到付款。

（10）无法获得开发必要的新产品或进行其他必要的投资所需的资金等。

2. 经营方面

被审计单位在经营方面存在的可能导致对持续经营假设产生重大疑虑的事项或情况主要包括：

（1）管理层计划清算被审计单位或终止经营。

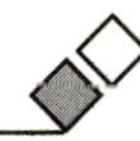

（2）关键管理人员离职且无人替代。

（3）失去主要市场、关键客户、特许权或主要供应商。

（4）出现用工困难问题。

（5）重要供应短缺。

（6）出现非常成功的竞争者等。

3. 其他方面

被审计单位在其他方面存在的可能导致对持续经营假设产生重大疑虑的事项或情况主要包括：

（1）严重违反有关法律法规或政策。

（2）未决诉讼或监管程序，可能导致其无法支付索赔金额。

（3）法律法规或政府政策的变化预期会产生不利影响。

（4）对发生的灾害未购买保险或保额不足等。

（三）评价管理层对持续经营能力作出的评估

管理层对持续经营能力的评估是注册会计师考虑持续经营假设的一个重要组成部分。注册会计师应当评价管理层对持续经营能力作出的评估。

持续经营假设是指被审计单位在编制财务报表时，假定其经营活动在可预见的将来会继续下去，而可预见的将来通常是指财务报表日后 12 个月。因此，管理层对持续经营能力的合理评估期间应是自资产负债表日起的下一个会计期间。在评价管理层作出的评估时，注册会计师应当考虑管理层作出评估的过程、依据的假设以及应对计划。注册会计师应当考虑管理层作出的评估是否已考虑所有相关信息。

（四）持续经营能力对审计结论与报告的影响

注册会计师应当在实施必要的审计程序后，确定对被审计单位持续经营假设合理性的疑虑是否已经消除，并据以确定其对审计意见的影响。

四、关注或有事项

或有事项是指过去的交易或事项形成的，其结果须由某些未来事项的发生或不发生才能决定的不确定事项。常见的或有事项主要包括：未决诉讼或仲裁、债务担保、产品质量保证（含产品安全保证）、承诺、亏损合同、重组义务、环境污染整治等。

将或有事项的审计放入完成审计阶段，有两方面的考虑：①有利于注册会计师掌握有关或有事项的最新信息，以提高审计效率和效果；②在完成审计阶段，需要专门实施一些程序，验证或复核或有事项的完整性。

1. 或有事项的审计目标

注册会计师对或有事项进行审计所要达到的审计目标一般包括：确定或有事项是否存在和完整；确定或有事项的确认和计量是否符合企业会计准则的规定；确定或有事项的列报是否恰当。

2. 或有事项的审计程序

在审计或有事项时，注册会计师尤其要关注财务报表反映的或有事项的完整性。由于或有事项的种类不同，注册会计师在审计被审计单位的或有事项时，所采取的程序也各不相同。但总结起来，针对或有事项的审计程序通常包括：

（1）了解被审计单位与识别或有事项有关的内部控制。

（2）审阅截至审计工作完成日被审计单位历次的董事会纪要和股东大会会议记录，确定是否存在未决诉讼或仲裁、未决索赔、税务纠纷、债务担保、产品质量保证、财务承诺等方面的记录。

（3）向与被审计单位有业务往来的银行函证，或检查被审计单位与银行之间的借款协议和往来函件，以查找有关票据贴现、背书、应收账款抵借和担保等业务。

（4）检查与税务征管机构之间的往来函件和税收结算报告，以确定是否存在税务争议。

（5）向被审计单位的法律顾问和律师进行函证，分析被审计单位在审计期间所发生的法律费用，以确定是否存在未决诉讼、索赔等事项。

（6）向被审计单位管理层获取书面声明，声明其已按照企业会计准则的规定，对全部或有事项作了恰当反映。

（7）确定或有事项在财务报表上的披露是否恰当。

案例讨论

案例资料：注册会计师甲和乙审计 A 公司 2013 年度会计报表，审计报告日为 2014 年 3 月 15 日，会计报表公布日为 2014 年 3 月 20 日。审计时注意到下列事项：

（1）2013 年 7 月 28 日发生一起客户控告 A 公司的诉讼案件，截至审计工作结束该案件尚在诉讼，根据律师意见 A 公司最有可能支付赔偿款和诉讼费共计 83 万元（其中诉讼费 3 万元），确认为预计负债。

（2）华光公司 2013 年 5 月销售给 B 企业一批产品，价款为 5 800 万元（含应向购货方收取的增值税额），B 企业于 6 月份收到所购物资并验收入库。按合同规定 B 企业应于收到所购物资后一个月内付款。华光公司于 12 月 31 日编制 2013 年度会计报表时，已为该项应收账款提取坏账准备 290 万元（假定坏账准备提取比例为 5%），12 月 31 日资产负债表上“应收账款”项目的余额是 7 600 万元，其中 5 510 万元是该项应收账款。华光公司于 2014 年 2 月 1 日收到 B 企业通知，B 企业已进行破产清算，无力偿还所欠部分货款，预计华光公司可收回应收账款的 40%。适用的所得税税率为 25%。该事项属于财务报表日后事项中的调整事项，但华光公司未予调整。

（3）2014 年 2 月 1 日，A 公司所属的一家工厂发生火灾，造成未保险的存货损失 600 万元。

针对上述情况，注册会计师应作如何处理？

案例分析

事项（1）分析

注册会计师应获取并检查诉讼事项的法律文书以及相关原始凭证；获取并检查律师

声明书，以确定A公司预计负债是否被合理估计。此项正确的会计分录为：

借：管理费用 30 000

营业外支出 800 000

贷：预计负债 830 000

五、关注期后事项

期后事项是指财务报表日至审计报告日之间发生的事项以及审计报告日后知悉的事实。

期后事项包括两类：①财务报表日后调整事项，即对财务报表日已经存在的情况提供了新的或进一步证据的事项，这类事项影响财务报表金额，需提请被审计单位管理层调整财务报表及与之相关的披露信息；②财务报表日后非调整事项，即表明财务报表日后发生的情况的事项，这类事项虽不影响财务报表金额，但可能影响财务报表的正确理解，需提请被审计单位管理层在财务报表的附注中作适当披露。

（一）财务报表日后调整事项

这类事项既为被审计单位管理层确定财务报表日账户余额提供信息，也为注册会计师核实这些余额提供补充证据。如果这类期后事项的金额重大，应提请被审计单位对本期财务报表及相关的账户金额进行调整。诸如：

（1）财务报表日后诉讼案件结案，法院判决证实了企业在财务报表日已经存在现时义务，需要调整原先确认的与该诉讼案件相关的预计负债，或确认一项新负债。

（2）财务报表日后取得确凿证据，表明某项资产在财务报表日发生了减值或者需要调整该项资产原先确认的减值金额。

（3）财务报表日后进一步确定了财务报表日前购入资产的成本或售出资产的收入。

（4）财务报表日后发现了财务报表舞弊或差错。

（二）财务报表日后非调整事项

这类事项因不影响财务报表日财务状况，所以不需要调整被审计单位的本期财务报表。但如果被审计单位的财务报表因此可能受到误解，就应在财务报表中以附注的形式予以适当披露。

被审计单位在财务报表日后发生的，需要在财务报表上披露而非调整的事项通常包括：

（1）财务报表日后发生重大诉讼、仲裁、承诺。

（2）财务报表日后资产价格、税收政策、外汇汇率发生重大变化。

（3）财务报表日后因自然灾害导致资产发生重大损失。

（4）财务报表日后发行股票和债券以及其他巨额举债。

（5）财务报表日后资本公积转增资本。

（6）财务报表日后发生巨额亏损。

（7）财务报表日后发生企业合并或处置子公司。

（8）财务报表日后企业利润分配方案中拟分配的以及经审议批准宣告发放的股利或利润。

（三）不同段的期后事项及其审计

如图 7-1 所示，对期后事项可以划分为三个时段，资产负债表日至审计报告日之间发生的期后事项属于“第一时段期后事项”，审计报告日后至财务报表报出日前发现的事项属于“第二时段期后事项”，财务报表报出日后发现的事实属于“第三时段期后事项”。

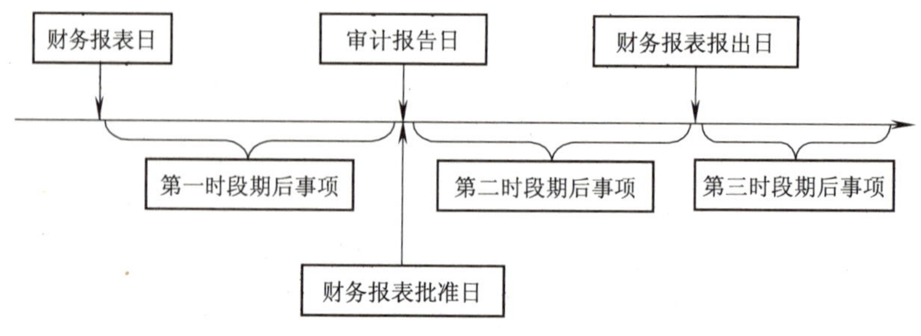

图 7-1　期后事项分段示意图

1. 主动识别第一时段期后事项

对于属于第一时段期后事项，注册会计师负有主动识别的义务，应当设计专门的审计程序来识别这些期后事项，并根据这些事项的性质判断其对财务报表的影响，进而确定是进行调整，还是披露。

注册会计师应当尽量在接近审计报告日时，实施旨在识别需要在财务报表中调整或披露事项的审计程序。用以识别第一时段期后事项的审计程序通常包括：

（1）了解管理层为确保识别期后事项而建立的程序。

（2）询问管理层和治理层，确定是否已发生可能影响财务报表的期后事项。

（3）查阅被审计单位的所有者、管理层和治理层在财务报表日后举行会议的纪要，在不能获取会议纪要的情况下，应询问此类会议讨论的事项。

（4）查阅被审计单位最近的中期财务报表，如果认为必要和适当，还应当查阅财务报表日后最近期间内的预算、现金流量预测和其他相关的管理报告。

（5）就诉讼和索赔事项询问被审计单位的法律顾问，或扩大之前口头或书面查询的范围。

如果所知悉的期后事项属于调整事项，注册会计师应当考虑被审计单位是否已对财务报表作出适当的调整。如果所知悉的期后事项属于非调整事项，注册会计师应当考虑被审计单位是否在财务报表附注中予以充分披露。

2. 被动识别第二时段期后事项

在审计报告日后，注册会计师没有责任针对财务报表实施审计程序或进行专门查询。但在审计报告日后至财务报表报出日前，如果知悉可能对财务报表产生重大影响的事实，注册会计师应当考虑是否需要修改财务报表，并与管理层讨论，同时根据具体情况采取适当措施。

如果注册会计师认为期后事项的影响足够重大，确定需要修改财务报表的，也还

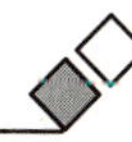

需要根据管理层是否同意修改财务报表，或审计报告是否已经提交等具体情况采取适当措施。

（1）管理层同意修改财务报表

如果管理层修改了财务报表，此时注册会计师需要获取充分、适当的审计证据，以验证管理层根据期后事项所作出的财务报表调整或披露是否符合企业会计准则和相关会计制度的规定。此外，注册会计师还要针对修改后的财务报表出具新的审计报告和索取新的管理层声明书。新的审计报告日期不应早于董事会或类似机构批准修改后的财务报表的日期。同时，审计人员应将审计程序延伸至新的审计报告日，以避免重大遗漏。

（2）管理层不修改财务报表且审计报告未提交

如果注册会计师认为应当修改财务报表而管理层没有修改，并且审计报告尚未提交给被审计单位，注册会计师应当按照《中国注册会计师审计准则第 1502 号——非标准审计报告》的规定，出具保留意见或否定意见的审计报告。

（3）管理层不修改财务报表且审计报告已提交

如果注册会计师认为应当修改财务报表而管理层没有修改，并且审计报告已提交给被审计单位，注册会计师应当通知治理层不要将财务报表和审计报告向第三方报出。如果财务报表仍被报出，注册会计师应当采取措施防止财务报表使用者信赖该审计报告。例如，针对上市公司，注册会计师可以利用证券传媒，刊登必要的声明，防止使用者信赖审计报告。注册会计师采取的措施取决于自身的权利和义务以及所征询的法律意见。

3. 没有义务识别第三时段期后事项

财务报表报出日后发现的事实属于第三时段期后事项的，注册会计师没有义务针对财务报表作出查询。但是，并不排除注册会计师通过媒体等其他途径获悉可能对财务报表产生重大影响的期后事项的可能性。

在财务报表报出后，如果知悉在审计报告日已存在的、可能导致修改审计报告的事实，注册会计师应当考虑是否需要修改财务报表，并与管理层进行讨论。同时，根据具体情况采取适当措施。

如果管理层修改了财务报表，注册会计师应复核所采取的措施能否确保所有收到原财务报表和审计报告的人士了解这一情况，并针对修改后的财务报表出具新的审计报告。新的审计报告中应当增加强调事项段，提请财务报表使用者注意财务报表附注中对修改原财务报表原因的详细说明，以及注册会计师提供的原审计报告，新的审计报告日期不应早于董事会或类似机构批准修改后的财务报表的日期。

如果管理层既没有采取必要措施确保所有收到原财务报表和审计报告的人士了解这一情况，又没有在注册会计师认为需要修改的情况下修改财务报表，注册会计师应当采取措施防止财务报表使用者信赖该审计报告，并将拟采取的措施通知治理层。

案例分析

事项 2 分析：

A 公司于 2014 年 2 月 1 日收到 B 企业通知，B 企业已进行破产清算，无力偿还所

欠部分货款，预计A公司可收回应收账款的40%，该事项属于财务报表日后事项中的调整事项，审计人员应建议A公司进行调整。调整分录如下：

补提坏账准备 5 800×60%–290=3 190（万元）

借：资产减值损失　　3 190

　　贷：应收账款——坏账准备　　3 190

调整所得税：

借：应交税费——应交所得税（3 190×25%）　　797.5

　　贷：所得税费用　　797.5

调整盈余公积：

借：盈余公积——法定盈余公积（3 190×75%×10%）　　239.25

　　贷：利润分配——提取法定盈余公积　　239.25

事项3分析：

A公司下属工厂发生火灾，是在财务报表日后、审计报告前发生的非调整事项，虽不影响2013年度财务报表的金额，但可能影响对财务报表的正确理解，注册会计师应当与A公司沟通了解火灾情况，并提请在财务报表附注中予以披露。

六、复核审计工作底稿和财务报表

（一）对财务报表总体合理性实施分析程序

在审计结束或临近结束时，通过运用分析程序确定经审计调整后的财务报表整体是否与其对被审计单位的了解一致，是否具有合理性。这时运用分析程序是强制要求。在运用分析程序进行总体复核时，如果识别出以前未识别的重大错报风险，注册会计师应重新评价之前计划的审计程序是否充分，是否有必要追加审计程序。

（二）评价审计结果

注册会计师评价审计结果，主要为了确定将要发表的审计意见的类型以及在整个审计工作中是否遵循了审计准则。为此，注册会计师必须完成两项工作：①对重要性和审计风险进行最终的评价；②对被审计单位已审计财务报表形成审计意见并草拟审计报告。

1. 对重要性和审计风险进行最终的评价

对重要性和审计风险进行最终评价，是注册会计师决定发表何种类型审计意见的必要过程。该过程可通过以下两个步骤来完成：

（1）确定可能错报金额。可能错报金额既包括已经识别的具体错报和推断误差，也包括上一期间的任何未更正可能错报。

（2）根据财务报表层次重要性水平，确定可能的错报金额的汇总数（即可能错报总额）对财务报表的影响程度。应当注意的是，这里的财务报表层次的重要性水平是指审计计划阶段确定的重要性水平。

注册会计师在审计计划阶段已确定了审计风险的可接受水平。随着可能错报总和的增加，财务报表可能被严重错报的风险也会增加。如果注册会计师得出结论，审计风险处在一个可接受的水平，则可以直接提出审计结果所支持的意见；如果注册会计师认为审计风险不能接受，则应追加测试或者说服被审计单位作必要调整，以便将重要错报的

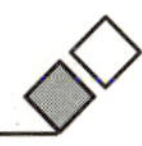

风险降低到一个可接受的水平。否则，注册会计师应慎重考虑该审计风险对审计报告的影响。

2. 对被审计单位已审计财务报表形成审计意见并草拟审计报告

在审计过程中，要实施各种测试。这些测试通常是由参与本次审计工作的审计项目组成员来执行的，而每个成员所执行的测试可能只限于某几个领域或账项。所以，在每个功能领域或报表项目的测试都完成之后，审计项目经理应汇总所有成员的审计结果。为了对财务报表整体发表适当的意见，必须将这些分散的审计结果加以汇总和评价，项目合伙人对这些工作负有最终的责任。在有些情况下这些工作可以先由审计项目经理初步完成，然后再逐级交给部门经理和主任会计师认真复核。

在对审计意见形成最后决定之前会计师事务所通常要与被审计单位召开沟通会。在会议上，注册会计师可口头报告本次审计所发现的问题，并说明建议被审计单位作必要调整或表外披露的理由。当然，管理层也可以在会上申辩其立场。最后，通常会对需要被审计单位做出的改变达成协议。如达成了协议。注册会计师一般即可签发标准审计报告，否则。注册会计师则可能不得不发表其他类型的审计意见。注册会计师的审计意见是通过审计报告来反映的。

3. 复核审计工作底稿

会计师事务所应当建立完善的审计工作底稿分级复核制度。对审计工作底稿的复核可分为两个层次：项目组内部复核和独立的项目质量控制复核。

（1）项目组内部复核

项目组内部复核又分为两个层次：审计项目经理的现场复核和项目合伙人的复核。

1）审计项目经理的现场复核。审计项目经理对审计工作底稿的复核属于第一级复核。该级复核通常在审计现场完成，以便及时发现和解决问题，争取审计工作的主动。

2）项目合伙人的复核。项目合伙人对审计工作底稿实施复核是项目组内部最高级别的复核。该复核既是对审计项目经理复核的再监督，也是对重要审计事项的重点把关。

（2）独立的项目质量控制复核

项目质量控制复核是指在出具报告前，对项目组做出的重大判断和在准备报告时形成的结论做出客观评价的过程。项目质量控制复核也称独立复核。

《会计师事务所质量控制准则第 5101 号　　业务质量控制》，要求对包括上市公司财务报表审计在内的特定业务实施项目质量控制复核，并在出具报告前完成。

针对项目负责经理和项目合伙人的复核以及项目质量控制复核，很多会计师事务所都备有详细的业务执行复核工作核对表，项目复核可以通过填列业务执行复核工作核对表的方式来进行。复核工作核对表不仅可对那些容易被忽视的审计工作起到提醒作用，还有利于检查审计证据的充分性和适当性。

七、获取管理层声明书

管理层声明是指被审计单位管理层向注册会计师提供的关于财务报表的各项陈述。管理层声明具有两个基本作用。①明确管理层对财务报表的责任。被审计单位管理层在声明书中

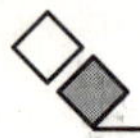

对提供给注册会计师的有关资料的真实性、合法性和完整性做出正面陈述，并明确承认对财务报表负责。②提供审计证据。被审计单位管理层声明书把管理层对注册会计师的询问所做的答复以书面方式予以记录，可作为书面证据。管理层声明书包括以下要点：

1. **总体要求**

当要求管理层提供声明书时，注册会计师应当要求将声明书径送注册会计师本人。声明书应当包括要求列明的信息，标明适当的日期并经签署人签署。

2. **主要内容**

针对财务报表的编制，注册会计师要求管理层确认根据审计业务约定条款，履行了按照适用的财务报告编制基础编制财务报表并使其公允反映的责任。

针对提供的信息和交易的完整性，注册会计师要求管理层声明：

（1）按照审计业务约定条款，已向注册会计师提供所有相关信息，注册会计师接触相关信息不受限制。

（2）所有交易均已记录并反映在财务报表中。

3. **签署日期**

管理层声明书标明的日期通常与审计报告日一致。但在某些情况下，注册会计师也可能在审计过程中或审计报告日后就某些交易或事项获取单独的书面声明。

4. **签署人**

管理层声明书通常由管理层中对被审计单位及其财务负主要责任的人员签署。在某些情况下，注册会计师也可以向管理层中的其他人员获取管理层声明书。

如果管理层拒绝提供注册会计师认为必要的声明，注册会计师应当将其视为审计范围受到限制，出具保留意见或无法表示意见的审计报告。同时，在这种情况下，注册会计师应当评价审计过程中获取的管理层其他声明的可靠性，并考虑管理层拒绝提供声明是否可能对审计报告产生其他影响。

7.2 出具审计报告

一、审计报告的含义

审计报告是指注册会计师根据审计准则的规定，在实施审计工作的基础上对被审计单位财务报表发表审计意见的书面文件。

注册会计师应当根据由审计证据得出的结论，清楚地表达对财务报表的意见。无论是出具标准审计报告，还是非标准审计报告，注册会计师一旦在审计报告上签名并盖章，就表明对其出具的审计报告负责。注册会计师应当将已审计的财务报表附于审计报告之后，以便于财务报表使用者正确理解和使用审计报告，并防止被审计单位替换、更改已审计的财务报表。

二、审计报告的作用

注册会计师签发的审计报告，主要具有鉴证、保护和证明三方面的作用。

1. 鉴证作用

注册会计师签发的审计报告，不同于政府审计和内部审计的审计报告，是以超然独立的第三者身份，对被审计单位财务报表合法性、公允性发表意见。这种意见具有鉴证作用，得到了政府及其各部门和社会各界的普遍认可。政府有关部门，如财政部门、税务部门等了解、掌握企业的财务状况和经营成果的主要依据是企业提供的财务报表，股份制企业的股东进行投资决策也主要依据被投资企业的财务报表。而财务报表是否合法、公允，主要依据注册会计师的审计报告做出判断。

2. 保护作用

注册会计师通过审计，可以对被审计单位财务报表出具不同类型审计意见的审计报告，以提高或降低财务报表信息使用者对财务报表的信赖程度，能够在一定程度上对被审计单位的财产、债权人和股东的权益及企业利害关系人的利益起到保护作用。例如，投资者为了减少投资风险，在进行投资之前，必须要查阅被投资企业的财务报表和注册会计师的审计报告，了解被投资企业的经营情况和财务状况。

3. 证明作用

审计报告是对注册会计师审计任务完成情况及其结果所做的总结，它可以表明审计工作的质量并明确注册会计师的审计责任。通过审计报告，可以证明注册会计师在审计过程中是否实施了必要的审计程序，是否以审计工作底稿为依据发表审计意见，发表的审计意见是否与被审计单位的实际情况相一致，审计工作的质量是否符合要求。

三、审计报告的类型

审计报告分为标准审计报告和非标准审计报告。标准审计报告是指不附加说明段、强调事项段或任何修饰性用语的无保留意见的审计报告。非标准审计报告是指标准审计报告以外的其他审计报告，包括带强调事项段的无保留意见的审计报告和非无保留意见的审计报告。非无保留意见的审计报告包括保留意见的审计报告、否定意见的审计报告和无法表示意见的审计报告。

四、标准审计报告

如果认为财务报表符合下列所有条件，注册会计师应当出具标准审计报告：

（1）财务报表已经按照使用的会计准则的规定编制，在所有重大方面公允反映了被审计单位的财务状况、经营成果和现金流量。

（2）注册会计师已经按照中国注册会计师执业准则的规定来计划实施审计工作，在审计过程中未受到限制。

标准审计报告应当包括下列要素：①标题；②收件人；③引言段；④管理层对财务报表的责任段；⑤注册会计师的责任段；⑥审计意见段；⑦注册会计师的签名和盖章；⑧会计师事务所的名称、地址及盖章；⑨报告日期。

1. 标题

审计报告的标题应当统一规范为“审计报告”。

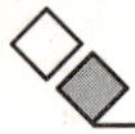

2. 收件人

审计报告的收件人是指注册会计师按照业务约定书的要求致送审计报告的对象，一般是指审计业务的委托人。审计报告应当载明收件人的全称。针对整套通用目的财务报表出具的审计报告，审计报告的致送对象通常为被审计单位的股东或治理层。

3. 引言段

审计报告的引言段应当说明被审计单位的名称和财务报表已经过审计，包括下列内容：

（1）指出被审计单位的名称。

（2）说明财务报表已经审计。

（3）指出构成整套财务报表的每张财务报表的名称。

（4）提及财务报表附注。

（5）指明财务报表的日期和涵盖的期间。

审计意见应当涵盖由适用的财务报告编制基础所确定的整套财务报表。在许多通用目的编制基础中，财务报表包括资产负债表、利润表、现金流量表、所有者权益变动表，以及重要会计政策概要和其他解释性信息。补充信息也可能被认为是财务报表的必要组成部分。

4. 管理层对财务报表的责任段

管理层对财务报表的责任段应当说明，编制财务报表是管理层的责任，这种责任包括：

（1）按照适用的财务报告编制基础编制财务报表，并使其实现公允反映。

（2）设计、执行和维护必要的内部控制，以使财务报表不存在由于舞弊或错误而导致的重大错报。

5. 注册会计师的责任段

注册会计师的责任段应当说明下列内容：

（1）注册会计师的责任是在执行审计工作的基础上对财务报表发表审计意见。

（2）注册会计师按照中国注册会计师审计准则的规定执行了审计工作。中国注册会计师审计准则要求注册会计师遵守中国注册会计师职业道德守则，计划和执行审计工作以对财务报表是否不存在重大错报获取合理保证。

（3）审计工作涉及实施审计程序，以获取有关财务报表金额和披露的审计证据。选择的审计程序取决于注册会计师的判断，包括对由于舞弊或错误导致的财务报表重大错报风险的评估。在进行风险评估时，注册会计师考虑与财务报表编制和公允列报相关的内部控制，以设计恰当的审计程序，但目的并非对内部控制的有效性发表意见。审计工作还包括评价管理层选用会计政策的恰当性和作出会计估计的合理性，以及评价财务报表的总体列报。

（4）注册会计师相信已获取的审计证据是充分、适当的，为其发表审计意见提供了基础。

6. 审计意见段

（1）总体要求

审计报告应当包含标题为“审计意见”的段落。

如果对财务报表发表无保留意见，除非法律法规另有规定，审计意见应当使用“财务报表在所有重大方面按照适用的财务报告编制基础（如企业会计准则等）编制，公允反映了……”的措辞。

（2）适用的财务报告编制基础

提及财务报告的编制基础是什么，如是企业会计准则、国际财务报告准则或其他。

7. 注册会计师的签名和盖章

审计报告应当由两名具备相关业务资格的注册会计师签名盖章并经会计师事务所盖章方为有效。

（1）合伙会计师事务所出具的审计报告，应当由一名对审计项目负最终复核责任的合伙人和一名负责该项目的注册会计师签名盖章。

（2）有限责任会计师事务所出具的审计报告，应当由会计师事务所主任会计师或其授权的副主任会计师和一名负责该项目的注册会计师签名盖章。

8. 会计师事务所的名称、地址及盖章

审计报告应当载明会计师事务所的名称和地址，并加盖会计师事务所公章。

9. 报告日期

审计报告应当注明报告日期。审计报告的日期不应早于注册会计师获取充分、适当的审计证据（包括管理层认可对财务报表的责任且已批准财务报表的证据），并在此基础上对财务报表形成审计意见的日期。

审计报告的日期非常重要。注册会计师对不同时段的财务报表日后事项有着不同的责任，而审计报告的日期是划分时段的关键时点。

附：标准审计报告参考格式

审 计 报 告

ABC股份有限公司全体股东:

一、对财务报表出具的审计报告①

我们审计了后附的ABC股份有限公司（以下简称ABC公司）财务报表，包括20×1年12月31日的资产负债表，20×1年度的利润表、股东权益变动表和现金流量表以及财务报表附注。

（一）管理层对财务报表的责任

编制和公允列报财务报表是ABC公司管理层的责任，这种责任包括: ①按照企业会计准则的规定编制财务报表，并使其实现公允反映；②设计、执行和维护必要的内部控制，以使财务报表不存在由于舞弊或错误导致的重大错报。

（二）注册会计师的责任

我们的责任是在执行审计工作的基础上对财务报表发表审计意见。我们按照中国注册会计师审计准则的规定执行了审计工作。中国注册会计师审计准则要求我们遵守中国注册会计师职业道德守则，计划和执行审计工作以对财务报表是否不存在重大错报获取合理保证。

审计工作涉及实施审计程序，以获取有关财务报表金额和披露的审计证据。选择的审计程序取决于注册会计师的判断，包括对由于舞弊或错误导致的财务报表重大错报风险的评估。在进行风险评估时，注册会计师考虑与财务报表编制和公允列报相关的内部控制，以设计恰当的审计程序，但目的并非对内部控制的有效性发表意见。审计工作还包括评价管理层选用会计政策的恰当性和作出会计估计的合理性，以及评价财务报表的总体列报。

我们相信，我们获取的审计证据是充分、适当的，为发表审计意见提供了基础。

（三）审计意见

我们认为，ABC 公司财务报表在所有重大方面按照企业会计准则的规定编制，公允反映了ABC公司20×1年12月31日的财务状况以及20×1年度的经营成果和现金流量。

二、按照相关法律法规的要求报告的事项

（本部分报告的格式和内容，取决于相关法律法规对其他报告责任的规定。）

××会计师事务所　　　　　　　　　　　　中国注册会计师：×××
（盖章）　　　　　　　　　　　　　　　　（签名并盖章）
　　　　　　　　　　　　　　　　　　　　中国注册会计师：×××
　　　　　　　　　　　　　　　　　　　　（签名并盖章）
中国××市　　　　　　　　　　　　　　　二〇×二年×月×日

注：①如果审计报告中不包含“按照相关法律法规的要求报告的事项”部分，则不需要加入此标题。

五、非标准审计报告

（一）非无保留意见审计报告

1. 确定非无保留意见的类型

非无保留意见包括保留意见、否定意见和无法表示意见。

（1）发表保留意见

当存在下列情形之一时，注册会计师应当发表保留意见：

1）在获取充分、适当的审计证据后，注册会计师认为错报单独或汇总起来对财务报表影响重大，但不具有广泛性。

注册会计师在获取充分、适当的审计证据后，只有当认为财务报表就整体而言是公允的，但还存在对财务报表产生重大影响的错报时，才能发表保留意见。如果注册会计师认为错报对财务报表产生的影响极为严重且具有广泛性，则应发表否定意见。因此，保留意见被视为注册会计师在不能发表无保留意见情况下最不严厉的审计意见。

2）注册会计师无法获取充分、适当的审计证据以作为形成审计意见的基础，但认为未发现的错报（如存在）对财务报表可能产生的影响重大，但不具有广泛性。

注册会计师因审计范围受到限制而发表保留意见还是无法表示意见，取决于无法获取的审计证据对形成审计意见的重要性。注册会计师在判断重要性时，应当考虑有关事

项潜在影响的性质和范围以及在财务报表中的重要程度。只有当未发现的错报（如存在）对财务报表可能产生的影响重大但不具有广泛性时，才能发表保留意见。

（2）发表否定意见

在获取充分、适当的审计证据后，如果认为错报单独或汇总起来对财务报表的影响重大且具有广泛性，注册会计师应当发表否定意见。

（3）发表无法表示意见

如果无法获取充分、适当的审计证据以作为形成审计意见的基础，但认为未发现的错报（如存在）对财务报表可能产生的影响重大且具有广泛性，注册会计师应当发表无法表示意见。

表 7-3 列示了注册会计师对导致发生非无保留意见的事项的性质和这些事项对财务报表产生或可能产生影响的广泛性作出的判断，以及注册会计师的判断对审计意见类型的影响。

表 7-3　导致发生非无保留意见事项的性质与影响

导致发生非无保留意见的事项的性质	这些事项对财务报表产生或可能产生影响的广泛性	
	重大但不具有广泛性	重大且具有广泛性
财务报表存在重大错报	保留意见	否定意见
无法获取充分、适当的审计证据	保留意见	无法表示意见

2. 非无保留意见的审计报告的格式和内容

（1）增加事项段

1）格式和措辞

如果对财务报表发表非无保留意见，除前述规定的审计报告要素外，注册会计师还应当直接在审计意见段之前增加一个段落，并使用恰当的标题，如“导致保留意见的事项”“导致否定意见的事项”或“导致无法表示意见的事项”，说明导致发表非无保留意见的事项。

2）量化财务影响

如果财务报表中存在与具体金额（包括定量披露）相关的重大错报，注册会计师应当在导致非无保留意见的事项段中说明并量化该错报的财务影响。例如，如果存货被高估，注册会计师就可以在审计报告的导致非无保留意见的事项段中说明该重大错报的财务影响，即量化其对所得税、税前利润、净利润和股东权益的影响。如果无法量化财务影响，注册会计师应当在导致非无保留意见的事项段中说明这一情况。

（2）审计意见段

1）标题

在发表非无保留意见时，注册会计师应当对审计意见段使用恰当的标题，如“保留意见”“否定意见”或“无法表示意见”。

2）发表保留意见

当出具保留意见的审计报告时，注册会计师应当在审计意见段中使用“除……可能产生的影响外”等措辞。

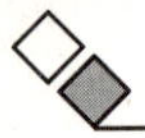

3）发表否定意见

当发表否定意见时，注册会计师应当在审计意见段中说明：注册会计师认为，由于导致否定意见的事项段所述事项的重要性，财务报表没有在所有重大方面按照适用的财务报告编制基础编制，未能实现公允反映。

4）发表无法表示意见

当由于无法获取充分、适当的审计证据而发表无法表示意见时，注册会计师应当在审计意见段中说明：由于导致无法表示意见的事项段所述事项的重要性，注册会计师无法获取充分、适当的审计证据以为发表审计意见提供基础，因此注册会计师不对这些财务报表发表审计意见。

附：由于财务报表存在重大错报而出具保留意见的审计报告参考格式

审 计 报 告

ABC股份有限公司全体股东:

一、对财务报表出具的审计报告

我们审计了后附的ABC股份有限公司(以下简称ABC公司)财务报表，包括20×1年12月31日的资产负债表，20×1年度的利润表、现金流量表和股东权益变动表以及财务报表附注。

(一)管理层对财务报表的责任

编制和公允列报财务报表是ABC公司管理层的责任，这种责任包括:①按照企业会计准则的规定编制财务报表，并使其实现公允反映；②设计、执行和维护必要的内部控制，以使财务报表不存在由于舞弊或错误导致的重大错报。

(二)注册会计师的责任

我们的责任是在执行审计工作的基础上对财务报表发表审计意见。我们按照中国注册会计师审计准则的规定执行了审计工作。中国注册会计师审计准则要求我们遵守职业道德守则，计划和执行审计工作以对财务报表是否不存在重大错报获取合理保证。

审计工作涉及实施审计程序，以获取有关财务报表金额和披露的审计证据。选择的审计程序取决于注册会计师的判断，包括对由于舞弊或错误导致的财务报表重大错报风险的评估。在进行风险评估时，注册会计师考虑与财务报表编制和公允列报相关的内部控制，以设计恰当的审计程序，但目的并非对内部控制的有效性发表意见。审计工作还包括评价管理层选用会计政策的恰当性和作出会计估计的合理性，以及评价财务报表的总体列报。

我们相信，我们获取的审计证据是充分、适当的，为发表保留意见提供了基础。

(三)导致保留意见的事项

ABC公司20×1年12月31日资产负债表中存货的列示金额为×元。管理层根据成本对存货进行计量，而没有根据成本与可变现净值孰低的原则进行计量，这不符合企业会计准则的规定。公司的会计记录显示，如果管理层以成本与可变现净值孰低来计量存货，存货列示金额将减少×元。相应地，资产减值损失将增加×元，所得税、净利润和股东权益将分别减少×元、×元和×元。

（四）保留意见

我们认为，除“（三）导致保留意见的事项”段所述事项产生的影响外，ABC公司财务报表在所有重大方面按照企业会计准则的规定编制，公允反映了ABC公司20×1年12月31日的财务状况以及20×1年度的经营成果和现金流量。

二、按照相关法律法规的要求报告的事项

（本部分报告的格式和内容，取决于相关法律法规对其他报告责任的规定。）

××会计师事务所　　　　中国注册会计师：×××
（盖章）　　　　（签名并盖章）
　　　　中国注册会计师：×××
　　　　（签名并盖章）

中国××市　　　　二〇×二年×月×日

附：由于注册会计师无法获取充分、适当的审计证据而出具保留意见的审计报告参考格式

审 计 报 告

ABC股份有限公司全体股东:

一、对财务报表出具的审计报告

我们审计了后附的ABC股份有限公司（以下简称ABC公司）财务报表，包括20×1年12月31日的资产负债表，20×1年度的利润表、现金流量表和股东权益变动表以及财务报表附注。

（一）管理层对财务报表的责任

编制和公允列报财务报表是ABC公司管理层的责任，这种责任包括：①按照企业会计准则的规定编制财务报表，并使其实现公允反映；②设计、执行和维护必要的内部控制，以使财务报表不存在由于舞弊或错误导致的重大错报。

（二）注册会计师的责任

我们的责任是在执行审计工作的基础上对财务报表发表审计意见。我们按照中国注册会计师审计准则的规定执行了审计工作。中国注册会计师审计准则要求我们遵守职业道德守则，计划和执行审计工作以对财务报表是否不存在重大错报获取合理保证。

审计工作涉及实施审计程序，以获取有关财务报表金额和披露的审计证据。选择的审计程序取决于注册会计师的判断，包括对由于舞弊或错误导致的财务报表重大错报风险的评估。在进行风险评估时，注册会计师考虑与财务报表编制和公允列报相关的内部控制，以设计恰当的审计程序，但目的并非对内部控制的有效性发表意见。审计工作还包括评价管理层选用会计政策的恰当性和作出会计估计的合理性，以及评价财务报表的总体列报。

我们相信，我们获取的审计证据是充分、适当的，为发表保留意见提供了基础。

（三）导致保留意见的事项

如财务报表附注×所述，ABC公司于20×1年取得了XYZ公司30%的股权，因此能够对XYZ公司施加重大影响，故采用权益法核算该项股权投资，于20×1年度确认对XYZ

公司的投资收益×元，截至20×1年12月31日该项股权投资的账面价值为×元。由于我们未被允许接触XYZ公司的财务信息、管理层和执行XYZ公司审计的注册会计师，我们无法就该项股权投资的账面价值以及ABC公司确认的20×1年度对XYZ公司的投资收益获取充分、适当的审计证据，也无法确定是否有必要对这些金额进行调整。

（四）保留意见

我们认为，除"（三）导致保留意见的事项"段所述事项可能产生的影响外，ABC公司财务报表在所有重大方面按照企业会计准则的规定编制，公允反映了ABC公司20×1年12月31日的财务状况以及20×1年度的经营成果和现金流量。

二、按照相关法律法规的要求报告的事项

（本部分报告的格式和内容，取决于相关法律法规对其他报告责任的规定。）

××会计师事务所　　　　中国注册会计师：×××
（盖章）　　　　（签名并盖章）
中国注册会计师：×××
（签名并盖章）

中国××市　　　　二〇×二年×月×日

附：由于财务报表存在重大错报而出具否定意见的审计报告参考格式

审 计 报 告

ABC股份有限公司全体股东:

一、对合并财务报表出具的审计报告

我们审计了后附的ABC股份有限公司（以下简称ABC公司）的合并财务报表，包括20×1年12月31日的合并资产负债表，20×1年度的合并利润表、合并现金流量表和合并股东权益变动表以及财务报表附注。

（一）管理层对合并财务报表的责任

编制和公允列报合并财务报表是ABC公司管理层的责任，这种责任包括：①按照企业会计准则的规定编制合并财务报表，并使其实现公允反映；（2）设计、执行和维护必要的内部控制，以使合并财务报表不存在由于舞弊或错误导致的重大错报。

（二）注册会计师的责任

我们的责任是在执行审计工作的基础上对合并财务报表发表审计意见。我们按照中国注册会计师审计准则的规定执行了审计工作。中国注册会计师审计准则要求我们遵守职业道德守则，计划和执行审计工作以对合并财务报表是否不存在重大错报获取合理保证。

审计工作涉及实施审计程序，以获取有关合并财务报表金额和披露的审计证据。选择的审计程序取决于注册会计师的判断，包括对由于舞弊或错误导致的合并财务报表重大错报风险的评估。在进行风险评估时，注册会计师考虑与合并财务报表编制和公允列报相关的内部控制，以设计恰当的审计程序，但目的并非对内部控制的有效性发表意见。审计工作还包括评价管理层选用会计政策的恰当性和作出会计估计的合理

性，以及评价合并财务报表的总体列报。

我们相信，我们获取的审计证据是充分、适当的，为发表否定意见提供了基础。

（三）导致否定意见的事项

如财务报表附注×所述，20×1年ABC公司通过非同一控制下的企业合并获得对XYZ公司的控制权，因未能取得购买日XYZ公司某些重要资产和负债的公允价值，故未将XYZ公司纳入合并财务报表的范围，而是按成本法核算对公司的股权投资。ABC公司的这项会计处理不符合企业会计准则的规定。如果将XYZ公司纳入合并财务报表的范围，ABC公司合并财务报表的多个报表项目将受到重大影响，但我们无法确定未将XYZ公司纳入合并范围对财务报表产生的影响。

（四）否定意见

我们认为，由于“（三）导致否定意见的事项”段所述事项的重要性，ABC公司的合并财务报表没有在所有重大方面按照企业会计准则的规定编制，未能公允反映ABC公司及其子公司20×1年12月31日的财务状况以及20×1年度的经营成果和现金流量。

二、按照相关法律法规的要求报告的事项

（本部分报告的格式和内容，取决于相关法律法规对其他报告责任的规定。）

××会计师事务所　　　　　　　　中国注册会计师：×××
（盖章）　　　　　　　　　　　　（签名并盖章）
　　　　　　　　　　　　　　　　中国注册会计师：×××
　　　　　　　　　　　　　　　　（签名并盖章）
中国××市　　　　　　　　　　　二○×二年×月×日

附：由于注册会计师无法针对财务报表多个要素获取充分、适当的审计证据而出具无法表示意见的审计报告参考格式

审 计 报 告

ABC股份有限公司全体股东：

一、对财务报表出具的审计报告

我们接受委托，审计了后附的ABC股份有限公司（以下简称ABC公司）财务报表，包括20×1年12月31日的资产负债表，20×1年度的利润表、现金流量表和股东权益变动表以及财务报表附注。

（一）管理层对财务报表的责任

编制和公允列报财务报表是ABC公司管理层的责任，这种责任包括：①按照企业会计准则的规定编制财务报表，并使其实现公允反映；②设计、执行和维护必要的内部控制，以使财务报表不存在由于舞弊或错误导致的重大错报。

（二）注册会计师的责任

我们的责任是在按照中国注册会计师审计准则的规定执行审计工作的基础上对财务报表发表审计意见。但由于“（三）导致无法表示意见的事项”段中所述的事项，我们无法获取充分、适当的审计证据以为发表审计意见提供基础。

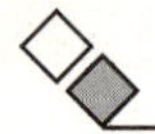

（三）导致无法表示意见的事项

我们于20×2年1月接受ABC公司的审计委托，因而未能对ABC公司20×1年年初金额为×元的存货和年末金额为×元的存货实施监盘程序。此外，我们也无法实施替代审计程序获取充分、适当的审计证据。并且，ABC公司于20×1年9月采用新的应收账款电算化系统，由于存在系统缺陷导致应收账款出现大量错误。截至审计报告日，管理层仍在纠正系统缺陷并更正错误，我们也无法实施替代审计程序，以对截至20×1年12月31日的应收账款总额×元获取充分、适当的审计证据。因此，我们无法确定是否有必要对存货、应收账款以及财务报表其他项目作出调整，也无法确定应调整的金额。

（四）无法表示意见

由于"（三）导致无法表示意见的事项"段所述事项的重要性，我们无法获取充分、适当的审计证据以为发表审计意见提供基础，因此我们不对ABC公司财务报表发表审计意见。

二、按照相关法律法规的要求报告的事项

（本部分报告的格式和内容，取决于相关法律法规对其他报告责任的规定。）

××会计师事务所　　　　　　　　　　　　中国注册会计师：×××
（盖章）　　　　　　　　　　　　　　　　（签名并盖章）
　　　　　　　　　　　　　　　　　　　　中国注册会计师：×××
　　　　　　　　　　　　　　　　　　　　（签名并盖章）
中国××市　　　　　　　　　　　　　　　二〇×二年×月×日

（二）审计报告的强调事项段

1. 强调事项段的含义

审计报告的强调事项段是指审计报告中含有的一个段落，该段落提及已在财务报表中恰当列报或披露的事项，根据注册会计师的职业判断，该事项对财务报表使用者理解财务报表至关重要。

2. 增加强调事项段的情形

如果认为有必要提醒财务报表使用者关注已在财务报表中列报或披露，且根据职业判断认为对财务报表使用者理解财务报表至关重要的事项，注册会计师在已获取充分、适当的审计证据证明该事项在财务报表中不存在重大错报的条件下，应当在审计报告中增加强调事项段。

注册会计师可能认为需要增加强调事项段的情形举例如下：

（1）异常诉讼或监管行动的未来结果存在不确定性。

（2）提前应用（在允许的情况下）对财务报表有广泛影响的新会计准则。

（3）存在已经或持续对被审计单位财务状况产生重大影响的特大灾难。

强调事项段紧接在审计意见段之后，由于增加强调事项段是为了提醒财务报表使用者关注某些事项，并不影响注册会计师的审计意见，为了使财务报表使用者明确这一点，注册会计师应当在强调事项段中指明：该段内容仅用于提醒财务报表使用者关注，并不

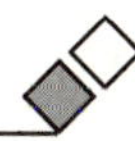

影响已发表的审计意见。

附：带强调事项段的保留意见的审计报告参考格式

审 计 报 告

ABC股份有限公司全体股东：

一、对财务报表出具的审计报告

我们审计了后附的ABC股份有限公司（以下简称ABC公司）财务报表，包括20×1年12月31日的资产负债表，20×1年度的利润表、现金流量表和股东权益变动表以及财务报表附注。

（一）管理层对财务报表的责任

编制和公允列报财务报表是ABC公司管理层的责任，这种责任包括：①按照企业会计准则的规定编制财务报表，并使其实现公允反映；②设计、执行和维护必要的内部控制，以使财务报表不存在由于舞弊或错误导致的重大错报。

（二）注册会计师的责任

我们的责任是在执行审计工作的基础上对财务报表发表审计意见。我们按照中国注册会计师审计准则的规定执行了审计工作。中国注册会计师审计准则要求我们遵守中国注册会计师职业道德守则，计划和执行审计工作以对财务报表是否不存在重大错报获取合理保证。

审计工作涉及实施审计程序，以获取有关财务报表金额和披露的审计证据。选择的审计程序取决于注册会计师的判断，包括对由于舞弊或错误导致的财务报表重大错报风险的评估。在进行风险评估时，注册会计师考虑与财务报表编制和公允列报相关的内部控制，以设计恰当的审计程序，但目的并非对内部控制的有效性发表意见。审计工作还包括评价管理层选用会计政策的恰当性和作出会计估计的合理性，以及评价财务报表的总体列报。

我们相信，我们获取的审计证据是充分、适当的，为发表保留意见提供了基础。

（三）导致保留意见的事项

ABC公司于20×1年12月31日资产负债表中反映的交易性金融资产为×元，ABC公司管理层对这些交易性金融资产未按照公允价值进行后续计量，而是按照其历史成本进行计量，这不符合企业会计准则的规定。如果按照公允价值进行后续计量，ABC公司20×1年度利润表中公允价值变动损失将增加×元，20×1年12月31日资产负债表中交易性金融资产将减少×元，相应地，所得税、净利润和股东权益将分别减少×元、×元和×元。

（四）保留意见

我们认为，除“（三）导致保留意见的事项”段所述事项产生的影响外，ABC公司财务报表在所有重大方面按照企业会计准则的规定编制，公允反映了ABC公司20×1年12月31日的财务状况以及20×1年度的经营成果和现金流量。

（五）强调事项

我们提醒财务报表使用者关注，如财务报表附注×所述，截至财务报表批准日，XYZ公司对ABC公司提出的诉讼尚在审理当中，其结果具有不确定性。本段内容不影响已发表的审计意见。

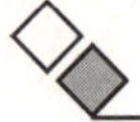

二、按照相关法律法规的要求报告的事项

（本部分报告的格式和内容，取决于相关法律法规对其他报告责任的规定。）

××会计师事务所　　　　　　　　　　　　　　　　中国注册会计师：×××

（盖章）　　　　　　　　　　　　　　　　　　　　（签名并盖章）

中国注册会计师：×××

（签名并盖章）

中国××市　　　　　　　　　　　　　　　　　　二〇×二年×月×日

【引导案例分析】

对于情况（1），应提请被审计单位提取存货跌价准备 142 万元，被审计单位拒绝时，应出具保留意见审计报告，因为存货错报额 142 万元，超过存货的重要性水平 100 万元，但低于报表层次的重要性水平 450 万元，即个别审计项目不公允。

其说明段为：

经审计我们发现，A 公司乙材料成本为 4 800 万元，该材料截至 2013 年 12 月 31 日的可变现净值为 4 658 万元，按企业会计准则的规定应计提存货跌价准备，A 公司未能接受我们的建议；该事项将使 A 公司 2013 年 12 月 31 日资产负债表的流动资产减少 142 万元，该年度利润表的利润总额减少 142 万元。

对于情况（2），应提请被审计单位提取借款利息并增加长期借款余额 480 万元，计入在建工程 400 万元、财务费用 80 万元，被审计单位拒绝时应发表保留意见，因为上述错报额均超过了相应项目的重要性水平 30 万元、30 万元、15 万元，虽超过财务报表层次的重要性水平为 450 万元，但较为接近，财务报表在整体上还算公允。

其说明段为：

经审计我们发现，A 公司的长期借款 9 600 万元未计提利息 480 万元，按企业会计准则的规定应计提利息，同时利息支出应计入在建工程 400 万元、财务费用 80 万元，A 公司未能接受我们的建议；该事项将使 A 公司 2013 年 12 月 31 日资产负债表的在建工程减少 400 万元、长期负债减少 480 万元，该年度利润表的利润总额减少 80 万元。

对于情况（3），无法监盘的存货占资产总额的 45%无法估计损失，属于审计范围受到了非常重大和广泛的限制，不能获取充分、适当的审计证据，以至无法对财务报表发表意见，应发表无法表示意见。

其说明段、意见段分别为：

经审计我们发现，A 公司远郊仓库倒塌，使占资产总额 45%的存货无法监盘，也无法估计损失额，也无法实施替代审计程序，以对期末存货的数量和状况获取充分、适当的审计证据。

由于上述审计范围受到限制可能产生的影响非常重大和广泛，我们无法对 A 公司的财务报表发表意见。

对于情况（4），销售退回属于期后调整事项，需要被审计单位进行账项调整，调整办法是冲减 2013 年度的主营业务收入、主营业务成本和增值税销项税额。而被审计单位冲减的是 2014 年度的销售收入，混淆了不同的会计期间。由于该事项金额大大超过主营

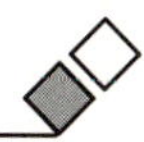

业务收入、主营业务成本项目和会计报表层次的重要性水平金额，A公司拒绝审计调整建议，注册会计师应该发表否定意见的审计报告。

其说明段、意见段分别为：

经审计我们发现，A公司2014年1月23日发生的上年销售甲产品退回，按会计准则规定应调整2013年的财务报表，A公司未接受我们的建议；该事项将使A公司2013年度利润表的主营业务收入减少10 000万元、利润总额减少4 000万元。

我们认为，由于受到上述事项的重大影响，A公司财务报表没有在所有重大方面按照企业会计准则规定编制，未能公允反映A公司2013年12月31日的财务状况以及2013年度的经营成果和现金流量。

习　　题

一、单选题

1．甲企业2014年1月20日向乙企业销售一批商品，已进行收入确认的有关财务处理，同年2月1日，乙企业收到货物后验收不合格要求退货，2月10日甲企业收到退货。甲企业年度财务报表批准报出日是4月30日。甲企业对此业务的处理是（　　）。

A．作为2013年财务报表日后事项的调整事项

B．作为2013年财务报表日后事项的非调整事项

C．作为2014年财务报表日后事项的调整事项

D．作为2014年当期正常事项，作销售退回处理

2．下列有关财务报表日至审计报告日之间发生的期后事项的说法中正确的是（　　）。

A．因为这个阶段已经不属于注册会计师所审计年度的事项，无须关注

B．注册会计师没有责任针对财务报表实施审计程序进行专门查询

C．注册会计师应当实施必要的审计程序，获取充分、适当的审计证据以主动识别该期后事项

D．在财务报表报出后，注册会计师没有义务针对财务报表做出查询

3．注册会计师在对或有事项进行审计时，下列审计程序中最无效的是（　　）。

A．审核银行存款函证回函　　B．审核应收票据函证回函

C．审核律师声明书　　D．审核长期股权投资函证回函

4．注册会计师对被审计单位年度财务报表审计时，应关注其财务危机。下列各种迹象中，属于财务危机的是（　　）。

A．会计主管人员离职且无人替代

B．失去主要市场、特许权或主要供应商

C．人力资源或重要原材料短缺

D．发生重大经营亏损或用以产生现金流量的资产的价值出现大幅下跌

5．注册会计师如果认为被审计单位在可预见的将来无法持续经营，继续运用持续经营假设编制财务报表不合理，但被审计单位对此作了充分披露，注册会计师应当出具的审计报告类型为（　　）。

A．带强调事项段的无保留意见　　B．保留意见

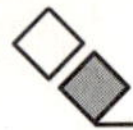

C．否定意见　　D．保留意见或无法表示意见

6．在审计结束或临近结束时，注册会计师运用分析程序的目的是（　　）。

A．确定更加合理的重要性水平

B．确定审计调整后的财务报表整体是否与其对被审计单位的了解一致

C．确定可接受的检查风险水平

D．确定是否将重大错报风险降低到可接受的低水平

7．下列不属于注册会计师对财务报表审计时所出具的审计报告中注册会计师责任段所描述的内容是（　　）。

A．“选择的审计程序取决于注册会计师的判断，包括对由于舞弊或错误导致的财务报表重大错报风险的评估”

B．“我们的责任是在执行审计工作的基础上对财务报表发表审计意见”

C．“审计工作还包括评价治理层选用会计政策的恰当性和作出会计估计的合理性，以及评价财务报表的总体列报”

D．“审计工作涉及实施审计程序，以获取有关财务报表金额和披露的审计证据”

8．审计报告的收件人应该是（　　）。

A．审计业务的委托人　　B．社会公众

C．被审计单位的治理层　　D．被审计单位管理层

9．注册会计师于 2014 年 1 月 28 日开始对被审计单位 2013 年度财务报表进行审计，2 月 18 日完成外勤审计，2 月 21 日管理层签署了已审财务报表，2 月 22 日被审计单位的年度财务报表正式对外公布，则被审计单位审计报告的日期通常应是（　　）。

A．2014 年 1 月 28 日　　B．2014 年 2 月 18 日

C．2014 年 2 月 21 日　　D．2014 年 2 月 22 日

10．下列属于由被审计单位管理层造成的审计范围受到限制的情况是（　　）。

A．管理层不允许注册会计师观察存货盘点

B．被审计单位重要的部分会计资料被洪水冲走，无法进行检查

C．截至财务报表日处于外海的远洋捕捞船队的捕鱼量无法监盘

D．外国子公司的存货无法监盘

11．下列可以在审计报告强调事项段中提及对应数据的情形是（　　）。

A．导致对上期财务报表发表非无保留意见的事项在本期尚未解决，仍对本期财务报表产生重大影响

B．导致对上期财务报表发表非无保留意见的事项已经解决，但对本期财务报表仍很重要

C．上期财务报表由 A 会计师事务所实施审计并出具了无保留意见的审计报告，但 B 会计师事务所对本期财务报表审计的过程中识别出对应数据存在重大错报，但管理层拒绝更正

D．上期财务报表未经审计

二、多选题

1．注册会计师应当就下列事项向管理层获取书面声明的有（　　）。

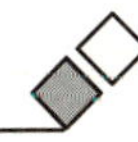

A．管理层对以后盈利情况的保证

B．对资产的确认或列报具有重大影响的计划

C．管理层认可其设计、实施的维护内部控制以防止或发现并纠正错报的责任

D．管理层认为注册会计师在审计过程中发现的未更正错报，无论是单独还是汇总起来考虑，对财务报表整体均不具有重大影响

2．甲股份有限公司2013年年度财务报告经董事会批准对外公布的日期为2014年3月30日，实际对外公布的日期为2014年4月3日。该公司2014年1月1日至4月3日发生的下列事项中，注册会计师认为应当作为财务报表日后事项中调整事项的有（　　）。

A．3月8日临时股东大会决议购买乙公司51%的股权并于4月2日执行完毕

B．3月2日发现2013年10月接受捐赠获得的一项固定资产尚未入账

C．3月10日甲公司被法院判决败诉并要求支付赔款1 000万元，对此项诉讼甲公司已于2013年末确认预计负债800万元

D．4月2日甲公司为从丙银行借入8 000万元长期借款而签订重大资产抵押合同

3．发生在财务报表报出日后的期后事项，注册会计师已经知悉，同时管理层同意修改财务报表，则注册会计师应当采取的措施有（　　）。

A．实施必要的审计程序，例如复核会计处理或披露事项

B．复核管理层采取的措施能否确保所有收到原财务报表和审计报告的人士了解这一情况

C．因为财务报表已经修改，注册会计师无须进行处理

D．针对修改后的财务报表出具新的审计报告

4．注册会计师A在检查甲公司某或有事项时，发现甲公司因该或有事项确认需要向乙公司支付120万元的款项，因而确认预计负债120万元，同时甲公司已基本确定因该或有事项可以从丙公司获得110万元的补偿金。甲公司对此进行的如下会计处理中，注册会计师A认同的有（　　）。

A．借记“营业外支出”120万元、贷记“营业外收入”110万元、“预计负债”10万元

B．借记“营业外支出”、贷记“预计负债”120万元

C．借记“其他应收款”、贷记“营业外支出”110万元

D．借记“营业外支出”、贷记“预计负债”10万元

5．被审计单位在经营方面存在的可能导致对持续经营假设产生重大疑虑的事项或情况主要包括（　　）。

A．财务经理甲离职，已经重新聘请一位财务经理乙上任

B．出现用工困难

C．失去主要市场、特许经营权或主要供应商

D．遭遇自然灾害

6．注册会计师在审计正方公司时，发现该公司具有良好的盈利记录并很容易获得外部资金支持，但管理层没有对持续经营能力做出初步评估。注册会计师应当（　　）。

A．与管理层讨论运用持续经营假设的理由，询问是否存在导致对持续经营能力

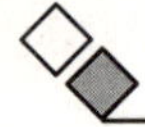

产生重大疑虑的事项或情况

B．实施详细的审计程序，对正方公司持续经营能力做出评估

C．提请管理层对持续经营能力做出评估

D．考虑出具保留意见或无法表示意见的审计报告

7．下列属于管理层对财务报表责任的有（　　）。

A．按照适用的财务报告编制基础编制财务报表，并使其实现公允反映

B．对财务报表是否不存在重大错报获取合理保证

C．设计、执行和维护必要的内部控制，以使财务报表不存在由于舞弊或错误导致的重大错报

D．在执行审计工作的基础上对财务报表发表审计意见

8．注册会计师在确定审计报告日期时，以下属于确认审计报告日条件的有（　　）。

A．构成整套财务报表的所有报表已编制完成

B．被审计单位的董事会、管理层或类似机构已经认可其对财务报表负责

C．应当提请被审计单位调整的事项已经提出，但被审计单位还未进行调整

D．相关附注已编制完成

9．从性质上看，以下列举的错报通常认为对财务报表影响严重的有（　　）。

A．非法交易或舞弊

B．对当期影响不大但对将来各期影响重大

C．根据合同责任判断影响重大

D．导致内部控制失效的管理层贪污公司资产

10．下列情况中，注册会计师应当发表保留意见或无法表示意见的有（　　）。

A．因审计范围受到被审计单位限制，注册会计师无法就可能存在的对财务报表产生重大影响的错误与舞弊，获取充分、适当的审计证据

B．因审计范围受到被审计单位限制，注册会计师无法就对财务报表可能产生重大影响的违反或可能违反法规行为，获取充分适当的审计证据

C．注册会计师已经按照《中国注册会计师审计准则》的规定计划和实施审计工作，在审计过程中未受到限制

D．被审计单位管理层拒绝就对财务报表具有重大影响的事项提供必要的书面声明，或拒绝就重要的口头声明予以书面确认

11．在下列情况中，注册会计师不可以出具带有强调事项段的无保留意见审计报告的有（　　）。

A．被审计单位连续出现巨额营业亏损，但注册会计师认为被审计单位编制财务报表所依据的持续经营假设还是合理的，并在财务报表中充分披露了该事项

B．被审计单位无力支付到期债务，注册会计师认为被审计单位编制财务报表所依据的持续经营假设不合理，被审计单位仍按该假设编制财务报表但被审计单位已在财务报表中适当披露了该事项

C．被审计单位连续出现巨额营业亏损，但注册会计师认为被审计单位编制财务报表所依据的持续经营假设还是合理的，被审计单位未在财务报表中适当披

露该事项

D．被审计单位无力支付到期债务，注册会计师认为被审计单位编制财务报表所依据的持续经营假设不合理，被审计单位已按特殊编制基础编制了财务报表且在附注中作了充分披露

三、判断题

1．注册会计师对期后事项的审计，都是在复核审计工作底稿时进行的。（　　）

2．正确区分两类不同的期后事项，关键在于正确确定期后事项主要情况出现的时间。（　　）

3．如果被审计单位无法获得开发必要新产品所需的资金，这意味着被审计单位可能没有能力在盈利前景良好的项目上进行投资并获取未来收益，这属于被审计单位在经营方面存在的可能导致对持续经营假设产生重大疑虑的事项。（　　）

4．如果注册会计师判断被审计单位将不能持续经营，但财务报表仍然按照持续经营假设编制，此时应当出具无法表示意见的审计报告。（　　）

5．如果律师声明书表明律师拒绝提供信息，或对被审计单位叙述的情况应予以修正而不加修正，注册会计师一般应认为审计范围受到限制，不能出具无保留意见的审计报告。（　　）

6．如果管理层认为编制财务报表时运用持续经营假设不再适当，而选用了其他基础编制财务报表，注册会计师实施补充审计程序后认为其他编制基础适当，且已作充分披露，可以发表无保留意见或保留意见，但必须增加强调事项段，提醒报表使用者关注选用的其他编制基础。（　　）

7．如果因会计政策的选用、会计估计的作出或财务报表的披露不符合适用的会计准则和相关会计制度的规定而出具保留意见审计报告时，注册会计师还应当在注册会计师的责任段中提及这一情况。（　　）

8．无法表示意见不同于否定意见，否定意见通常仅适用于注册会计师不能获取充分、适当的审计证据；如果注册会计师发表无法表示意见，则必须获得充分、适当的审计证据。（　　）

9．现金、银行存款均属于敏感性高、流动性强的资产账户。但是在审计过程中，如果注册会计师发现这两个账户在分类上出现错误，所作的反映不会比发现销售业务没有入账更加强烈。（　　）

10．当存在重大不确定事项时，如果被审计单位已在财务报表附注中作了充分披露，注册会计师应当出具保留意见的审计报告。（　　）

四、案例分析

1．注册会计师甲作为 XYZ 会计师事务所审计项目负责人，在审计一些单位 2013 年度财务报表时分别遇到以下情况：

（1）A 股份有限公司 2013 年度经审计后的净利润为−5 000 万元，已连续 3 年亏损，注册会计师通过评价管理层的具体改善措施，认为编制财务报表所依据的持续经营假设是合理的。

（2）C 股份有限公司 2013 年 10 月由于涉嫌侵犯 X 公司的专利权被起诉，法院已经

受理，但至财务报表日尚未开庭审理，C 股份有限公司通过咨询律师认为不是很可能败诉，因此在 2013 年度财务报表附注中披露了该未决诉讼。注册会计师于 2014 年 3 月 13 日完成审计工作，C 股份有限公司决定在 2014 年 3 月 15 日将财务报表对外公布。2014 年 3 月 14 日法院开庭审理了此案并当庭宣判 C 股份有限公司败诉赔偿 X 公司损失 500 万元，C 股份有限公司决定不再上诉，就该事项未对 2013 年度财务报表作其他处理，也未将该事项告知注册会计师甲。

要求：

（1）针对情况（1）注册会计师应提出的审计处理建议及其具体内容。

（2）针对情况（2）如果注册会计师未发现该事项请指出其是否有重大过失，并简要说明理由。如果注册会计师知悉了该事项应如何考虑（假设此时已提交审计报告）？

2．注册会计师甲作为 Z 会计师事务所审计项目负责人，在审计一些单位 2013 年度财务报表时分别遇到以下情况：

（1）A 公司拥有一项长期股权投资，账面价值 500 万元，持股比例 30%。2013 年 12 月 31 日，A 公司与 K 公司签署投资转让协议，拟以 450 万元的价格转让该项长期股权投资，已收到价款 300 万元，但尚未办理产权过户手续，A 公司以该项长期股权投资正在转让之中为由，不再计提减值准备。注册会计师确定的重要性水平为 30 万元，A 公司未审计的利润总额为 120 万元。

（2）B 公司于 2012 年 5 月为 L 公司 1 年期银行借款 1 000 万元提供担保，因 L 公司不能及时偿还，银行于 2013 年 11 月向法院提起诉讼，要求 B 公司承担连带清偿责任。2013 年 12 月 31 日，B 公司在咨询律师后，根据 L 公司的财务状况，计提了 500 万元的预计负债。对上述预计负债，B 公司已在财务报表附注中进行了适当披露。截至审计工作完成日，法院未对该项诉讼做出判决。

（3）C 公司在 2013 年度向其控股股东 M 公司以市场价格销售产品 5 000 万元，以成本加成价格（公允价格）购入原材料 3 000 万元，上述销售和采购分别占 C 公司当年销货、购货的比例为 30%和 40%，C 公司已在财务报表附注中进行了适当披露。

（4）注册会计师甲在审计时，发现 D 公司应在 2013 年 6 月确认的一项销售费用 200 万元没有进行确认。D 公司在编制 2013 年度财务报表时，未对此项会计差错进行任何处理。D 公司 2013 年度利润总额为 180 万元。

（5）E 公司于 2013 年末更换了大股东，并成立了新的董事会，继任法定代表人以刚上任、不了解以前年度情况为由，拒绝签署 2013 年度已审财务报表和提供管理层声明书。原法定代表人以不再继续履行职责为由，也拒绝签署 2013 年度已审计财务报表和提供的管理层声明书。

要求：假定上述情况对各被审计单位 2013 年度财务报表的影响都是重要的（各个事项相互独立），且对于各事项被审计单位均拒绝接受注册会计师甲提出的审计处理建议（如有）。在不考虑其他因素影响的前提下，请分别针对上述 5 种情况，判断注册会计师甲应对 2013 年度财务报表出具何种类型的审计报告，并简要说明理由。

模块四

审计专题领域

任务八　开展内部审计

学习目标

通过这部分内容学习，你应知道:

1. 内部审计产生的原因、演变及功能。
2. 公司治理、内部控制与内部审计的关系。
3. 现代内部审计的主要模式及未来发展。

引导案例

世通三个火枪手案例

世界通信利用会计造假虚构的利润创下世界纪录，这一惊天动地的财务舞弊案既不是由人才经济、经费充裕的证券监管部门 SEC 发现的，也不是由经验丰富、技术精湛的跻身于“五大”的安达信发现的，而是被世界通信一些牢骚满腹的高管人员称作“不自量力、多管闲事”的三个内部审计人员发现的。

揭开世界通信造假黑幕的英雄是辛西亚·库珀（世界通信内部审计部副总经理）、哲恩·摩斯（擅长电脑技术的内部审计师）和格林·史密斯（内部审计部高级经理，辛西亚的助理）。正是这三个不计个人安危，忠于职守的“火枪手”，排除困扰，顶住压力，才将世界通信的舞弊罪行昭示于天下。

辛西亚·库珀（以下简称辛西亚）出生于世界通信总部所在地的一个中产阶级家庭。1994 年受雇于世界通信的前身 LDDS，从事内部审计。辛西亚从基层做起，几年后升任世界通信内部审计部的副总经理，只有 27 个工作人员的内部审计部只负责经营绩效审计，从事业绩评估和预算控制，财务审计不在其工作职责范围之内，而是外包给安达信。

辛西亚对世界通信会计处理的疑心源于一次意外的会面。2002 年 3 月初，世界通信无线通信业务的负责人约翰·思图帕克拜会了辛西亚·库珀，向她抱怨苏利文的一笔会计处理。为了应对电信业不景气可能产生的坏账，思图帕克所在部门按照行业惯例和会计准则的规定，于 2001 年第 4 季度计提了 4 亿美元的准备。但苏利文勒令思图帕克将这 4 亿美元的坏账准备冲回，以抬升世界通信对外报告的盈利。思图帕克担心这一做法将使其部门在下一个季度发生大额亏损，但迫于苏利文的压力，只得屈从。喜欢刨根问底、倔强执着的辛西亚就此事致电安达信，但安达信的合伙人肯·艾卫瑞粗暴地拒绝了辛西亚的质询，声称他只听命于苏利文。被激怒的辛西亚遂下令其下属哲恩·摩斯（以下简称摩斯）彻查到底，并将此事告知了世界通信审计委员会主席马克斯·波比特。2002 年 3 月 6 日，审计委员会在华盛顿召开了例会，辛西亚与其顶头上司苏利文分别就这 4 亿美元坏账准备的会计处理作了陈述。在审计委员会的压力下，苏利文不得不做出让步，同意予以更正。第二天，恼羞成怒的苏利文提醒辛西亚注意自己的职责范围，警告她以

后不得再干预无线电部门的会计处理。

2002 年 3 月 7 日，SEC 勒令世界通信提供更多的文件资料，以证明 2001 年度盈利的真实性。SEC 提出这项异乎寻常的要求，是因为电信业的不景气使世界通信的直接竞争对手 A T&T 一蹶不振，而世界通信在 2001 年度仍然报告巨额利润。这一反差引起了 SEC 的疑心，并最终导致其在 3 月 12 日对世界通信的会计问题展开正式调查。SEC 的这些举动令世界通信高层措手不及，也引起了辛西亚的警觉。特别是，安然事件的曝光和安达信被司法部起诉，使辛西亚对世界通信的会计处理更加担忧。因此，尽管与苏利文发生了不愉快的冲突，辛西亚仍毅然决定，将内部审计的范围由经营绩效审计秘密扩张至财务审计，具体工作由摩斯负责。

2002 年 5 月 21 日，辛西亚的副手史密斯收到马克·阿柏特一封电子邮件。阿柏特是世界通信在德州一位分管固定资产账务处理的会计人员，在其电子邮件里，阿柏特附上了当地报纸刊登的一篇文章，披露了世界通信德州分公司的一位雇员因为对一些资本支出账务处理的恰当性提出质疑而惨遭解雇。阿柏特认为，从内部审计的角度看，这一事件值得深究。史密斯立即将这份电子邮件转发给辛西亚。这份电子邮件引起了辛西亚的极大兴趣，因为自辛西亚决定进行内部财务审计后，摩斯已经对世界通信疑点重重的资本支出项目作了两个多月的调查。收到这封电子邮件前，摩斯等人已经发现了众多无法解释的巨额资本性支出。2001 年前三个季度，世界通信对外披露的资本支出中，有 20 亿美元既没有纳入 2001 年度的资本性支出预算，也没获得任何授权。这一严重违反内部控制的做法，使辛西亚和摩斯怀疑世界通信可能将经营费用转作资本支出，以此增加利润。这封神秘的电子邮件促使辛西亚决定将调查的重点放在资本支出项目。

辛西亚和史密斯就这 20 亿美元的资本支出质问财务计划部主任山基乎·瑟提时，瑟提将其解释为“预付容量”。当被问及“预付容量”的确切含义以及将“预付容量”作为资本支出的依据时，瑟提表示无可奉告，但不妨询问世界通信的副总裁兼主计长大卫·迈耶斯。

辛西亚和史密斯不敢贸然直接质问迈耶斯，而是首先询问阿柏特，因为阿柏特所在部门也有“预付容量”，也是作为资本支出。询问的结果是，阿柏特对“预付容量”一无所知，他完全是依照世界通信总账会计部主任巴福特·耶特斯的指令进行财务处理的。

就在辛西亚和史密斯对“预付容量”这些所谓的资本支出困惑不解的紧要关头，摩斯的一项重大发现开始使内部审计的调查柳暗花明。2002 年 5 月 28 日下午摩斯从电脑记录上查出了一笔既没有原始凭证支持，也缺乏授权签字的 5 亿美元的电脑费用。与“预付容量”一样，这 5 亿美元也被记录为资本支出。摩斯立即向辛西亚报告这一惊人发现。种种迹象表明，世界通信的高层通过将经营费用转作资本支出进行了大规模的利润造假。

为了获取世界通信会计造假的直接证据，必须进入世界通信电脑化的会计信息系统调阅相关的会计分录和凭证。然而，只有经过苏利文的批准，内部审计部才有资格不受限制地使用世界通信的电脑会计系统。颇有“黑客”风范的摩斯没有让辛西亚失望，很快就利用信息部安装和测试新系统的机会，获得了自由进出电脑会计系统的方法。鉴于世界通信很多有疑点的资本支出都是由总部化整为零转嫁至各地分支机构进行记录。摩斯进行电脑会计系统后，将取证重点锁定在“内部往来”。“内部往来”发生频繁，每月大约有 35 万笔。有一次，摩斯偷偷下载这些数据时，几乎瘫痪了服务器，导致信息部紧

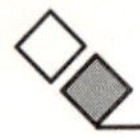

急关闭电脑会计系统。这一插曲差点使摩斯的“黑客行动”败露。自此，摩斯只好选择在夜深人静时，进入负荷较轻的电脑会计系统。经过一周的加班加点，摩斯成功地收集了世界通信将20亿美元经营费用“包装”成资本支出的直接证据。

至此，世界通信的会计造假基本上真相大白。摩斯掌握的证据使辛西亚陷入痛苦的思想斗争中。与其他员工一样，辛西亚也曾为世界通信的骄人业绩深感自豪。世界通信竟然是一个骗子公司，这是她最不愿意看到的结局。辛西亚深知，已掌握的证据足以让世界通信遭受灭顶之灾，这意味着与她朝夕相处的成千上万的同事将失去生计。值得一提的是，辛西亚再婚后，丈夫留在家里专职照看两个儿子，她成了家庭的唯一经济支柱。辛西亚将她的担忧和苦衷告诉了史密斯和摩斯，他们俩颇有同感。在人生的旅途中，这三名“火枪手”面临着一项重大抉择：是继续追查下去，将世界通信整垮；还是点到为止，给世界通信留下一条生活？

理性最终战胜了感情，私利让位于正义。激烈的思想斗争之后，辛西亚、史密斯和摩斯决定将调查进行到底。

8.1 探究内部审计

内部审计职业是充满活力的阳光事业。著名学者安德鲁.D.钱伯斯（Andrew D Chambers）指出：“现在的确很难发现一个没有内部审计的企业，不论它的规模有多大。许多事例表明，现在内部审计已超越其他管理手段成为为管理机构提供关于效率、效果和节约方面建议的主要智囊。”在这一部分里，我们将讨论内部审计能够为企业带来什么？下一部分里，我们将讨论内部审计的业务活动又有哪些创新？

一、内部审计概述

内部审计是经济发展到一定规模的产物，是现代公司治理机制的重要组成部分，也是内部控制的最高形式。在我国，内部审计与注册会计计师审计和国家审计共同构成了有中国特色的审计监督体系。全球经济探底以来，内部审计的作用和地位已是有目共睹的，其能充当管理者身后的“眼”和延长的“手”，在企业持续、稳定和健康发展过程中得到广泛应用和重视。随着我国经济的持续高速增长，企业规模的扩大化和内部管理的科学化，内部审计将越来越重要。

（一）内部审计的产生

内部审计有着深远的历史，从产生、发展到今天经历了漫长的过程，与会计一样，内部审计也是社会发展到一定阶段的必然产物。在《莱斯威特报告》第五卷中，伦纳德布朗研究表明：内部审计活动可以追溯到1875年德国克鲁普公司所实行的内部审计制度。在美国，最早确认内部审计的需要并建立内部审计制度的却是铁路公司，著名美国企业家雷金纳德·达文波特曾说过：“内部审计并不是一种新的行业，只不过是因应企业经营技术的发展而发挥其对企业所能提供的最大功能，故内部审计的范围不仅局限于机械式的财务审查，而应以提高公司利益为宗旨，作更恰当的探讨与报告。”

内部审计是企业单位内部的机构和人员对其内部各部门进行的审计。内部审计虽经历了漫长的发展历史，但成为一项专业审计，有其独立的机构和人员，并形成自身的理

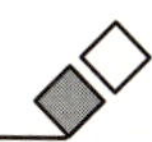

论和方法体系时间不长。内部审计是二十世纪经济迅速发展的产物，是在受托经济责任关系下，基于经营管理和控制的需要而产生和发展起来的，并且随着社会经济的发展和企业管理的内在需要而逐步完善的。导致内部审计产生的因素大致可以归纳为两方面：①企业内部管理的需要；②外部的相关压力。

1. **企业内部管理的需要**

随着企业业务日益复杂，规模不断扩大，管理当局更需要通过管理控制系统，抓住机会、控制风险，在激烈的市场竞争中立于不败之地，不断发展壮大。这时管理当局就需要委派具有分析能力，特别是能够分析控制系统并作出客观评价的专业人员来检查企业各项内容并客观加以报告。

这时候内部审计就应运而生，普遍认为，现代的内部审计产生于 20 世纪初期，到 20 世纪 40 年代得到蓬勃发展。企业开展的内部审计是内审人员按照管理当局的安排，去检查企业内部各个责任中心负责人的经济责任履行情况。内部审计之所以重要，是因为企业规模的扩大化，经营业务复杂化，管理层次多样化，生产经营地点分散化。

企业的内部审计就是保证这一制约机制正常运行的重要手段之一。企业的科学管理系统是企业经营管理者为实现企业的经营目标，在企业内部建立的一整套自我调节和制约的系统。科学管理制度的建立，是企业顺利运行，实现经济效益最大化目标的保证。强化企业管理，提高科学管理水平，是建立健全现代企业制度的内在要求，也是企业提高竞争能力的重要途径。

2. **外部的相关压力**

让我们来看一看，内部审计的外部相关压力一般都来自哪些方面。

（1）政府与管理部门的压力

政府与管理部门为了完善企业的内部控制系统，指导企业管理当局重视内部审计，建立相应的内部审计机构，所以内部审计除了作为管理工具之外，还可间接地满足政府的各种监督需要。在我国，内部审计不仅是部门、单位内部经济管理的重要组成部分，而且作为国家审计的基础，被纳入审计监督体系。特别是《企业内部控制基本规范》颁布实施后，作为内部控制重要内容的内部审计，在内部控制强制评价背景下的内部审计的重要性更被肯定。《企业内部控制基本规范》的颁布不仅是对内部控制的规范，也是对内部审计的指引。

（2）外部审计和社会给企业的压力

外部审计与内部审计相互合作，互为补充，是当代审计的一大特点。企业通过建立健全的内部审计制度，减少外部审计工作量，降低外部审计费用。同时，为缓解社会压力，企业需要努力改善经营管理，承担社会责任。

一般理论界都将现代企业的委托代理关系作为内部审计产生的基础。随着现代企业公司制的形成和发展，有了所有者和经营者的委托受托关系，也有了外部利益相关者与组织之间的委托受托关系。而这些委托人与受托人之间，由于在信息发生时间和内容上的不对称性，导致代理人可能产生问题。

其他的利益相关者希望通过利用相关报告提供的信息使自己做出正确的决策，这些信息成为一个与企业相关的利益各方观察代理人的一个“窗口”，是沟通委托代理关系中各个相关主体的重要工具，它制约和影响着公司治理结构中其他制度安排效用的高低。

有效的审计（包括外部审计和内部审计）监督正是确保这一前提条件实现的关键因素。

虽然内部审计与民间审计都是审计，但内部审计有自己鲜明的特色，它有自己的职业标准、自己的职业组织，有更为灵活的工作方式。

（二）内部审计定义及演变启示

内部审计是随着审计实践的不断发展与人们对其认识的不断深化而逐步演变的，每一阶段有关内部审计定义的变化都反映出内部审计发展的趋势和特点。从定义及演变过程中，我们不难发现内部审计经历了财务审计、经营审计、管理审计和风险导向审计四个阶段。以下从国际和我国两方面对内部审计的定义加以阐述与比较。

1. 国际内部审计定义的演变

国际内部审计师协会（以下简称 IIA）自其成立以后共发表过 7 个内部审计的定义，代表着对内部审计的职能要求不断转变。

（1）首次发布

1947 年在《内部审计职责说明》（The Statement of Responsibilities of Internal Auditor，SRIA）中，将内部审计第一次定义为：“内部审计是建立在审查财务、会计和其他经营活动基础上的独立评价活动。它为管理提供保护性和建设性的服务，处理财务与会计问题，有时也涉及经营管理中的问题。”这个定义将内部审计的工作性质定义为独立的评价活动，成为一个独立的职业，但还停留在财务审计阶段。

（2）第一次修改

1957 年《内部审计职责说明》对内部审计定义修订为“内部审计是建立在审查财务、会计和经营活动基础上的独立评价活动，它为管理提供服务，是一种衡量、评价其他控制有效性的管理控制。”新定义引入了管理控制的概念，使内部审计的内涵得到扩展，标志着内部审计由财务审计向经营审计的迈进。

（3）第二次修改

1971 年《内部审计职责说明》对内部审计进行重新定义为“内部审计是建立在审查经营活动基础上的独立评价活动，并为管理提供服务，是一种衡量、评价其他控制有效性的管理控制。”这一定义最显著的特点是取消了“建立在财务会计基础上”的表述，预示和反映了内部审计已经完成从财务审计向经营审计成功转型。

（4）第三次修改

1978 年，IIA 正式批准的《内部审计从业标准》中把内部审计定义为“内部审计是建立在以检查、评价主体组织为基础的独立评价活动，并为组织提供服务。”这一修订，最明显的变化是内部审计从“为管理服务”向“为组织服务”拓展。内部审计已不再是仅为管理者提供服务的经营审计，而是拓展到对管理者进行有效监督的管理审计。

（5）第四次修改

1990 年《内部审计职责说明》提出：“内部审计工作是在一个组织内部建立的独立评价职能，目的是作为对该组织的一种服务工作，对其活动进行审查和评价。”这次定义明确了内部审计是建立在组织内部，是为该组织服务，从此与外部审计有了明显的界限。

（6）第五次修改

1999 年，IIA 在《内部审计实务框架》中提出内部审计的新定义是：“内部审计是一项

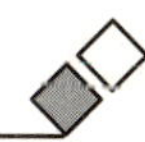

独立、客观的鉴证和建议活动，旨在增加机构的价值，改善机构的经营。它通过建立系统、合规的方式进行评价，以及通过提高机构风险管理、风险控制和管理过程的效率，从而帮助一个机构达到其所制定的目标。”这一定义与以往所有定义相比，其定位有了重大变化。

（7）第六次修改

2001 年，IIA 发布的《内部审计实务标准（修订本）》对内部审计的定义作了如下描述：“内部审计是一种独立、客观的保证与咨询活动，目的是为机构增加价值并提高机构的运作效率。它采取系统化、规范化的方法来对风险管理、控制及治理程序进行评估和改善，从而帮助机构实现它的目标。”新定义删除了“组织内部”和“评价活动”两个词，提出了内部审计为组织目标的实现服务，并将内部审计的工作范围定义为“评价和改进风险管理、控制和治理过程的效果”，反映了内部审计的发展趋势和客观要求。也就是说，内部审计应协助管理当局更好地履行管理责任，实现有限资源的优化组合和优化利用，以达到提高生产效率和获利能力，改善业务水平，更为有效地实现组织目标的目的。

从以上定义变化可以看出，国际上关于内部审计服务于公司治理的要求越来越强烈。而审计层次及审计范围的关系，表现为一个倒金字塔型图，审计层次越高，审计范围越大。

2. 我国内部审计的演变

在内部审计准则出台以前，我国没有统一的具有权威性的内部审计定义。理论界众说纷纭，没有形成一致的意见。内部审计准则的出台为内部审计理论界提供了一个可以参照的定义。中国《内部审计基本准则》中指出：“本准则所称内部审计，是一种独立、客观的确认和咨询活动，它通过运用系统、规范的方法，审查和评价组织的业务活动、内部控制和风险管理的适当性和有效性，以促进组织完善治理、增加价值和实现目标。”可以说，中国内部审计准则对内部审计的定义既借鉴了国际内部审计发展的先进成果，又充分考虑了我国内部审计发展的现实状况，具备理论上的先进性和实务中的适用性。

“内部审计是一种独立、客观的确认和咨询活动，旨在增加价值和改善组织的运营。它通过应用系统的、规范的方法，评价并改善风险管理、控制和治理的效果，帮助组织实现其目的。”这是中国内部审计师协会对内部审计给出的定义。《审计署关于内部审计工作的规定》中指出：“内部审计是部门单位实施内部监督，依法检查会计账目及其相关资产，监督财政收支和财务收支真实合法效益的活动。”按照 2003 年审计署第四号令的规定，“内部审计是独立监督和评价本单位及所属单位财政收支、财务收支、经济活动的真实、合法和效益的行为，以促进加强经济管理和实现经济目标。”

（三）内部审计功能

内部审计功能即内部审计职能。通俗地说，内部审计功能是指内部审计能起什么作用，是内部审计本质的反映。根据内部审计的定位，内部审计的功能主要包括控制、监督、评价、和咨询职能。

1. 控制职能

内部审计本身就是作为控制手段而产生的，既是内部控制的重要组成部分，又是对内部控制的再控制。内部审计能够站在组织发展的全局，对企业的经营管理活动实行有

效控制提供直接的技术支持，并检查控制程度和效果，提出控制中存在的不足和问题，实现控制系统的最终目标。因此，内部审计的控制功能是显而易见的。

2. 监督职能

内部审计的监督职能不同于外部审计，是基于组织内部经营管理的需要，站在组织立场上，为实现组织目标服务，因而具有明显的“内向性”特点。内部审计监督包括显性和隐性的性质。显性是指内部审计师对企业各个层次的经营管理所实施的检查，通过检查，发现存在的问题并通过及时纠正来避免可能造成的损失。这是一种看得见摸得着的“监督”。隐性是指内部审计能在整个组织中形成一种威慑作用，从而建立一种监督气氛。

3. 评价职能

评价职能是由监督职能派生出来的内部审计职能。所谓评价职能是指运用一定的程序和方法，通过与参照的标准或指标体系进行比较，对组织的计划、预算、决策等是否先进可行，经济活动是否按既定的目标进行，经济效益的好坏以及内部控制是否健全和有效等进行评定和建议。随着市场经济的发展，内部审计的评价职能显得越来越重要。

4. 咨询职能

咨询职能是指内部审计的顾问功能。由于内部审计在组织中的地位及其综合性强、数据可靠的特点，为内部审计发挥专业优势，对组织中的制度、管理和经营控制等方面提出比较全面、中肯、可行的建议提供了有利条件。同时，内部审计机构还可以开展一些包括协调、流程设计和培训等工作，为组织各层次提供所需要的服务，以彰显内部审计的价值。

（四）内部审计目标

内部审计目标是内部审计功能的具体化。从内部审计的概念中可以看出，内部审计的目标是“帮助组织实现其目标”，而组织的目标对于企业来说，就是价值增值以达到价值最大化，因此内部审计的目标就是价值增值，这是内部审计的最终目标。而要实现这个最终目标，还有两个阶段目标要达到：①防弊，即查错纠弊，这是实现内部审计目标的基础；②兴利，即提高经营效率和效果。这两个目标实现了，就一定能实现内部审计的最终目标，即价值增值的目的。

（五）内部审计职业

进入 21 世纪，内部审计已成为最具活力和挑战性的职业之一。由于内部审计的职业前景，内部审计正吸引着越来越多的年轻人从事这一行业。国际注册内部审计师（Certified Internal Auditor，CIA）是内部审计领域的专业资格证明，是内部审计职业范围内的唯一认证。除此之外，国际内部审计师协会还发展了三种特长证书考试，即内部控制自我评估认证（CCSA）、注册政府审计专家（CGAP）、注册金融服务审计师（CFSA），以帮助那些有别于 CIA 的其他专长者的需要。

与外部审计一样，内部审计也有自己的执业标准—— 内部审计准则，它规定了内部审计的程序、方法，是内部审计的技术守则。内部审计人员同样也要遵守职业道德规范，其中保持独立性与客观性是对内部审计人员的突出要求。所谓独立性是指内部审计人员在确

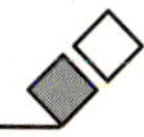

定审计范围、实施审计及报告审计时不应受到任何干扰。所谓客观性是指审计人员在从事审计活动时，始终要保持一种公正的、不偏不倚的态度，实事求是，不掺杂个人主观臆断。

企业设置内部审计部门，其具体人数的多少视企业规模而定，一般典型的内部审计部门有四个层次的专业人员，如图 8-1 所示。

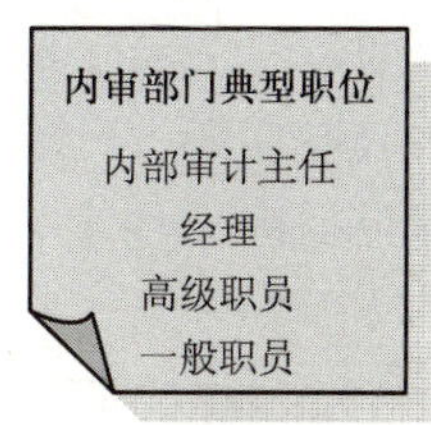

图 8-1　内部审计职位图

内部审计主任全面领导本部门，负责制定审计政策和程序，制订审计计划，协调管理部门人员和外部审计人员的审计工作，建立质量保证计划，负责与审计委员会的沟通联系。

内部审计经理应具备丰富的审计和管理经验。一般主管某项审计工作，包括制订具体审计计划和协调审计工作。

内部审计高级人员通常要求至少有 3 年以上的审计经验，通常管理审计工作的各个方面并执行许多实际的、具体的工作。

一般审计人员也即内部审计助理通常做一些辅助性的常规工作。他们需要通过逐步锻炼及必要的培训才能成长为专业人员。

二、公司治理、内部控制与内部审计

美国安然事件之后，加强内部审计职能被写入萨班斯——奥克斯利法案，内部审计介入公司治理环节是内部审计的最大亮点，同时也是内部审计能够为组织增加价值的有力体现和证明。

1. 公司治理与内部审计

众所周知，现代企业存在其背后的一个基本经济逻辑是委托——代理经营关系，在这一关系下，所有者即股东，用货币、实物等来出资创办企业，但通常他们并不直接参与企业管理，而是把企业交给职业经理人经营，这就是委托代理关系。委托代理关系是现代企业存在的基础，但同时也会产生代理问题。所谓代理问题就是经理的利益与股东的利益往往不一致，而他们之间的信息又不对称，使得股东没办法及时监督，于是代理问题就产生了。代理问题不可能消失，但股东可以想办法来约束和监督经理，以减少代理问题，这就是公司治理的基本含义。

从学术上定义，公司治理是指股东会、董事会、监事会、经理层等之间的权力分配及其制衡机制，以保证所有者的利益不被经营者损害。公司治理的核心是风险管理，即解决所有权和经营权分离条件下的代理风险。公司治理的手段是通过激励与约束，使经理的利益与股东趋于一致，在追求个人利益的同时，为公司和股东创造财富。实现激励与约束的方法很多，内部审计就是其中之一。

因为代理问题的实质是信息不对称问题，所以内部审计通过行使控制与监督职能，可增强财务信息与非财务信息的可信性，减少信息不对称，有助于契约的签订

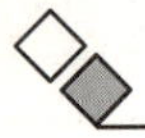

与执行；履行评价与咨询职能，则可改善其他控制程序，影响受托责任环境，确保受托责任的有效履行。

2. **内部控制与内部审计**

现代意义上的内部控制是管理现代化的产物，它是指由企业董事会、监事会、经理层和全体员工实施的、旨在实现控制目标的过程。内部控制的目标是合理保证企业经营管理合法合规、资产安全、财务报告及相关信息真实完整，提高经营效率和效果，促进企业实现发展战略。有效的内部控制包括内部环境、风险评估、控制活动、信息与沟通、内部监督五要素，其之间的关系如图 8-2 所示。

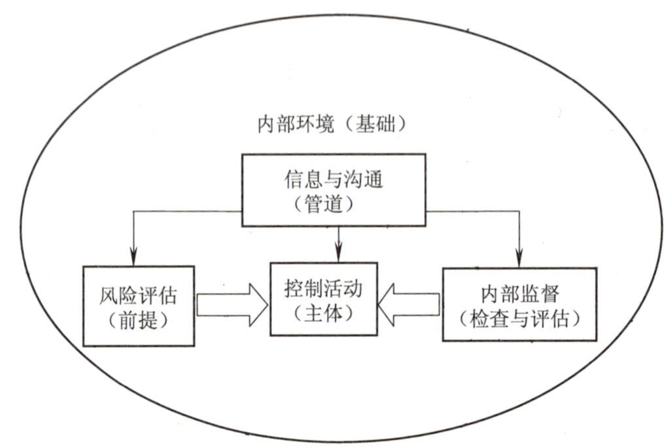

图 8-2　内部控制各要素关系图

在这五个要素中，内部环境是基础，如果没有一个良好的控制环境，其他四个要素无论质量如何，都难以保证形成有效的控制。而风险评估则是建立内部控制的前提，内部控制的实质就是控制风险，内部控制是全面风险管理的一个子系统和必要环节。控制活动是主体是指企业内部控制应存在于企业的各个部分、各个层面和各个部门，没有不受控制的业务。内部监督则是对控制活动是否有效进行持续的检查与评估，而所有这一切都离不开信息与沟通，通过信息与沟通这个管道，将自身与其他要素紧密的联系在一起。

由此可见，内部审计是内部控制的组成部分，被置于整个内控体系的较高层；另外，由于内部审计通常代表管理层对整个企业内部控制制度的健全性、有效性及其遵循情况等进行评价，所以内部审计又是对内部控制的再控制。

延伸阅读

道德风险与逆向选择

治理动机下的内部审计，主要解决第一层代理关系中经理层的道德风险和逆向选择行为。道德风险，即“从事经济活动的人在最大限度地增进自身效用的同时做出不利于他人的行动”。或者说是“当签约一方不完全承担风险后果时所采取的自身效用最大化的自私行为”。逆向选择是指由于交易双方信息不对称和市场价格下降产生的劣质品驱逐优质品，进而出现市场交易产品平均质量下降的现象。

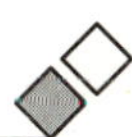

8.2 创新内部审计

一、我国现代企业内部审计的主要模式

内部审计作为企业自我约束机制，已成为现代企业制度的重要组成部分，是严肃财经纪律、改善经营管理、提高经济效益的重要手段。为适应现代企业制度财产所有者和经营者分离制衡的运作机制，上市公司大都建立了相适应的内部审计制度。我国上市公司内部审计制度建立较晚，在借鉴国外经验方面也不尽一致，内部审计模式存在多种类型，也各有利弊。

（1）隶属于董事会。董事会作为公司的经营决策机构，其职责是执行股东大会的决议，决定公司的经营策略和总经理职务的任免等。内部审计机构隶属于董事会，向董事会负责，有利于保持内部审计的独立性、权威性和较高层次的地位。但是，董事会是由股东代表和其他方面代表组成的集体组织，它实行集体决策，凡事都要通过董事会集体讨论决定，正常的审计工作就难以进行。

（2）隶属于监事会。监事会是公司的监督机构。按照《公司法》的规定，监事会由股东代表和职工代表组成，有权审核公司的财务状况，保障公司利益及公司业务活动的合法性，依法和依照公司章程对董事会和经理行使职权的活动进行监督。为了保证监督的独立性，监事会并无直接的管理权，而内部审计的主要任务是从企业经营管理活动的实践需要出发，渗透到整个经营管理领域，在改善企业经营管理方面充分发挥效能，提高经济效益。显然地，这种设置方式的最大不足是内部审计不能直接服务于经营决策。

（3）隶属于总经理。公司的总经理是执行公司运营政策的负责人，负责公司的日常经营管理活动，对公司的生产经营进行全面领导，依照章程和董事会的授权行使职权，对董事会负责。内部审计机构隶属于总经理，可以使内部审计接近经营管理层，不仅有利于为经营决策、提高经营管理水平和经济利益服务，还有利于实现审计目的，保持审计的独立性和较高层次的地位。不足之处是对本级公司的财务和总经理的经济责任难以进行独立的监督与评价。

（4）隶属于财会部门。有些公司的管理者把内部审计工作当成“管理手段”，甚至要求内部审计人员参与业务活动和会计处理活动，把内部审计等同于财会机构内部自我纠正的内部稽核岗位，形成自己审自己，自己监督自己，审计人员可信赖程度就会受到损害，审计监督就变成财务或会计监督了。这与内部审计的第三者独立原则是不符的，特别是和审计与会计不能兼容的原则相违背。这种模式模糊了会计、审计工作。

（5）隶属于审计委员会。我国为改善公司治理效率及企业风险管理而引进了审计委员会制度。审计委员会是保证“可靠的财务披露和积极的、多方参与的监督”的“各种机制中最为重要的”。审计委员会作为董事会下属的其中一个工作委员会，角色相当独特，它由独立于管理层的外部董事构成，他们能理解、监控、协调和解释整个机构的内部控制和相应的财务活动。但是，在报告关系方面，审计委员会是董事会的下属委员会并向董事会报告，而董事会却可能受管理层支配，这使得审计委员会的有效性受到质疑。现今，典型的审计委员会成员中理所当然要有财务专家，这是一个新的受到挑战的职位，

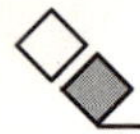

面临法律要求及大量的压力。

二、现代内部审计的未来发展

在过去很长一段时间里，财务审计是企业内部审计的主要部分，但随着企业外部环境的变化和公司治理结构的完善，内部审计从以财务为导向逐步转为以经营活动、内部控制和管理为导向，为企业改善经营、提高效率和效果服务。面对当今经济的发展，内部审计必须要实现多个转变：

1. 融合风险管理审计、内部控制审计和公司治理审计，变革传统的内部审计角色

回顾内部审计发展的历史，受托责任的发展主导着内部矛盾审计性质的变化，其他不同学科的知识也一直在充实和影响内部审计的理论和实务，未来融合风险管理审计、内部控制审计和公司治理审计，只是这条深化道路的延续。

随着经济全球化的发展，企业所面临的经营风险越来越大，风险控制成本也逐步增加，然而企业的资源是有限的，如何以最低或合理的成本有效地管理风险，成为内部审计工作的重要课题，同时也是对内部审计人员能力和专业技能的一大挑战。

对企业经营运作、风险管理与控制情况的审核，应该是内部审计职能重点发展的方向。未来的内部审计将成为一种风险评估、管理和控制机制，其重点工作领域将从过去对控制的适当性及有效性进行独立验证，发展为对企业整体的管理控制和治理监督。内部审计担当审计委员会的“眼睛”和“耳朵”，是企业经营的参与合作者，同时对企业的风险管理起到支持和鉴证的作用。内部审计被看作是风险管理的能手以及审计委员会职能的延伸。

2. 现代内部审计理念框架下的内部审计趋向

建立健全内部控制体系，加强风险管理，保障企业可持续发展已经成为企业管理的重心，内部审计作为落实内部矛盾控制的最后的、且最关键的一环，对内部控制的建设和有效实施起着保驾护航的作用。所以，除了国家应不断完善审计法规外，必定要统一内部审计规范工作，向现代内部审计迈进。

（1）内部审计特性从独立性到客观性

在最新定位中，国外发达国家的内部审计更强调了客观性，从本质上说，客观是一个更为根本和广泛的概念，含义更广的“客观”是内部审计职业的特点。独立是对审计活动而言，客观是对内部审计师个人而言。我们强调独立性对内部审计人员造成了不必要的约束，也限制了服务的内容。

独立仅是一种手段，而客观才是我们的最终目标。内部审计部门能为企业增加价值，就是因为他们对改进经营与控制的分析与建议是客观的。审计活动只有反映事物的客观面貌，并随之产生效率和效果，才是我们最终想要的结果。

（2）确认服务和咨询服务是现代内部审计两大服务领域

确认服务是对企业的风险管理、内部控制和公司治理程序提供独立的评价，包括财务、经营业绩、遵循性、系统安全、审慎性调查等业务。咨询服务是指在不承担管理职责的前提下，为组织增加价值并改进组织的治理、风险管理和控制过程，如顾问、建议、推动、培训等业务。这两项是相辅相成的，同时又存在差异。确认服务具备传统审计的

完备要素，而咨询服务是由确认服务衍生而来，它冲击了传统内部审计概念体系及实务过程。

（3）更为专业且多技能的内部审计人员

审计机构需要改善内部审计人员技术技能与软技能。未来内部审计人员应该具有风险评估能力。风险评估能力指审计人员能够识别评价与企业及其行业相关的固有风险和经营风险等。对知识和技术的投资与使用是内部审计职能是否得以有效发挥的指标。而识别评价企业风险直接受到内部审计人员的工作经验、技能的影响。目前，内部审计面临的挑战是如何使内部审计人员的专业技能能够与企业的风险相匹配，即内部审计人员能够识别企业的风险。此外，由于国际化的原因，内部审计人员还应该掌握当地的语言、文化，熟悉国际市场规则、存在的风险等环境。

（4）内部审计的范围变得宽广

内部审计将由原来的事后检查、比对、评价等职能，转变为以达成企业目标，自上而下地评估企业整体经营流程出发，来辨识、管理、监督风险，以及提供企业所需要的咨询的职能，因而内部审计的范围变得更加宽广。

3. **内部审计职能外包或分包方式将成为企业内部审计的重要选择**

随着中国经济的快速发展以及企业意识到内部审计对公司的重要性，优秀的内部审计人才对广大的需求市场而言可谓供不应求；此外，企业可能会面临内部审计职能的能力或资源不足以满足眼前的需要；或者是培训的速度跟不上企业快速成长的速度。企业可以进行成本效益分析，使用创新的内部审计职能外包方法，实现内部审计功能最大化，并使企业能够与高速变化的外部环境相适应。

（1）内部审计外包可采用的形式

内部审计外包是指组织将其内部审计职能部分或全部通过契约委托给组织外部的机构执行。内部审计一般可采用以下四种形式：

1）补充。补充是指外部承包人和公司内部审计部门一起完成内部审计工作。

2）审计管理咨询。审计管理咨询是指对原有咨询或审计项目的扩展，该部分主要由外部承包人来完成。

3）全外包。全外包是指把内部审计业务全部外包给外部的承包人完成，这种形式在未设立内部审计部门的中小企业比较流行。

4）替代。替代是指用外部机构替代现有的内部审计部门。按外包的程度，替代可为部分替代和全部替代。

（2）内部审计外包的优势

随着外界对内部审计要求不断提高，内部审计外包将是一种潮流，对于企业来说有明显的好处：

1）减少企业费用，降低总成本。内部审计外包后，企业不需要设置内部审计部门，不需要对内部审计人员进行培训，所以其费用就会减少，成本降低。建立一个内部审计部门，需要支付员工的薪金、培训费和管理费用，而外包后，企业可只在需要时聘用，以保持支出控制的灵活性。这样原本设立内部审计所需的固定成本就转换为变动可控成本。同时，如果由外部审计组织承担内部审计工作，两者的方法和程序便可保持一致，企业也可因少支付审计费用而得益。

2）规避企业风险，减少被诉讼的可能性及费用。外包审计业务后，企业则更关注企业潜在的风险，而如果由内部审计机构执行审计业务，则企业更关注向客户宣传企业的优势。当企业的固有风险低的时候，外部审计师对企业自己做的内部审计工作与外包的内部审计工作结果信任的程度是一样的。但当企业的固有风险高的时候，外部审计师更加信赖外包的内部审计工作结果。实施内部审计的外部审计师在做决策时，更加关注舞弊所应承担的法律责任。

3）结合优势选择，企业更占有主动权。在决定采取内部审计服务外包时可按照本企业的具体情况，结合不同外部审计组织的优势进行选择，在很大程度上占有主动权。而且外部审计组织面临的是市场约束力和市场竞争力，所以其更会以顾客为中心，而企业的内部审计机构往往不会有这样的意识。同时，因为企业是在有需要某项内部审计服务时才对提供服务的第三方进行支付，所以内部审计职能的预算相对较有弹性。

4）提高审计质量，确保内部审计效果。外部审计组织一般较企业内部审计机构具有更先进的审计技术，更丰富的审计经验，以及独特的质量控制与保险制度，可以广泛接触到其他组织的实务，同时能将优秀的实务介绍到所服务的企业。同时外部审计组织还拥有大批管理咨询、资产评估、税务服务、法律咨询等各个领域的专业人才，企业可以根据审计项目的特定情况来选用理想的人才，去获得更为专业的服务。

延伸阅读

优秀企业内部审计案例——大亚湾核电站内部审计

大亚湾核电站（广东核电合营公司）是广东核电公司与香港中电集团共同出资，其中广东核电公司占75%股权，香港中电占25%的股权，合营合同规定，总审计师由港方董事提名，由董事会委托，引进了海外一些内审工作方法经验。大亚湾核电站近几年业绩保持增长，经济技术指标达到世界前列，与其内审部门的工作是分不开的。

（1）审计独立性强。总审计师虽接受总经理部门领导，但他是由合营双方提名，经董事会批准任命（董事会是该公司最高权力机构）。每半年要求总审计师在董事会作独立报告，阐述审计活动和发现，要求总经理不能干扰审计活动，还要支持审计建议的落实。审计部门可直接立项，不经过总经理可直接发出审计报告，保持审计的独立性。

（2）审计范围广。大亚湾内审有三种主要业务：①内部经常性的监督和检查；②抓贪防腐；③专项审计。专项审计工作发挥的作用最大，审计范围可以包括行政部门的日常工作程序，人事部门工资、薪金的计算正确与否，生产部门的技术配置合理与否，整个审计业务的开展都围绕内部控制的关键要素。

（3）以风险管理为指导的思想在内部审计工作中确实得到运用。内部审计的各项工作都反映组织的风险战略，并定期对企业的风险进行评估。在一个企业里潜在的被审者很多，但是审计资源有限，在计划期内审哪些单位，谁先谁后，取决于它们的相关风险，因此需要根据风险评估确定审计年度计划。

（4）从传统审计方式走向现代内部审计方式，从原来的查账先生转变为营运医师或

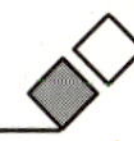

风险顾问的角色。也就是内审不仅要当好企业的经济卫士，还要当好企业领导参谋的角色。这就是国外审计界常说的管理审计和绩效审计。港方非常重视内审工作，在大亚湾核电公司股份中，港方占 25%比例，但总审计师是唯一的港方中层正职经理。港方最关心的是企业效益，内审的一个重要工作方向便是增值审计。

（5）审计报告简短，审计建议执行力度大。审计目的、审计发现、审计建议往往都是一句话。他们认为董事会成员或者部门经理工作非常忙，因此审计报告尽量简洁明了，节省时间，但是审计建议执行力度非常大。据了解，大亚湾的审计建议回复率 100%。审计师不需要通过总经理的签字认可，即可直接发出审计报告，独立开展业务，从立项—审计实施—审计建议—建议回复形成一个环，附一个审计备忘录，督促审计意见是否及时有效地执行。

习　　题

一、单选题

1．（　　）是经济发展到一定规模的产物，是现代公司治理机制的重要组成部分，也是内部控制的最高形式。

A．内部控制　　B．内部审计　　C．财务会计　　D．风险管理

2．内部审计活动可以追溯到 1875 年德国（　　）所实行的内部审计制度。

A．克鲁普公司　　B．铁路公司　　C．莱斯威特公司　　D．大众公司

3．运用一定的程序和方法，通过与参照的标准或指标体系进行比较，对组织的计划、预算、决策等是否先进可行，经济活动是否按既定的目标进行，经济效益的好坏以及内部控制是否健全和有效等进行评定和建议，这是内部审计的（　　）职能。

A．控制　　B．监督　　C．评价　　D．咨询

4．内部审计目标是内部审计功能的具体化。从当今内部审计的概念中可以看出，内部审计的目标是（　　）。

A．审查财务　　B．为管理服务

C．为组织提供服务　　D．帮助组织实现其目标

5．（　　）是内部审计领域的专业资格证明，是内部审计职业范围内的唯一认证。

A．国际注册会计师　　B．国际注册内部审计师

C．中国注册会计师　　D．会计师

6．内部审计模式存在多种类型，也各有利弊。其中，（　　）这种设置方式的最大不足是内部审计不能直接服务于经营决策。

A．隶属于财会部门　　B．隶属于总经理

C．隶属于董事会　　D．隶属于监事会

7．有效的内部控制包括内部环境、风险评估、控制活动、信息与沟通、内部监督五要素，在这五个要素中，（　　）是基础。

A．内部环境　　B．风险评估　　C．控制活动　　D．信息与沟通

8．在未设立内部审计部门的中小企业比较流行内部审计外包采用的形式是（　　）。

A．补充　　B．审计管理咨询

C．全外包　　D．替代

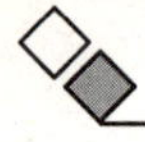

9．（　　）是现代内部审计两大服务领域。

A．确认服务和评估服务　　B．确认服务和咨询服务

C．审计服务和咨询服务　　D．评估服务和咨询服务

10．一般典型的内部审计部门有四个层次的专业人员，其中全面领导本部门，负责制定审计政策和程序，制订审计计划，协调管理部门人员和外部审计人员的审计工作，建立质量保证计划，负责与审计委员会沟通联系的是（　　）。

A．一般审计人员　　B．内部审计高级人员

C．内部审计经理　　D．内部审计主任

二、多选题

1．内部审计的外部相关压力一般都来自（　　）方面。

A．政府的压力　　B．外部审计给企业的压力

C．管理部门的压力　　D．社会给企业的压力

2．从定义及演变过程中，我们发现内部审计经历了（　　）几个阶段。

A．财务审计　　B．经营审计　　C．管理审计　　D．风险导向审计

3．根据内部审计的定位，内部审计的功能主要包括（　　）职能。

A．控制　　B．监督　　C．批评　　D．咨询

4．我国上市公司内部审计制度建立较晚，在借鉴国外经验方面也不尽一致，内部审计模式存在多种类型，也各有利弊。其中，与内部审计的第三者独立原则相符的是（　　）

A．隶属于财会部门　　B．隶属于总经理

C．隶属于董事会　　D．隶属于监事会

5．回顾内部审计发展的历史，受托责任的发展主导着内部矛盾审计性质的变化，其他不同学科的知识也一直在充实和影响内部审计的理论和实务，未来融合（　　），只是这条深化道路的延续。

A．风险管理审计　　B．内部控制审计

C．公司治理审计　　D．查错纠弊审计

6．有效的内部控制包括（　　）等几个要素。

A．内部环境　　B．风险评估

C．控制活动　　D．信息与沟通

7．内部审计外包是指组织将其内部审计职能部分或全部通过契约委托给组织外部的机构执行。内部审计一般可采用以下（　　）形式。

A．补充　　B．审计管理咨询

C．全外包　　D．替代

8．随着外界对内部审计要求不断提高，内部审计外包将是一种潮流，以下是内部审计外包对企业的好处（　　）。

A．减少企业费用，降低总成本

B．规避注册会计师风险，减少被诉讼的可能性及费用

C．企业更占有主动权，结合优势选择

D．提高审计质量，确保内部审计效果。

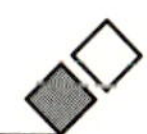

三、判断题

1. 内部审计是一种独立、客观的确认和咨询活动，旨在增加组织价值和改善组织的运营。它通过应用系统的、规范的方法，评价并改善风险管理、控制和治理的效果，帮助组织实现其目标。（　）

2. 在最新定位中，国外发达国家的内部审计更强调了独立性。（　）

3. 内部审计机构隶属于总经理，可以使内部审计接近经营管理层，不仅有利于为经营决策、提高经营管理水平和经济利益服务，还有利于实现审计目的，保持审计的独立性和较高层次的地位。（　）

4. 对企业经营运作、风险管理与控制情况的审核，应该是现在内部审计职能重点发展的方向。（　）

5. 内部审计是内部控制的组成部分，是整个内控体系的基础，同时内部审计又是对内部控制的再控制。（　）

6. 企业可以进行成本效益分析，使用创新的内部审计职能外包方法，即把内部审计业务全部外包给外部的承包人完成，以实现内部审计功能最大化，并使企业能够与高速变化的外部环境相适应。（　）

7. 逆向选择是指由于交易双方信息对称和市场价格下降产生的劣质品驱逐优质品，进而出现市场交易产品平均质量下降的现象。（　）

四、案例分析

某公司领导接到群众举报，反映该公司分管广告宣传业务的方××处理广告业务时弄虚作假，有虚报、贪污广告费的行为。该区公司领导决定，让公司审计处去查个水落石出。

审计处接到领导指示后，展开了对方××广告业务的专项调查。审计人员首先将方××所报销的广告费单据从财务处一一调出，并记录下每一笔广告费的详细内容以及发票号码、广告代理或制作单位名称，款项支付情况，并复印了有疑问的单据。然后审计人员根据广告费发票反映的广告费代理或制作单位名称，逐家核实，并对每一笔广告费的数额进行合理评估，以防止方××伙同广告公司抬高广告价值，从中收取好处费。审计人员到某广告公司核实情况时发现，方××处理的一笔广告业务的费用比该广告公司正常的广告价格要高得多。审计人员对此产生怀疑，便与这家广告公司进行了交涉，要求该广告公司退还多收的广告费。

但该公司不承认多收了广告费，并说这笔广告业务之所以价格高，是根据方××授意，提高广告费用，将多收的广告费扣除税款后以现金的形式返还给方××个人。审计人员查实，方××已将这笔款项据为私有。审计人员还在多家单位发现方××以同样的方式贪污公款。审计人员还遇到另一怪现象，审计人员到扬名广告公司核实情况时，查阅了广告合同36份，复印其发票存根28份，其中一笔价值20 000元的广告业务发票存根该公司拒不提供，审计人员认为已提供出来的发票存根基本没什么问题，这一张不提供的很可能有问题，审计人员坚持要求该公司提供此发票的存根，最后扬名公司不得不提供了该发票存根，发票存根抬头为空白，内容为广告设计费，金额是100元，在该公司的发票报销联为广告宣传品，价值20 000元，方××已以现金方式报销。很明显这张大头小尾的发票是违反发票管理制度的假发票。经核实，这张发票是广告公司应方××的要求虚开的。经过审计人员近半个月的走访查证，最后查出方××与广告公司勾结，以各种方式总计虚开广告费200 000元，其中广告公司得50 000元用于补偿广告公司的交税损失，另150 000元全部被方××贪污。

审计人员针对方××的上述问题向公司领导作了汇报．并建议该公司加强对广告费开支的监督力度，不准以现金方式报销广告费。另外，方××被移交司法机关接受处理。

要求：

（1）结合案例，谈谈内部审计和一般的外部审计在审计目的上有什么区别？

（2）你认为内部审计在企业的内部控制体系中发挥着什么样的作用？

任务九　开展计算机审计

学习目标

通过这部分内容学习，你应知道：

1. 计算机审计产生的原因。
2. 会计信息化对审计的影响。
3. 计算机审计的特点。
4. 计算机审计的基本原理及基本流程。
5. 审计软件的主要功能。

9.1　认识计算机审计

一、计算机审计产生的原因

计算机审计产生的直接原因是会计信息处理的计算机化，自使用计算机处理会计业务后，会计工作的效率和质量有着很大提高，影响了会计信息系统在组织结构、会计管理、处理程序、会计数据的存储和内部控制等多方面发生了巨大变化。特别是近年来，计算机技术的发展及其在会计领域的应用、发展是非常迅速的，这为提高会计信息的质量和会计工作的效率提供了技术保证，使会计电算化向会计信息化方向发展。许多财务软件已采用 Internet/Intranet/Extranet 架构以及数据仓库技术，一改以前财务数据的分期、分地方保存为一体化存储及EC（Electronic Commerce）的应用，使会计业务处理从OLTP（On-line Transaction Processing）向OLAP（On-Line Analytical Processing）成为可能。但这些现象的出现却给审计带来一个十分严峻的挑战，面对会计信息化的发展，如何开展审计工作、如何提高审计工作质量和效率

是摆在审计人员面前的一项迫切任务。

二、会计信息化对审计的影响

1. 对审计线索的影响

在手工会计系统中，从原始凭证到记账凭证，由过账到财务报表的编制，每一步都有文字记录，都有经手人签字，审计线索十分清楚。审计人员进行审计时，可以根据需要进行顺查、逆查或抽查。但在会计信息系统中，传统的账簿没有了，绝大部分的文字记录消失了，由存储会计信息的磁盘和磁带取而代之，因此肉眼所见的线索减少。此外，从原始数据进入计算机，到财务报表的输出，这中间的全部会计处理集中由计算机按程序指令自动完成，传统的审计线索在这里中断甚至消失。传统的查账方法对信息化条件下的会计主体已不完全适用，为了能够有效地审计信息化条件下的会计主体，在会计信息系统的设计和开发时，必须注意审计的要求，使系统在处理时留下新的审计线索，以便审计人员在信息化条件下也能跟踪审计线索，顺利完成审计任务。

2. 对审计内容的影响

在会计信息化的条件下，审计的经济监督职能并没有改变，但由于信息化的特点，审计的内容要发生相应的变化。在会计信息系统中，由于会计事项由计算机按程序自动进行处理，诸如手工会计系统中因疏忽大意而引起的计算或过账错误的机会大大减少了。但如果会计信息化系统的应用程序出错或被人非法篡改，则计算机只会按给定的程序以同样错误的方式处理有关的会计事项，错误的结果将是不堪设想的。会计信息系统也可能被神不知鬼不觉地嵌入非法的舞弊程序，不法分子可以利用这些舞弊程序大量吞没企业的财物。系统的处理是否合法合规，是否安全可靠，都与计算机系统的处理和控制功能有关，这是在传统的手工审计中所没有的。因此，在会计信息化条件下，审计人员要花费较多的时间和精力来了解和审查计算机系统的功能，以证实其处理的合法性、正确性、完整性和安全性。另外，当一个会计信息系统已经完成并投入使用后，要对它进行改进，这比在系统设计和开发阶段进行困难得多，代价也要昂贵得多。因此，除了要对投入使用后的会计信息系统审计外，应提倡审计人员在会计信息系统的设计和开发阶段对系统进行事前和事中审计。

3. 对审计技术方法的影响

实现会计信息化以后，会计信息系统与传统手工会计系统相比，在许多方面发生变化，必须采用新的审计技术方法才能适应这种变化。例如，传统的记账方法是每登记一笔账，便可以从账上看到相应一笔记录，而电子计算机却不能每登记一笔记录就打印一笔记录，供工作人员阅读，一般是经过一个阶段，于一个月打印一次。平时，记录输入到计算机以后，在尚未打印以前，若想看这些记录，只能凭借机器阅读。这样一来，审查取证的方法、对证据进行检验和审核的方法必须相应地改变。又如，传统的手工记账一般可以从字迹上辨认出登记人，从而明确责任，但是计算机只能提供统一模式的输出资料，没有记录人的笔迹，无法从记录上辨认登记人，从而使信息化的记录在建立、更新、消除一切资料时而不留半点痕迹，这就需要审计人员对信息化条件下的会计部门的

内部管理制度、职责的划分情况进行审查和评价。

4. 对审计作业手段的影响

在手工会计系统的情况下，审计人员进行审计，一般都是手工操作。但是，在会计信息化的情况下，审计人员如果仍用手工操作的方式来进行审计，是很难达到其审计目标的。因此，审计人员的作业手段也应由手工操作向电子计算机转变，即审计人员应掌握电子计算机知识及其应用技术，把电子计算机当作一种提高审计质量和效率的有力工具来使用。

5. 对审计人员的影响

实现会计信息化后，由于会计信息系统的环境比手工会计系统更为复杂，审计对象也更多更复杂，审计人员只依靠原有的知识和技能是无法胜任对会计电算化信息系统的审计工作的。因此，审计人员除了要具有丰富的财务会计、审计等方面的知识和技能，熟悉有关的政策、法令依据以及其他的审计依据外，还应掌握一定的电子计算机知识和应用技术。此外，在审计组织中，还应培养一批计算机审计的系统开发人员，从事设计和开发审计应用软件的工作，建立自己的审计信息化系统。

6. 对审计标准和准则的影响

各国的审计界在以往的审计工作中已经建立了一系列的审计标准和准则，如审计人员标准、现场作业标准、审计报告标准、职业道德规范等。实现会计信息化以后，由于审计对象和审计线索发生了重大变化，审计的技术和手段也相应地发生了变化，显然应在原有的审计标准和准则的基础上，建立一系列与新情况相适应的新的审计标准和准则，否则无法适应新形势的需要。

三、计算机审计概述

1. 计算机审计概念

对于计算机审计，目前并没有确切的定义，简单地说，就是以信息技术为手段，通过实施审计程序，收集必要的审计证据，实现审计目标。计算机审计的内容包括两方面：①以信息技术为手段，主要是以计算机审计软件为工具进行审计，即常说的计算机辅助审计（CAAT）②对会计信息系统进行审计，即所说的信息系统审计或 EDP 审计，本部分主要是介绍第一类的计算机辅助审计。当前会计信息系统审计实践主要集中在审计作业、审计管理信息化方面。

2. 计算机审计特点

就计算机辅助审计来看，计算机审计与手工系统的审计相比具有以下不同的特点：

（1）审计过程自动控制。计算机可对不连续或离散的信息单元进行运算，使其按照人们事先编好的程序自动运行。而且计算机运算速度快、精度高，审计过程中大量的分析、计算可由计算机完成，保持审计过程的连续性和一贯性。

（2）审计信息自动存储。在审计过程中，审计人员需要对审计信息频繁地寄存和提取，在手工审计中，审计人员是通过笔纸来进行记录的，既费时又易出错。而利用计算机进行审计时，审计信息被加载到存储器中并被存储起来，在需要时，这些信息被迅速、

准确地取出。

（3）改变了审计作业小组的成分。在开展计算机辅助审计时，需要计算机技术人员。在审计过程中，审计人员与计算机技术人员相互结合、取长补短，充分发挥各自的作用，以圆满完成审计任务。未来审计师的素质是需要具备复合型知识结构的人员，其综合素质如图 9-1 所示。

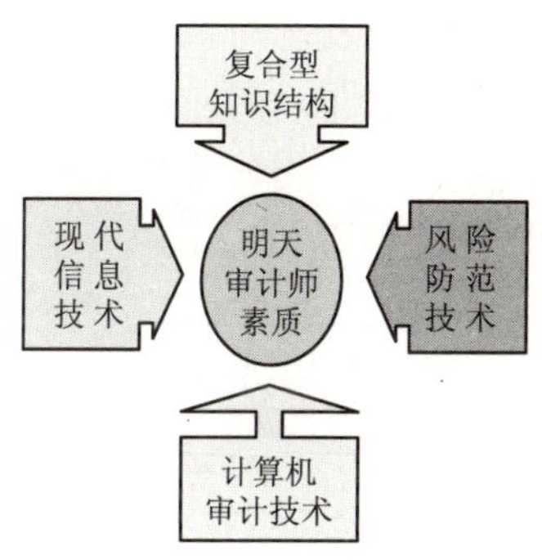

图 9-1　审计师的素质

（4）转移了审计技术主体。利用计算机开展辅助审计时，审计处理的主体由人变为计算机，部分审计人员主导审计过程的技术和技巧已被计算机所代替，转而可以把精力放在对一些审计项目内容的规范上或创新一些新的审计方法。

3. *审计软件发展历史*

中国的计算机审计始于 20 世纪 80 年代中期，与会计电算化开始的时间基本同步。发展初期，由于审计软件的开发模型不像会计软件那样清楚，审计软件怎么搞，应该有什么功能，能为审计工作带来什么影响，都是审计软件要解决、突破的问题。各种因素导致审计软件滞后于财务软件的普及，所以审计软件的发展比会计软件发展慢了许多，经过近十多年的努力和发展，现在已基本成型。

发展的第一阶段（1988～1992），以手工审计为主，录入数据进入计算机，通过审计软件的计算产生一些辅助性的结果。固化的表格审计软件最具代表性，表格中 A 格的内容与 B 格的内容存在设定好的勾稽关系，当审计人员输入 A 格内容后，B 格内容的输入错误将被锁定，实际上现在用 EXECL 就可完成，但在当时，已经算很好的审计软件了。

发展的第二阶段（1993～1997），在 WINDOWS 平台下开发了一些辅助性的审计软件，如法规查询、审计项目档案管理、PSS 票证审计等审计软件，这些审计软件已经在某些审计方面可以为审计人员提供服务。法规查询软件利用数据库技术可将审计人员需要的审计相关条目内容从上万条记录中取出；档案管理软件主要利用电子手段管理审计项目中的审计通知书、审计报告等；PSS 票证审计软件利用统计理论对凭证进行抽样，可比手工审计提高效率 10 倍以上。

发展的第三阶段（1998～至今），开发了以审计作业为代表的一些审计软件，使审计作业全过程均可在软件的管理下完成。审易、审计之星等软件就是这方面的代表，它们都是以审计作业为主的审计软件，它们的功能代表了审计软件的主要功能。

9.2 实施计算机审计

一、计算机审计的基本原理

计算机审计的基本原理是审计软件通过“数据接口”采集被审计单位的财务基础数据，按财务核算方法进一步计算生成账表，与被审计单位提供的账表对比来验证被审计单位财务信息的真实性、完整性和正确性。同时，生成审计信息资源数据库，为账务信息查询、财务指标分析、账表通用检查、凭证通用检查、自定义检查及形成审计记录提供数据源。计算机审计基本原理如图 9-2、9-3 所示。

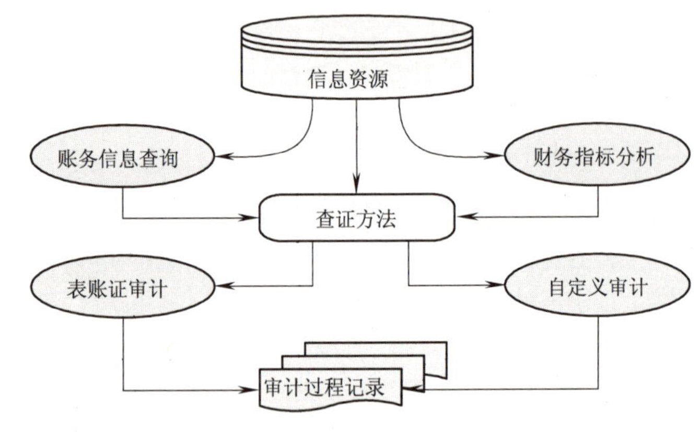

图 9-2 计算机审计基本原理

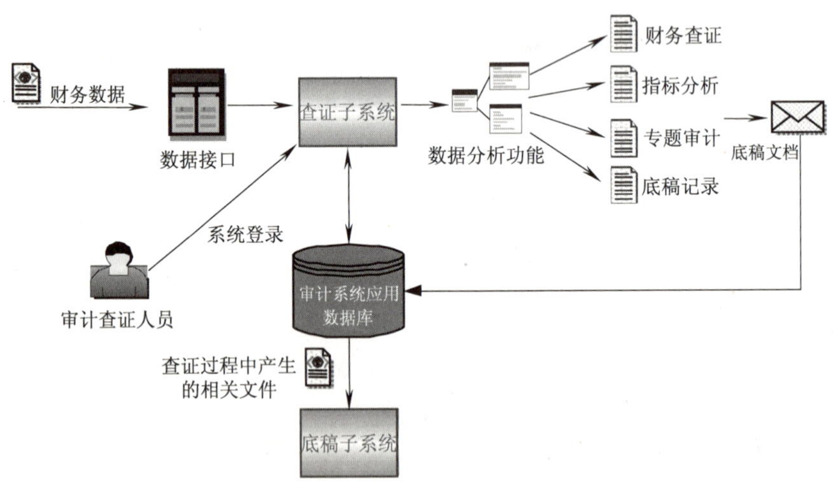

图 9-3 计算计审计基本原理

在整个审计过程中，始终贯穿的两个流程：①审计数据流；②审计程序流。在审计数据流中体现了对财务数据的检查、分析和利用；在审计程序流中，审计软件通常会提供了一套通用的审计底稿（包括审计准备、审计实施、审计结论）帮助审计人员履行必要的审计程序，取得审计证据以得出审计结论。

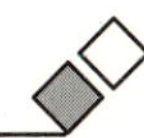

二、计算机审计的基本流程（如图 9-4 所示）

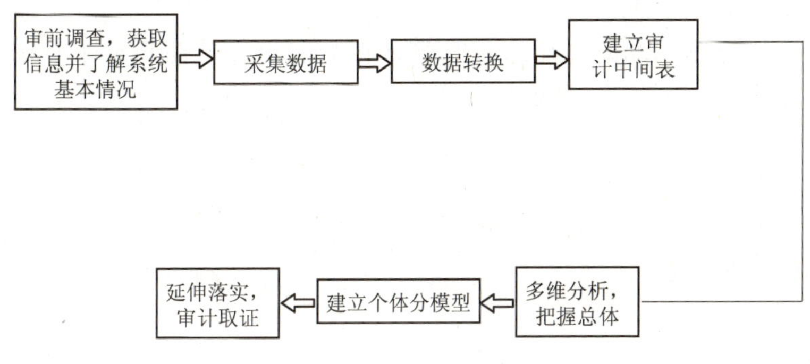

图 9-4 计算计审计流程

三、审计软件的主要功能

这里以“审计之星”审计软件为例，介绍审计软件的主要功能。

1. 系统管理

（1）导入数据

导入数据是通过数据接口导入财务数据，当要在一个已有数据的账套中再次导入数据时，则覆盖当前的数据。

（2）打开单位

用户导入数据后，点击“系统管理”菜单“打开已有的单位”，如图 9-5 所示。

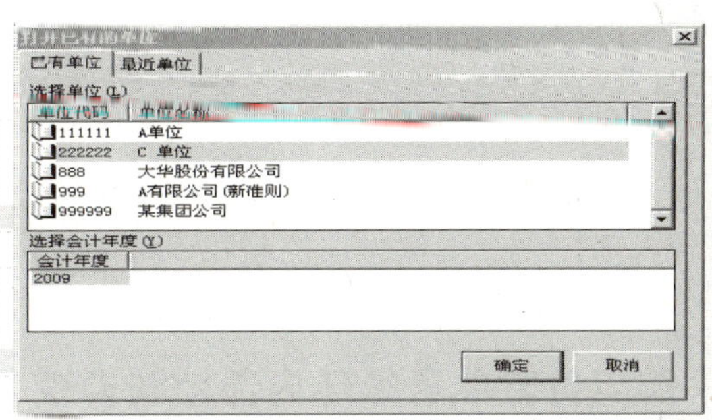

图 9-5 打开已有的单位

选择被审计单位和账套，点击“确定”进入审计之星主界面。

（3）计算辅助账

被审计单位的账套中有辅助账的，必须先计算辅助账。点击“系统管理”菜单“计算辅助账”。

2. 基本信息查询

（1）账套基本信息

查询被审计单位所导入的财务账套数据的基本信息。

（2）会计科目设置

查询被审计单位所导入的财务账套的会计科目设置信息。

（3）会计记账凭证查询

系统提供会计记账凭证的通用查询功能，该功能可以按照科目来查询及显示某个科目的凭证发生情况。该流程有三个审计单元组成：科目凭证汇总表、凭证分录一览表、会计记账凭证。

（4）总账及明细账查询

系统提供相关科目的总账及明细账的查询功能，通过逐层的穿透式的查询，最终可以查询到具体的一张凭证。

（5）辅助明细账

如果被审计单位的财务数据中有辅助核算项目，本系统将自动转换辅助核算的基础数据，生成辅助明细账。通常进行辅助核算的项目有个人往来、单位往来、专项核算、部门核算等，用户可分别按科目或项目查看辅助明细账。

（6）主要会计报表比较

通过资产负债表和利润表中的系统生成报表和企业提供报表进行对比，检查报表的真实性和完整性；通过任期资产负债表和任期利润表的多年度比较，检查被审计单位连续几年的生产经营状况。

3. 审计预警

内部控制是现代企业内部管理制度的一个重要组成部分，是企业为了保证业务活动的有效进行，保护资产安全而制定和实施的政策与程序。

（1）内控制度设定

内控制度是企业对经营活动而制定的各项规章制度，被审计单位可以根据自身情况利用审计之星系统制定内部控制制度，管理内部控制程序。

（2）内控情况评价

在审计实务中，审计人员要对被审计单位内部控制实施符合性测试和评价，包括调查和了解内部控制、记录内部控制、测试内部控制和评价内部控制等步骤。审计人员可以利用本系统进行测试和评价。采购与付款业务循环内部控制调查表评价如图 9-6 所示。

采购与付款业务循环内部控制调查表评价

单位：大华股份有限公司

序号	内控条款	评价					
		是	否	不适用	执行	不执行	说明
1	1．请购、采购、验收职责是否与发票传递、应付账款明细账登记、总账登记职责相分离？	☐	☑	☐	☐	☑	
2	2．请购、采购、验收职责是否相分离？	☐	☑	☐	☐	☐	
3	3．发票传递、应付账款明细账登记与总账登记职责是否相分离？	☐	☑	☐	☐	☐	
4	4．支付准备、批准支付职责与记录现金支付、登记总账分录职责是否相分离？	☐	☑	☐	☐	☑	
5	5．支付批准职责是否与支付职责相分离？	☑	☐	☐	☐	☐	
6	6．记录现金支付分录的职责是否与总账分录职责相分离？	☑	☐	☐	☐	☐	

图 9-6　采购与付款业务循环内部控制调查表评价

（3）内控预警报告

审计人员利用本系统对内控制度进行测试和评价之后，系统会自动提供一份内控预警报告，提示审计风险。内控预警报告如图 9-7 所示。

内控预警报告

单位：大华股份有限公司　　　　日期：2005年

内控制度名称	预警类别	预警数量
采购与付款业务循环内部控制调查表		
+	未建立制度的内控条款	14
-	未执行的内控条款	3
	重要程度	内控条款
	高	1．请购、采购、验收职责是否与发票传递、应付账款明细账登记、总账登记职责相分离？
	高	4．支付准备、批准支付职责与记录现金支付、登记总账分录职责是否相分离？
	一般	1．项目执行单位是否根据批准的可行性研究报告和年度采购计划，进行采购安排或向项目办提 清单？
+	不适用的的内控条款	2
货币资金业务循环内部控制调查表		
+	未建立制度的内控条款	2
+	未执行的内控条款	1
	不适用的的内控条款	0

图 9-7　内部预警报告

4. ***财务分析***

（1）通用财务指标分析

通用财务指标分析包括盈利能力、变现能力、负债能力、资产管理分析，用户通过财务指标分析，总体了解被审计单位财务状况，初步评价审计风险，并通过与以前年度指标对比，了解被审计单位经营状况，为审计方案的编制提供依据。

（2）资产负债表逼近分析

资产负债表逼近分析是指对资产负债表科目进行横向及纵向趋势分析，从而判断企业资产负债表科目发生额是否存在异常情况。

（3）利润表逼近分析

利润表逼近分析是指对利润表科目进行横向及纵向趋势分析，对利润表各项目进行比较，从而分析影响被审计单位利润完成的各项目变动因素，判断被审计单位利润表科目发生额是否存在异常情况。

5. ***账表检查***

（1）会计科目规范设置检查

检查被审计单位设置的会计科目同企业会计制度所要求的会计科目是否存在异常，异常类型有科目方向设置的异常和科目代码名称的异常，并且可以通过流程检查异常科目发生的分录和凭证信息。

（2）期末期初结转一致性检查

对企业上年各会计科目的年末余额与本年各会计科目的年初余额的结转、本年各月份之间会计科目的余额结转进行检查，以发现是否存在余额不一致的情况。

（3）账户余额异常方向检查

通过设置科目余额、累计发生的方向和大小，系统显示不满足条件的科目，并可以查看该科目的分录发生情况。

（4）账户发生额趋势波动检查

对所选科目进行借方（或贷方）的发生情况作分月趋势分析，并且可以穿透到该科目任何月份的凭证。

（5）损益类科目发生额异常结转检查

检查利润表项目中的损益类科目的实际发生情况和实际的结转情况是否存在不一致、有无虚增（或虚减）利润的情况。

6. 凭证检查

（1）凭证借贷平衡检查

检查指定会计期内的所有凭证的借贷方发生额是否平衡。

（2）凭证异常对应检查

用户根据实际业务规则设置所需检查科目的借贷方正常对应的科目，系统将查找所有会计期发生的凭证，将有异常的科目显示出来，并可以显示该科目的异常凭证数量和发生金额等信息。

（3）凭证典型对应检查

用户根据实际业务规则设置所需检查科目的借贷方典型错误对应的科目，系统将查找所有会计期发生的凭证，将符合典型错误的科目显示出来，并可以显示该科目的异常凭证数量和发生金额等信息。

（4）对应科目检查

本功能充分利用计算机科学计算的特点，在系统中对某一科目所对应的发生情况进行查找汇总，从而了解被审计单位是否存在异常处理的会计事项。换一个角度说，您可以通过本功能了解被审计单位某一科目的组成情况。

（5）凭证大额分析检查

对被审计单位的业务发生中单张金额比较大的凭证进行分析检查的功能，同时还有凭证分录的浏览查询功能。

（6）凭证抽样检查

对指定科目的所有凭证（或指定会计期）按照一定的抽样方法进行抽样检查，对所抽样的凭证分录进行分析检查。凭证抽样就是根据一定的规则从凭证分录一览表中抽取一定数量的凭证。凭证抽样的方法有随机抽样和等距抽样。

（7）凭证条件设置检查

系统提供的，可以让用户自己设置查询条件，查找满足条件的凭证分录信息，并显示分录所在凭证的详细信息。

（8）冲销凭证检查

冲销凭证在会计做账时经常要发生。但有的单位为了经济利益的目的，为了逃税骗税，而编造虚假的经济业务来体现亏损；也有的单位为了体现业绩，而虚构一些经济业务来呈现一种“虚盈实亏”的表现繁华景象。违法单位常用冲销凭证的手法来虚构经济业务，编造虚假的记账凭证以达到上述目的。审计人员可利用冲销凭证检查功能进行检查，查出疑点，找出证据。

7. 审计工具

（1）审计底稿

掌握如何利用系统创建、编辑与管理审计过程中产生的各种文档。利用计算机的网络技术将工作底稿上传和下载，使审计工作不受时间、空间的限制，实现了即时的异地审计操作。给审计工作降低了成本，提高了效率。

在审计实务中，由于审计文档数量繁多，系统按照 WINDOWS 的资源管理器的方式对系统文件进行管理，系统预设两个大类："审计底稿"和"个人文件夹"。"审计底稿"为公共文件夹，通过鼠标右键选择新增文件夹或新建审计文档。在新增文件夹时您可以根据需要设置下级文件夹，例如根据审计项目的过程进行设置"准备阶段""实施阶段"和"终结阶段"等，目的是方便底稿管理与查阅。

为了便于使用，系统提供了一系列文档模板，使用者可以在系统已提供的模板基础上快速完成各类审计文档。当然，系统也允许使用者创建自己的模板，这些自制的模板同样可以用于新建审计文档。

（2）生成多维数据库

审计底稿充分利用现代的数据转换（ETL 工具）、数据仓库（DW）、在线分析（OLAP）和数据挖掘（DM）等 BI（商务智能）信息技术构建智能化的底稿编制平台，避免审计人员在传统方式下通过定义大量的公式来取得审计底稿数据，而由系统运用 BI 技术自动实现对审计成果在不同部门、不同区域、不同时期、不同项目中的数据进行采集、抽取、整合和转化，并按维度与层次对主题建立数据分析模型，进行多维、深度分析，提高形成审计底稿的工作效率。同时，通过丰富的图形和立体报表灵活地展现数据，给出审计报告，帮助审计人员提高分析效率。

（3）上传和下载底稿

上传和下载底稿是将审计人员的工作底稿上传到服务器，或将服务器上的文件下载到审计人员的本机的一个操作过程。在审计实务中，审计人员可以利用"上传底稿"将工作底稿上传给上级领导，上级领导也可以将工作计划下发给各位审计人员。

（4）疑点汇总

系统将在审计过程中发现的疑点、重点进行记录，并自动进行汇总，通过现场稽核、查证，将审计疑点、重点转换成"审计底稿"和"审计证据"。

8. 审计调整

在审计结束时，要对被审计单位进行审计调整，并调整相应的会计报表。利用本功能您只需录入审计调整凭证即可，系统将自动对审计后的会计报表进行调整。

编制的审计调整凭证可以包括重分类调整分录、损益类调整分录、截止期调整分录、国资评价调整分录等，系统自动输出调整后的资产负债表、损益表，并可对调整后的报表进行分类指标分析。系统自动生成审计报告和财务报表附注。

9. 审计管理

（1）审计程序设定

审计程序是指从制订审计计划开始，经过审计实施到出具审计报告的整个过程中系统性的审计工作步骤。本系统中设置了常用的审计程序，审计人员还可以根据具体情况进行增减设定。

（2）审计程序评价

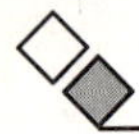

审计人员可对审计程序的执行情况进行评价，如“完成”“未完成”“不适用”。系统对审计程序执行情况编辑汇总。

（3）审计程序报告

系统对审计程序执行情况编辑汇总后，自动生成审计程序报告。

（4）法律法规库

系统提供与国家审计署审计法规库的标准接口，可链接和查询审计署审计法规库中的相关内容；同时可以自定义地方法规的编制、审批的流程管理，以及对法规的登记、归档、查询等功能。法规查询可以按照法规的发文时间、发文单位、类别、主题词、标题字段、内容字段等多种手段进行组合筛选。

（5）审计方法库

系统提供审计实务工作中常用的审计方法，包括审计项目、检查内容、经典案例等功能。并可以按照审计方法的项目类别、主题词、标题字段、内容字段等多种手段进行组合筛选。

参 考 文 献

[1] 孙颖．审计基础与实务[M]．北京：机械工业出版社，2008．

[2] 傅秉潇．审计实务[M]．北京：机械工业出版社．2011．

[3] 张瑶，赵宇．审计基础与实务[M]．北京：电子工业出版社，2012．

[4] 中国注册会计师协会．2012 年度注册会计师全国统一考试辅导教材：审计[M]．北京：经济科学出版社，2012．

[5] 李晓慧．审计学：实务与案例（第二版）学习指导书[M]．北京：中国人民大学出版社，2011．

[6] 孙坤，徐平．审计：习题与案例[M]．大连：东北财经大学出版社，2007．

[7] 沈征．2013 注册会计师考试教材全解及命题预测：审计[M]．北京：中国财政经济出版社，2013．

[8] 王生根．审计实务[M]．北京：高等教育出版社，2013．

[9] 林双全，方树栋．审计理论与实务[M]．北京：科学出版社，2008．

[10] 刘圣妮．2013 年注册会计师考试应试指导及全真模拟测试：审计[M]．北京：北京大学出版社，2013．

[11] 阿尔文 A 阿伦斯，兰德尔 J 埃尔德，马克 S 比斯利．审计学：一种整合方法[M]．北京：中国人民大学出版社，2009．

[12] 中国注册会计师协会．2013 年度注册会计师全国统一考试辅导教材：审计[M]．北京：经济科学出版社，2013．

[13] 宋常．审计学[M]．北京：中国人民大学出版社，2011．

[14] 徐政旦，谢荣，朱荣恩，等．审计研究前沿[M]．上海：上海财经大学出版社，2011．

[15] 董大胜，韩晓梅．风险基础内部审计[M]．大连：大连出版社，2010．

[16] 韩晓梅．企业内部审计绩效研究[M]．大连：东北财经大学出版社，2009．

[17] 王晓霞．企业风险审计[M]．北京：中国时代经济出版社，2007．